本成果获江西省"十二五"示范性硕士点
教育学建设经费资助

中国普通高校本科生学习过程规律研究

Zhongguo Putong Gaoxiao
Benkesheng Xuexi Guocheng
Guilv Yanjiu

杨强 / 著

中国社会科学出版社

图书在版编目(CIP)数据

中国普通高校本科生学习过程规律研究 / 杨强著. —北京：中国社会科学出版社，2014.8
ISBN 978 – 7 – 5161 – 4802 – 0

Ⅰ.①中… Ⅱ.①杨… Ⅲ.①大学生 – 学习过程 – 研究 – 中国 Ⅳ.①G642.46

中国版本图书馆 CIP 数据核字(2014)第 209781 号

出 版 人	赵剑英
出版策划	宫京蕾
责任编辑	周慧敏
责任校对	周　昊
责任印制	李　建

出　　版	中国社会科学出版社
社　　址	北京鼓楼西大街甲 158 号 （邮编 100720）
网　　址	http://www.csspw.cn
	中文域名：中国社科网　　010 – 64070619
发 行 部	010 – 84083685
门 市 部	010 – 84029450
经　　销	新华书店及其他书店

印刷装订	北京市兴怀印刷厂
版　　次	2014 年 8 月第 1 版
印　　次	2014 年 8 月第 1 次印刷

开　　本	710 × 1000　1/16
印　　张	15.75
插　　页	2
字　　数	253 千字
定　　价	47.00 元

凡购买中国社会科学出版社图书，如有质量问题请与本社联系调换
电话：010 – 64009791
版权所有　侵权必究

序

　　进入新世纪,我国高等教育发展进入大众化阶段,呈现出显著的规模效应。在发展过程中,以质量为特征的一些深层次的问题逐步显现出来,持续受到全社会的广泛关注。因此,提高高等教育质量已成为时代的迫切要求和社会的普遍共识。《国家中长期教育改革和发展规范纲要(2010—2020)》强调,全面提高质量是高等教育发展的核心任务,是建设高等教育强国的基本要求。我国高等教育质量如何?与世界一流大学相比有何差距或问题?不同高校之间办学质量有何不同?科学地回答和解决这些问题就必须在全国范围内持续进行高等学校质量评估和监测。

　　提高人才培养水平既是一个国家强国之基,也是一个民族兴旺之本。对于高等教育培养的人才——大学生来说,其培养水平与质量受到多种因素的影响,包括教师的教学观和教学方式、学生的学习观和学习方式、教学环境以及师生的教学环境观等。在进入教学活动的前期,教师和学生由于各自的先前经验,拥有不同的教学观,对"教"和"学"有着不同理解,他们进入教学环境后对教学环境各因素产生不同的感知和认识,这些认识直接影响师生教和学的方式,并最终影响学生的学习结果。而传统的高校评估和大学排行榜往往侧重高校的师资力量、科研成果、经费、规模等,对作为高等教育主体的大学生关注很少,对高校的实际教学情况重视不够,忽视全面提高高教质量的基础——培养人才职能,忽视对于大学生的"学"的研究,无法为改进高校教学工作提供直接的依据。

　　正是基于此,需要加强对大学生"学"的研究。杨强作为我的博士生,从我的研究思路中得到启发,以"中国普通高校本科生学习过程规律研究"为课题进行研究,从本科生即学习主体的角度来分析大学本科教育过程，以实证方法（主要是调查问卷）对我国高等学校学生的学习情况进行全面、客观的调查，研究了我国高校的本科生及不同类别本科生学习过程的规律及其存在的问题，根据 Biggs 的学习过程"3P"模型构建了适合我国普通高校本科生学习过程的模型，学生主体因素（先前知识、学习能力、学习观念）、教师主导因素（教学、师生关系）以及学习环境因素（学习设施、学习评价、学风）（预备阶段）通过学习方式（进程阶段）间接影响或直接影响学习成果，这八个因素在不同层次的高校、不同学年、不同科类中都存在着一定的规律性变化，并且通过中介效应分析发现，发现学习方式（中介变量）对本科生的学习成果的影响作用是非常重要的，在本科生学习过程中处于不可或缺的地位，等等。这些结论有助于对我国普通高校本科生的学习过程有新的认识，进而真实地了解和把握我国高等教育的质量，对于提高我国高等教育人才培养质量，创新人才培养模式，建设高水平大学和现代大学制度具有重要作用。

本书是杨强在自己的博士学位论文基础上修改而成的，意在抛砖引玉、促成对人才培养质量本质内涵的重视。

史秋衡
2013 年 12 月 31 日

目 录

第一章 导论 ·· (1)

 第一节 研究背景及意义 ··· (1)

  一 研究背景 ·· (1)

  二 研究意义 ·· (3)

 第二节 文献综述 ·· (3)

  一 国外相关研究 ··· (4)

  二 国内相关研究 ·· (12)

  三 评论 ·· (21)

 第三节 研究设计 ·· (23)

  一 研究目的 ·· (23)

  二 研究的主要内容 ·· (23)

  三 研究思路 ·· (24)

  四 研究方法 ·· (25)

第二章 本科生学习过程概述 ·· (26)

 第一节 本科生学习过程的基本概念辨析 ················· (26)

  一 关于普通高校与大学的概念 ································ (26)

  二 关于普通高校分类的概念 ···································· (27)

  三 关于学习的概念 ·· (28)

  四 关于学习过程的概念 ··· (29)

  五 关于教学过程的概念 ··· (30)

  六 关于学习方式的概念 ··· (31)

 第二节 本科生学习过程的理论依据 ·························· (33)

  一 本科生学习过程的学科理论基础 ························ (34)

  二 研究本科生学习过程规律的可行性与必要性 ········· (42)

小结 …………………………………………………………… (46)
第三章　本科生学习过程立论基础 ………………………………… (48)
　第一节　大学本科教育整体性与本科生学习过程 ………… (48)
　　一　本科教育的整体性 ……………………………………… (48)
　　二　本科生学习的基础性与专业性体现本科教育过程的
　　　　整体性 ……………………………………………………… (54)
　　三　本科生学习的过渡性与阶段性体现本科教育过程的
　　　　整体性 ……………………………………………………… (56)
　　四　本科生学习的自主性与创造性体现本科教育过程的
　　　　整体性 ……………………………………………………… (61)
　第二节　"以生为本"理念的产生、发展与本科生学习过程…… (64)
　　一　"以生为本"的教育理念 ……………………………… (65)
　　二　建构主义理论对"以生为本"教育理念的发展 ……… (67)
　　三　"以生为本"的建构主义学习理念引入大学本科
　　　　教育之中 ………………………………………………… (80)
　第三节　本科生学习方式与本科生学习过程 ………………… (85)
　　一　传统学习方式及其弊端 ……………………………… (85)
　　二　改革传统学习方式建立现代学习方式的必要性 ……… (86)
　　三　对大学生学习方式的研究 ……………………………… (89)
　　四　本科生的学习方式变革的基本途径 …………………… (91)
　　小结 …………………………………………………………… (97)
第四章　本科生学习过程与相关过程的比较 ……………………… (99)
　第一节　本科生学习过程与教学过程的异同 ………………… (99)
　　一　对教学过程认识的进展 ……………………………… (99)
　　二　二者的异同 …………………………………………… (102)
　第二节　本科生学习过程与其他不同教育层次的学习
　　　　　过程的异同 ……………………………………………… (106)
　　一　与中小学生学习过程的异同 ………………………… (106)
　　二　与研究生学习过程的异同 …………………………… (110)
　第三节　本科生学习过程在不同类型、层次高校中的异同 … (111)

一　不同类型、层次本科生学习的异同 …………………… (111)
　　二　产生不同类型、层次本科生教育的原因 ……………… (113)
　　小结 ……………………………………………………………… (116)
第五章　本科生学习过程的影响因素分析 ……………………… (117)
　第一节　本科生学习过程调查问卷设计 ………………………… (118)
　　一　调查问卷的编制 …………………………………………… (118)
　　二　学习方式问卷的修订 ……………………………………… (131)
　第二节　本科生学习过程问卷调查及分析 ……………………… (134)
　　一　本科生学习过程问卷调查 ………………………………… (134)
　　二　本科生学习过程的影响因素分析 ………………………… (136)
　第三节　本科生学习过程的各影响因素效应分析 ……………… (199)
　　一　总体及不同类别本科生的影响学习过程的因素的
　　　　总、直接效应分析 ………………………………………… (199)
　　二　总体及不同类别本科生的影响学习过程的因素的
　　　　效应分析 …………………………………………………… (212)
　　小结 ……………………………………………………………… (222)
第六章　结论 ……………………………………………………… (224)
　　一　对本科生学习方面的建议 ………………………………… (224)
　　二　对高校教学管理方面的建议 ……………………………… (226)
　　三　对高等教育评价方面的建议 ……………………………… (229)

参考文献 …………………………………………………………… (232)
后记 ………………………………………………………………… (244)

第一章 导论

第一节 研究背景及意义

未来学家阿尔文·托夫勒认为"21世纪的文盲将不是那些不会读写的人，而是那些不会学习、不会选择、不会反思的人"。学会如何学习是现代人特别是在校大学生最主要的任务，大学生只有具备了学习的能力与素质，才能适应日新月异的未来社会。因此，高等教育质量的高低相应地就是以能否培养出具备学习的能力与素质、具有创新能力的大学生为根本标准。

一 研究背景

从1999年开始，我国高等教育开始了规模扩张的道路，到2003年我国高等教育入学率达到15%，步入了由美国学者马丁·特罗提出并得到世界广泛认同的高等教育发展三阶段论中的第二阶段即大众化阶段，最直接的表现就是我国高校的规模扩大，学生的数量急剧增加，高校与社会的关系越来越紧密。而在我国规模扩张过程中出现了一系列的问题，使得高等教育质量成为了全社会普遍关注的重大课题，这是因为当今高等教育质量直接关系到国民教育素质的提高和国家、民族的兴衰。为了确保并不断提高高校教育教学质量，教育部成立了高校教学评估中心，推动了5年一轮的全国性的高校教学工作水平评估，同时国务院于2007年1月出台了《教育部 财政部关于实施高等学校本科教学质量与教学改革工程的意见》，期望通过教学水平评估与教学改革有效地提高高校本科教学质量，从这里可以看出政府、社会对高校教学改革及人才培养质量的强烈关注，我国高等教育开始跨入以提高质量为特征的内涵发展阶段。对于高校来说，培养人才是高校的首要职能，努力提高教育教学质量是其历史使命与永恒的主题所在。在高校中，本科教育是主体和基础，本科生的学习是高校教育教学的基础和前提，康奈尔大学校长弗兰克·罗德斯认为大学的核心任务就是学习，其中最重要的是本科生的学习。① 其中学习过程是本科生学习中最核心的环节。因此，如果掌握不了学习过程的规律，高校教育教学就失去了意义，对本科生的学习质量也就无法衡量，高等教育质量就不能得到真正的保障和提高。所以，对本科生学习过程及规律的研究始终应是高等教育研究的核心问题，而研究本科生的学习过程及其规律则是高校的一项经常性的工作，也是高等教育质量保障的重要内容之一。

自从我国倡导高等教育研究以来，大学生、教师和教学内容及三者之间的相互作用就一直是高等教育研究的核心内容。而大学生在这三者之中占有首要地位，其他二者都是为大学生更好地学习而服务，人们期望大学生在学习中能够通过与教师的相互作用增长学识并发展独立思考与创新能力。从20世纪80年代以来，高校的一些教师和教育理论工作者就开始探讨如何发挥大学生的主体作用，并因此形成了一个新的研究领域——"大学学习学"，主要是研究大学生的学习活动的现象及规律并用来指导大学生学习的科学。然而，值得注意的一个问题是，虽然不少的研究探讨了大学生学习成效问题，但是研究者却很少关注大学生的学习尤其是学习过程及高校教学对它的影响。因为从高校教师来看，大学生学习的成败主要归因于大学生自身因素，而不是他们的教学活动所能决定的；从高等教育研究者来说，在对大学生进行研究时，大学生被其视为一系列认知和情感的集合体。② 因此，以此为基础来预测大学生的学习成效的结果相当模糊。所以，大

---

① [美] 弗兰克·H. T. 罗德斯：《创造未来——美国大学的作用》，清华大学出版社2007年版，第103—104页。

② Lavin, D. E., *The Predicion of Academic Performance*, New York: Russell Sage Foundation, 1965, p. 98.

学生虽是高等教育研究的核心内容之一。但是，有关大学生学习过程问题并没有得到深入的研究，大学生的学习过程规律仍亟待发现和总结。

基于以上原因，选择我国普通高校本科生学习过程作为研究对象。首先通过对本科生学习过程的理论探讨，找到本科生学习过程的本质与特征，然后运用实证方法来对本科生的学习过程现状进行研究分析，试图发现不同层次的高校本科生及不同类别本科生学习的规律性，并通过对影响本科生学习过程的原因和因素进行深入实证调查分析，从中揭示我国普通高校本科生学习过程的规律性，为高校教学过程和高校教学水平评估提供科学指导。

二 研究意义

本研究的理论意义在于它有利于丰富大学学习学的科学内涵，对于推动丰富大学学习学的丰富与发展具有一定的意义；有利于高等教育学、管理学、心理学等多种学科的交叉和融合，促使高等教育研究重视学科间的内在联系；同时对高校本科教育教学及高等教育评估具有一定的理论指导作用。实践意义在于通过研究本科生学习过程规律，可以总结本科生科学的学习方法，提高学习效率，从而促进学法与教法水平的提高，增强本科生教育教学管理的科学性，对高校人才培养质量进行合理控制。

第二节 文献综述

本研究拟探讨大学生学习过程的真实状况，并在前人研究的基础之上，选取与本科生学习有重要关系的学生主体因素、教师主导因素、学习环境等因素，探讨它们与学习方式的关系，并就诸因素对大学生学习的综合影响进行研究。对有关大学生学习过程的问题，国内外学者已经做了大量的相关研究，并取得丰富的研究成果。因此，在进行研究之前，有必要对这些已有的研究成果进行梳理，并在此基础上，进一步找出本研究的基本切入点和方法创新的基本参考系。鉴于当前中外学者对此问题研究的实际进展状况和本研究对相关资料的占有情况,将对本问题的研究主要分为国外与国内两部分进行介绍。

一 国外相关研究

国外学者对大学生学习过程研究起步较早,主要从微观视角上进行分析,所采用的方法以实证研究居多,在方法上体现出严谨性,因此所得出的结论基本上是建立在对数据的科学分析基础上。

1. 学生主体因素

达菲(Duffy)等在 *Constructivism: New Implications for Instruction Technology* 中认为"学习"不是一个被动、知识吸收和外部导向的过程,而是一个积极的、建构的、自我导向的过程。在这一过程中,学习者建立起内在的知识表达以便对自己的学习经历形成一种个人解释,学习者的这些知识表达会依据他们从自己的经历中获得意义而持续地发生变化。因此,认为学生的学习活动应该处于学习者自己的控制之下。[①]

萨尔乔(Saljo)等在 *Approaches to Learning* 中介绍了通过研究发现的五种学习观,这五种学习观对学习有着不同的理解,分别把学习看成是知识量的增加、记忆、为今后用途而获取事实、方法等、对定义的抽象化。[②] 马顿(Marton)在 *Conceptions of Learning* 中通过研究证实了这五种学习观,并且发现第六种学习观即学习是学生成长的过程,而学生对于某一课程学习的认识将直接影响学生的学习方式。如果学生对学习认识片面即认为仅仅是为增加知识或记忆一般采取表层学习方式,相反对学习认识全面即认为学习是对意义的抽象或以理解现实世界为目的则一般采取深层学习方式。这就表明学生的学习观对

---

① Duffy, T. M., & Jonassen, D. H., *Constructivism: New Implications for Instruction Technology*, In T. M. Duffy & D. H. Jonassen (Eds.), Constructivism and Instruction Technology: A Conversation. Hillsdale, NJ: Erlbaum, 1992.

② Marton, F., Dall'Alba, G., & Beaty, E., Conceptions of Learning, *International Journal of Educational Research*, Vol. 19, 1993, pp. 277 – 300.

学习方式会产生影响。①

雄克（Schunk）和齐默尔曼（Zimmerman）在 *Self-regulation of Learning and Performance* 中认为学生学习是一个把外部学习技能内化成自己能力的过程，要先后经历一系列学习阶段。首先是观察阶段，在这一阶段，学生在榜样的示范、指导、鼓励下观察学习策略的运用；其次是模仿阶段，当学生的外在学习表现接近榜样表现的一般形式，学习就达到模仿水平，此时，学生不再照搬榜样的学习表现，而是模仿榜样学习的一般模式或风格；再次是自我控制阶段，当学生面临学习迁移任务能够独立地使用学习策略时，学习就进入自我控制阶段，在该阶段，学习策略应用已经内化，学习无须直接依赖榜样的示范，但它还要受对榜样行为的表征标准和自我强化过程的影响；最后是自主阶段，处于该学习阶段的学生能够自觉地使用学习策略，能够根据情境特征调整自己的学习。②

温勒（Winne）在 *Experimenting to Bootstrap Self-Regulated Learning* 中认为学生可以通过多种途径获得自主学习能力。一是接受针对自主学习的教学。事实上，许多实验研究已经表明，处于各年龄阶段的学生都可以获得和使用某些自主学习策略；其次，如果课堂上缺乏对自主学习的指导，学生也可以通过观察他人的学习而获得一定的自主学习能力，通过观察一小部分学生能够模仿出某些有效的自主学习形式；获得自主学习能力的第三个途径是学生自己设计和实施的学习实验，在这种实验中学生通过尝试错误过程也可以探索出某些有效的自主学习形式，探索实验可以在任何学习中进行。因此，只要学生主动学习，处处都可以获得自主学习能力。③

---

① Marton, F., & Saljo, R., *Approaches to Learning*, In F. Marton, D. Hounsell & N. J. Entwistle (Eds.). The Experience of Learning: Implications for Teaching and Studying in Higher Education, Edinburgh, Scottish Academic Press, 1997.

② Schunk, D., & Zimmerman, B. J., *Self-Regulation of Learning and Performance*, Lawrence Erlbaum Associates, 1994.

③ Winne, P., Experimenting to Bootstrap Self-Regulated Learning, Journal of Educational Psychology, Vol. 89, No. 3, 1997, pp. 394-410.

派瑞（Perry）等在 Mentoring Student Teachers to Support Self-Regulated Learning 中运用调查研究验证了任务的复杂性与参与自主学习的机会相关。[1]

2. 教师主体因素

多尔·阿尔巴（Dall'Alba）在 Foreshadowing Conceptions of Teaching 中介绍了其从学生学习角度对教师教学观的研究中，对澳大利亚一些高校中从事经济、英语、医学、物理等不同专业教学的 20 名教师进行了深度访谈，从这些访谈中归纳了教学是呈示信息、向学生传授知识、通过实例将理论应用于实践、深化概念或原理及其相互关系、开发使学生成为行家的能力、从不同视角探索理解的方法及引发概念性变化七种对教学的理解情况，从不完全到完全理解排列。在最底层面，教学只是从教师视角来理解的，特别是从教师的所作所为来理解教学。由此，教学重点转向对教学内容的整合，而在较高层面，教学重点则突出放在学生的理解上。最后，对教学最全面的理解是把教学放在教师、学生以及内容的相互关系上面。[2]

普罗瑟（Prosser）等在 A Phenomenographic Study of Academic' Conceptions of Science Learning and Teaching 中对 24 位高校教师在特定环境中的教学观、教学方法以及教师教学方法和学生学习方式之间的相互关系所进行的研究中发现教学是传授教学大纲的理念、是传授教师所拥有的知识、是帮助学生获得对教学大纲理念的感知、是帮助学生获得教师所拥有的知识、是开启学生对知识概念的理解以及是帮助学生改变观念这六种教学观。对这些教学观分析表明全面的教学观关注学生、教师和教学环境，而片面的教学观只关注教师自身和学习环境。在此基础上分析了教师对学生学习的感知，得出了学习是积累知识以满足外在需求、是获取基本知识以满足外在需求、是获得基本知识以

---

[1] Perry, N. E., Phillips, L., & Lynda. H., Mentoring Student Teachers to Support Self-Regulated Learning, *The Elementary School Journal*, Vol. 106, No. 3, 2006, pp. 237 – 254.

[2] Dall'Alba, G., Foreshadowing Conceptions of Teaching, Research and Development in Higher Education, Vol. 13, 1991, pp. 293 – 297.

满足内在需求、是深化概念以满足内在需求以及变化概念以满足内在需求这五种学习观。这就表明教师在进入某一教学环境时，就已带有各种先有的教学经验和教学观，而教学环境唤起了教师的某些先有教学经验，教师相应地采用与教学情景相关的教学方法，其中最为重要的就是教师所采用的教学方法与学生采用的学习方式互为关联，证实了学生取得高质量的学习结果与教师的教学直接相关。[1]

肯伯（Kember）在 A Reconceptualisation of the Research into University Academics' Conceptions of Teaching 通过研究发现高校教学中每个教师都有着不同的教学观，因此在教学过程中教师会根据自己的教学观而采用不同的教学方式。教师的教学观会影响课程设计、所采用的教学方式，进而影响学生的学习方式与结果。如果教师相信他们的角色只是向学生传授自己积累的学科知识，将会阻碍学生采用意义导向的学习方式，而促进型教学方式则会鼓励学生采用意义导向的学习方式，在学生学习上会产生截然不同的效果。[2]

3. 学习环境因素

恩特威尔斯（Entwistle）和拉姆斯登（Ramsden）在 Understanding Student Learning 中通过研究发现学生的学习方式与学生对学习环境的认识相关。[3] 后者在 Learning to Teach in Higher Education 中指出，学生采用的学习方式与学习环境中的五个关键因素相关。[4] 在对学生的学习方式与学生对学习环境的认识的关系进行了大量研究后，特里格维尔（Trigwell）和普罗瑟（Prosser）在 Relating Learning Approaches, Perceptions of Context and Learning Outcomes 中认为学生如果感觉

---

[1] Prosser, M., Hazel, E., Trigwell, K., & Taylor, P., A Phenomenographic Study of Academic' Conceptions of Science Learning and Teaching, Learning and Instruction, Vol. 4, No. 3, 1994, pp. 217-231.

[2] Kember, D. A., Reconceptualisation of the Research into University Academics' Conceptions of Teaching, Learning and Instruction, Vol. 7, No. 3, 1997, pp. 255-275.

[3] Entwistle, N. J., & Ramsden, P., Understanding Student Learning, London, Croom Helm, 1983.

[4] Ramsden, P., Learning to Teach in Higher Education, London, Routledge, 1992.

到课程学习负荷大,并且考试的实质就是死记硬背学习内容,则倾向于采用表层学习方式,但是学生如果能自主选择所学内容,能感受到高质量的课堂教学并对课堂目标和要求心领神会,则会采用深层学习方式。从这里可以分析出教学环境通过学习方式进而对学习成果产生影响。[1]

佛朗森(Fransson)在 On Qualitative Differences in Learning 中通过对学生阅读学术文本的方法以及学习效果的实验性定性研究,明确分辨了情景感知及其效果的差异性。他通过对两组学生分别采用不同学习方式的情景,结果发现处于深层学习方式情景的学生在学习方式和学习效果上表现出了与处于表层学习情景的学生较大的差异性,前者在学习方式更倾向于采用深层学习方式,进而也产生了相应较好的学习效果。此研究可以表明学生对学习情景的感知可能有着相当大的差异性,而这种差异性将通过学生的学习方式进而影响学生的学习效果。[2]

梅耶(Meyer)等在 Individual Study Orchestrations and Their Association with Learning Outcome 中则从学生成绩的角度来研究学生对情景感知与学习方式之间的关系。通过研究发现,对于考试不及格的学生,学生的情景感知与学习方式之间不存在着关联模式,也就是在情景感知和学习方式的相关关系上出现了脱节。[3] 恩特威尔斯(Entwistle)

---

[1] Trigwell, K., & Prosser, M., Relating Learning Approaches, Perceptions of Context and Learning Outcomes, Higher Education, Vol. 22, No. 3, 1991, pp. 251-266; Prosser, M., Hazel, E., Trigwell, K., & Lyons, F., Qualitative and Quantitative Indicators of Students' Understanding of Physics Concepts, Research and Development in Higher Education, Vol. 19, 1996, pp. 670-675; Trigwell, K., Prosser, M., Ramsden, P. & Martin, E., Improving Student Learning through a Focus on the Teaching Context, In G. Gibbs, Improving Student Learning. Oxford, Oxford Centre for Staff Development, 1998.

[2] Fransson, A., On Qualitative Differences in Learning. IV-Effects of Motivation and Test Anxiety on Process and Outcome, British Journal of Education Psychology, Vol. 47, No. 3, 1977, pp. 244-257.

[3] Meyer, J. H. F., Parsons, P. & Dune, T. T., Individual Study Orchestrations and Their Association with Learning Outcome, Higher Education, Vol. 20, No. 1, 1990, pp. 67-89.

在 *Student Failure: Disintegrated Patterns of Study Strategies and Perceptions of Learning Environment* 中对梅耶研究所得的数据进一步分析,发现了学习成绩优秀的学生在情景感知和学习方式相互关系上体现出来的常见模式,即第一个因素把意义交流取向和学习环境中适合采用深层学习方式的各个特点相联系,第二个因素则把机械复制取向和表层学习方式相联系,但是学习成绩不合格的学生在情景感知与学习方式之间存在着相互脱节的模式。[1]

普罗瑟的研究则表明了学生在进入高校后对学习环境和情景的感知会因人而异。其通过对大一物理课程学习的学生进行研究以了解学生在课程开始前和结束时对课程理解的情况,主要采用了比格斯的学习过程问卷和拉姆斯登的课程体验问卷进行调查。研究结果表明先有理解比较完整的学生能够感知学习环境中适合采用深层学习方式的各种特点,并相应在学习中采用深层学习方式,因而获得较好的学习效果。而先有理解比较片面的学生只能感知学习环境中适合采用表层学习方式的各个特点,因而在学习中只能采用表层学习方式,所以学习效果较差。研究表明对学习情景的不同感知与学生先有理解的质量、学习中采用的方式、获得的学习效果和成绩有着密切的关系。其中发现有的学生认为学习情景唤起其表层和深层两种学习方式,而研究结果则表明这些学生的学习成绩、学习效果最差,这是由于其对情景的感知与学习方式相脱节造成的。[2]

4. 学习方式

马顿和萨尔乔在 *Approaches to Learning* 通过研究发现学生的不同

---

[1] Entwistle, N. J., Meyer, J. H. F., & Tait, H., Student Failure: Disintegrated Patterns of Study Strategies and Perceptions of Learning Environment, Higher Education, Vol. 21, No. 2, 1991, pp. 246–261.

[2] Prosser, M. Hazel, E., Trigwell, K., & Lyons, F., Qualitative and Quantitative Indicators of Students' Understanding of Physics Concepts, Research and Development in Higher Education, Vol. 19, 1996, pp. 670–675; Prosser, M. Hazel, E., Trigwell, K., & Lyons, F., "Student" Experiences of Studying Physics Concepts: the Effects of Disintegrated Perceptions and Approaches, Paper presented at the 7th European Conference for Research on Learning and Instruction, August 1997, Athens.

学习方式与其学习结果的层次存在着明显的联系。其中采用深层学习方式的学生学习结果都较好，而采用表层学习方式的学生学习结果则较差，因此他认为学习方式包括两个层面：一是涉及学生在进行学习时，是否探求其意义，可以分解为表层方式与深层方式；二是涉及学生组织学习任务的方式，所关注的实际上是学生组织学习内容的方式的差异，尤其是学生是否分解学习任务。① 斯文森在 On Qualitative Difference in Learning 中所关注的是学生组织学习内容的方式的差异，可以分解为原子论方式（即学生在学习中只关注学习任务中的部分而忽略了整体）与整体论方式（学生在学习中关注学习任务的整体结构及各组成部分之间的联系而不是部分），不同的方式学习结果不同，这就证明了学习方式和学习结果之间有着明显的关系。此后，这类研究结果在很多研究过程中被反复证明并得到拓展。②

比格斯在 Student Approaches to Learning and Studying 中发现大学生在学习过程中可能采用具有两种不同性质的学习方式。如果大学生在学习中采用深层学习方式，学生将会用理解观点和意义交流为目的，集中精力于自己的学习任务之中，努力把所要学习的新知识和自身已有的知识联系起来。但是如果大学生在学习中采用表层学习方式，就会把自己的学习当成是受外界的压力驱使而要完成的任务，表面上看是投入学习过程中去，但是实际上对学习目的和学习策略毫不关注，对自己的学习任务应付了事。他通过研究进一步发现采用深层学习方式的学生所拥有的认知框架要比采用表层学习方式的学生的要宽阔和全面。③ 在此基础上他为我们构建了一个学习过程3P模式，认为大学生的学习过程由三阶段组成：预兆、过程与产出，构成了一个开放的循环系统，学生个体因素（先前知识、能力与已有的学习方式）和

---

① Marton, F. & Saljo, R., *Approaches to learning*, In F. Marton, D. J. Hounsell, & N. J. Entwistle (Eds.), The Experience of Learning, Edinburgh: Scottish Academic Press, 1984.

② Svensson, L., On Qualitative Difference in Learning, British Journal of Educational Psychology, Vol. 47, 1977, pp. 233–243.

③ Biggs, J. B., *Student Approaches to Learning and Studying*, Hawthorn, Vic.: Australian Council for Educational Research, 1987.

教学情景（教学、评价模式、学风校风等）构成了独立变量，过程即学习方式构成了中介变量，学术达成则构成了因变量，大学生在学习时，根据整体的目标通过稳定的个体特征在具体的教学情景下调整自己的学习方式，激发自己相应的学习动机，采取相应的学习策略，最终形成学术达成。[1]

维蒙特等通过研究认为学习方式不仅是习惯的或偏好的加工策略，而且是由一系列与学习信念和动机取向存在着系统联系的学习活动所构成的稳定的形式，会受到学习情景及其要求的影响，由加工策略、管理策略、学习观与学习取向4个部分构成。其中加工策略可以分为3个类别：逐步加工、深层加工和具体加工，学习观分成了吸收知识的学习观、建构知识的学习观、应用知识的学习观、合作的学习观以及被激励的学习观，而学习取向则划分成证书取向、自测取向、兴趣取向、职业取向和矛盾取向五种类型，在此基础上运用因素分析方法将这四个因素命名为"再现导向的学习方式"、"意义导向的学习方式"、"应用导向的学习方式"以及"无导向的学习方式"，认为其在性质上产生的差异是与学生在学习过程中采用的认知加工策略和元知识加工策略、学生关于学习的心智模型以及他们的学习取向相关。[2]

吉尔德在 *The Cultural / Learning Style Connection* 中对大学生进行研究时发现，某些特定的学习方式会使学生在学业成绩上有不同反应。[3] 科林森在 *Survey of Elementary Students' Learning Style Preferences*

---

[1] Biggs, J. B., Individual and Group Differences in Study Processes, British Journal of Education Psychology, Vol. 48, No. 3, 1978, pp. 266 – 279.

[2] Vermunt, J. D. H. M., *Learning Styles and Regulation of Learning in Higher Education-Towards Process-Oriented Instruction in Autonomous Thinking*, Amsterdam/Lisse: Swets and Zeitlinger, 1992; Vermunt, J. D., Metacognitive, Cognitive and Affective Aspects of Learning Styles and Strategies: A Phenomenographic Analysis, Higher Education, Vol. 31, No. 2, 1996, pp. 25 – 50; Vermunt, J. D. H. M., & Rijswijk, F. A. W. M., Analysis and Development of Students' Skill in Self-regulated Learning, Higher Education, Vol. 17, 1988, pp. 647 – 682.

[3] Guild, P., The Cultural / Learning Style Connection, Educational Leadership, Vol. 51, No. 8, 1994, pp. 16 – 21.

and Academic Success 中对不同学业成就的学生的学习方式进行分析时发现，低成绩者更喜欢正规学习环境，而高成绩者更喜欢独自学习。[①]

二 国内相关研究

同国外研究相比，我国学者对大学生学习过程的研究主要是从20世纪80年代开始的。就已有研究成果看，主要是以理论研究、宏观研究较多，而对大学生学习过程及其影响因素的实证研究直到从近年才呈现出逐步扩大的趋势。

1. 对大学生成绩的分析

林秀莲的硕士论文《我国研究型高校本科生学习过程规律研究》以国内一所"985工程"高校——厦门大学为个案，选取该校1996—2004级本科生为样本进行实证研究，通过对其高考成绩、本科期间的学年成绩及总成绩的完整的学习过程的成绩记录进行量化分析，并结合定性分析方法对本科生学习过程进行分析，通过分析得出高考及保送生制度有效，但效度不高，存在着科类差异；本科生学习过程类似链式反应过程，从高考到大学第四学年，呈现出相邻学习阶段相关性高，非相邻学习阶段相关性弱的规律性，学年之间的相关性随着年级升高逐渐减弱，大一在整个大学生涯中起到了至关重要的作用，城乡学生总体学习成绩差异不明显，女生学习成绩明显优于男生。[②] 甄新武、杨春宏等在《对大学生学习成绩规律的探索研究》中分析同类院校大学生的学习过程的规律性以及不同专业的学生在学习过程中是否有共同的规律性。其以河北农业大学本科学生成绩为样本，通过对各学期间成绩相关性的研究得出本科生的相邻学期间在高年级中表现出强相关性，大学第一学期对以后各学期的作用显著，非相邻学期间的影响随时间间隔的加大而减弱，不同类别间相同学期间的相关性

[①] Collinson, E. A., Survey of Elementary Students' Learning Style Preferences and Academic Success, *Contemporary Education*, Vol. 71, No. 4, 2000, pp. 42–49.

[②] 林秀莲：《我国研究型高校本科生学习过程规律研究》，硕士学位论文，厦门大学，2006年。

存在差异。①

王锡范等在《大学生学习成绩滑坡原因分析及其预防措施》中通过对1997年以来某校机械专业大学物理成绩进行分析，认为高校扩招以来学生学习成绩下降情况严重。②杜蓓在《大学生的学习成绩与智力、人格特征的关系》中采用问卷方式对160名北京本科一年级的学生进行调查，对大学生的学习成绩与智力、人格特征的关系进行讨论。研究结果表明，大学生的学习成绩不仅跟智力有关，而且还跟人格特征有着紧密的相关。因此提出不仅要重视学生智力的培养，也要关注学生健康人格的培养。③宋专茂、吴强、赵风雪在《大学生学习成绩与16PF测定相关分析》中根据各门课程学习成绩的综合评定结果，将某大学二年级全体学生划分为优良、落后、普通三个组，并采用卡特尔16PF人格测验对他们进行测试，然后进行人格特征比较及学习成绩与人格特征因素之间的相关分析以探讨大学生的学习成绩与人格特征之间的相关性。研究结果发现学习成绩优良的大学生有较强的自我约束、自我管理能力，比较能把精力集中在学业上，但性格偏内向，对周围的人或事过于敏感，抗挫折能力弱，心理健康水平欠佳，学习成绩落后的大学生自我管理能力较差，缺乏自信心，难以集中精力于学业，且思维能力较弱，心理健康水平欠佳。④

陈维真在《大学男女生英语成绩差异分析》中通过对浙江丝绸学院1990、1991级大学生的英语四级成绩进行分析，得出女生在英语学习上显著优于男生的结论，并认为男女生先天语言学习差异、学习自强意识、特定群体活动及学习策略上的差异是造成成绩出现差别的

---

① 甄新武、杨春宏、饶桂生、吴长刚：《对大学生学习成绩规律的探索研究》，《河北师范大学学报》（教育科学版）2009年第12期。

② 王锡范、徐绍军：《大学生学习成绩滑坡原因分析及其预防措施》，《湖南商学院学报》2003年第5期。

③ 杜蓓：《大学生的学习成绩与智力、人格特征的关系》，《北京农业职业学院学报》2010年第11期。

④ 宋专茂、吴强、赵风雪：《大学生学习成绩与16PF测定相关分析》，《中国心理卫生杂志》2002年第1期。

原因所在。① 童帆在《大学生学业成绩的统计分析》中对某校两届理科学生的四年成绩进行分析，发现女生在多门数学专业课成绩优于男生，并认为主要与师范类男生在低年级时专业思想不稳定有关。②

2. 学生主体因素

陆根书、于德弘在《学习风格与大学生自主学习》中探讨了学生主体因素即学生的学习风格、学习观对学习的影响。其通过对西安交通大学的 3000 名大一学生进行问卷调查与访谈，用实证方法分析大学生学习风格的类型、学习风格与学术达成之间的关系。研究发现学习风格与大学生学习成果存在着相关关系，其中采用自我管理及意义导向的学习风格进行学习的学生，学习成绩要显著高于缺乏管理及再现导向的学习风格以及采用学习过程外部管理及情景导向的学习风格进行学习的学生，表明学习风格与学生的学习结果具有决定性的影响。在上述研究的基础上，其从学习观、学习取向以及与学习任务相关的加工策略、对加工活动的管理方面探索建立了一套干预大学生学习过程，全面培养和提高大学生学习素质，进而提高高等教育质量的方案。③

周军铁的硕士论文《大学生学习能力培养存在的问题与对策研究》中认为传统模式下的高等教育体制单纯侧重于知识的传授，忽视了大学生学习能力的培养和提高。在高等教育工作重心转移到以提高质量为中心的教育背景下，其就"大学生学习能力培养"这一热点课题进行了初步的探讨，进一步明晰了大学生学习能力的概念；同时在对芬兰和美国的大学生学习能力培养状况进行了分析，总结了两国在大学生学习能力培养方面的经验。在此基础上提出从营造良好环境、加强课程体系建设、提高教师素质以及探索"大学生学习能力

---

① 陈维真：《大学男女生英语成绩差异分析》，《浙江师范大学学报》（社会科学版）1995 年第 1 期。
② 童帆：《大学生学业成绩的统计分析》，《统计新论》2005 年第 7 期。
③ 陆根书、于德弘：《学习风格与大学生自主学习》，西安交通大学出版社 2003 年版。

学"的建设思路等角度完善我国大学生学习能力培养对策。①

林国耀的硕士论文《大学生学习能力的量表编制与现状测查研究》从"学会学习"的角度来分析大学生学习能力的实质与结构。他认为学习能力是学生用以指导自己的学习活动的策略和技能的总和,其结构可以从知识的获得与应用能力、学习过程自我监控能力、学习资源的管理与应用能力这三个维度进行概括,采用问卷方式对福州地区四所高校的627名大学生的学习能力的特点和影响因素进行研究。研究结果表明总体上大学生学习能力只是处于中等水平,仍有待提高和发展,大学生学习能力的性别差异显著,男生的知识获得与应用能力优于女生,女生的学习过程自我监控能力和学习资源管理与应用能力优于男生,而年级差异不显著,没有随着年级的增长而相应地提高,在专业上差异显著,文科专业学生的学习能力要好于其他专业学生,并与学习动机、学习自我效能感有着显著的相关,学习兴趣、学习自我效能感对大学生学习能力的影响程度相对较大。②

范起东的硕士论文《四川省工科院校"90后"大学生学习观的调查研究》通过对四川大学(工科专业)、西南石油大学、成都理工大学、西南科技大学等普通工科院校2008年度和2009年度入学的"90后"大学生开展问卷调查,进而了解当代大学生对于学习的看法,掌握"90后"大学生学习观的现状,总结"90后"大学生学习观的时代特点,分析其发展形成的过程,探讨"90后"大学生学习观的主要问题和产生这些问题的原因,进一步阐述了引导大学生改进学习观的必要性,并从高校、教师、学生三个方面分别提出了引导"90后"大学生学习观转变的具体策略。③

张志红、耿兰芳在《学习态度对大学生学习成绩影响的实证分

---

① 周军铁:《大学生学习能力培养存在的问题与对策研究》,硕士学位论文,湖南农业大学,2007年。

② 林国耀:《大学生学习能力的量表编制与现状测查研究》,硕士学位论文,福建师范大学,2006年。

③ 范起东:《四川省工科院校"90后"大学生学习观的调查研究》,硕士学位论文,西南交通大学,2007年。

析》中将学生的学习态度分为平时的学习表现、对自己专业的偏好程度、考试态度以及对课堂交流或讨论的学习方式的看法等4个子系统,进一步建立带有虚拟变量的4个模型,逐一分析子系统内部因素对学习成绩的影响。通过问卷调查得出,科学的学习态度能够有效提高学习成绩,采用课堂交流或讨论的学习方式是最有效的提高学习成绩的途径,通过积极、主动、认真地学习也能较大程度上促进学习成绩的飞跃。①

3. 教师主体因素

褚祝杰、陈伟在《高校教师的综合素质与大学生成长的关联分析》中认为教师是教育实施活动的主体,其从高校教师的职业道德、教育观念、教学能力、知识系统、实践经验等综合素质对大学生的成长进行关联分析,认为高校教师的高综合素质有利于高校教师在教学过程中把握学生的成长规律,应通过提高自身素质正确引导大学生学习及品德发展。②

陆根书、韦娜在《大学教师教学观与大学生学习风格的相关研究》中认为教师的教学观和大学生学习风格是教学研究中非常重要的课题。其主要调查了西安交通大学2003级504名本科生的学习风格以及他们感知的教师的教学观的基本情况。在此基础上,从学生的视角探讨了教师教学观与学生学习风格之间的关系。研究结果表明教师的教学观可以分为两类,即信息传递的教学观和促进学习的教学观,教师的教学观对学生的学习风格具有显著的影响。当教师持有信息传递的教学观,认为教学仅仅是以传递知识为目的时,学生更可能采用再现导向的学习方式,这将不利于学生学习成绩的提高;当教师持有促进学习的教学观,认为教学的目的在于帮助学生发展并改变自己的观念时,学生就会倾向于采用意义导向和情景导向的学习方式,这将

---

① 张志红、耿兰芳:《学习态度对大学生学习成绩影响的实证分析》,《中国大学教学》2009年第10期。

② 褚祝杰、陈伟:《高校教师的综合素质与大学生成长的关联分析》,《文教资料》,2005年第22期。

有利于学生学习成绩的提高。①

张希的硕士论文《大学和谐校园与教师文化素养研究》认为大学教师担负着为社会直接培养所需人才的重任，其文化素养如何直接关系到人才培养的质量及学校未来的发展。其从和谐校园的视角，对大学教师文化素养的内涵、构成及特点，大学和谐校园建设与教师文化素养的关系进行探讨，认为大学教师文化素养是指大学教师在教育教学实践活动过程中不断汲取、实践、积累除专业知识与技能之外的其他人文修养与素质，主要由人文、教育、学科文化、人格魅力、职业道德等素养、教学艺术等方面构成并具有整体性、稳定性、传播性、教育性和长效性等基本特点。其通过对大学教师文化素养的现状进行调查分析，发现大学教师的文化素养受社会功利化、趋利性，高校重视程度不够、人文氛围不浓、教师评价机制不完善以及教师自身缺乏科学的知识结构等因素的影响，实际情况还不尽如人意，由此指出教师文化素养不高将会影响高校人才培养的质量和学校发展。在此基础上，在构建大学和谐校园的背景下从转变教育观念、营造良好的人文环境、丰富教师的文化底蕴、创造和谐的制度环境以及教师加强自我修养方面提出了相应的提高教师文化素养的对策建议。②

赵伟在《我国高校师生关系存在的问题及影响因素》中认为高校和谐的师生关系是和谐社会在高校的缩影，它不仅能促进教育目标的实现，而且可以促进大学生学习。其以辽宁师范大学的师生为调查对象，进行有关当前师生关系的抽样调查。研究结果显示，目前高校师生关系存在一些不和谐之处：高校师生关系的和谐度不高，高校师生之间存在不和谐的教学关系、人际关系和心理关系，这就严重影响学生学习的效果。③

---

① 陆根书、韦娜：《大学教师教学观与大学生学习风格的相关研究》，《教学研究》2010年第1期。

② 张希：《大学和谐校园与教师文化素养研究》，硕士学位论文，江西师范大学，2008年。

③ 赵伟：《我国高校师生关系存在的问题及影响因素》，《现代教育管理》2010年第5期。

4. 学习环境

蔡明俐的硕士论文《大学生学习环境资源管理的研究》针对提高大学生学习能力的实际需要来研究大学生如何利用、建构外部的学习环境资源。其将武汉地区4所高校的本科生作为研究对象,以对学生的开放式问卷和访谈为基础,主要从学习的合作性、学习资料的利用性、学习的求助性、学习条件的知觉性、学习环境的选择性方面进行分析并对其发展特点和影响进行探讨。研究结果表明不同性别和专业类别的大学生学习环境资源管理的水平不存在显著差异,但不同年级大学生在总体上和学习的合作性、学习求助性、条件知觉性这三个因素上均存在显著差异,其中大学二年级是大学生学习环境资源管理不良的阶段。大学生学习环境资源管理与自我调节学习之间存在 $r=0.5902$ 中等程度的显著正相关,多元回归分析表明信息加工、自我检测、选择要点、辅助手段、学习态度5种具体学习策略对大学生学习环境资源管理水平有直接的影响,建立的多元标准方程能解释其39.5%的变异量。[①]

唐梅花的硕士论文《理工科大学校园文化建设研究》认为学习环境视角之一的大学校园文化在人才培养过程中扮演着越来越重要的角色。她以大学校园文化建设的四个维度为主线,即校园制度文化、校园精神文化、校园行为文化以及校园物质文化建设分析,认为理工科大学校园文化建设具有在学科设置上以理工为主、以人文为辅,在办学理念上注重知识与技能的传授的特点,但在精神文化建设缺乏人文底蕴,物质文化建设缺乏人文景观与文化场所,行为文化建设缺乏多样性与规范性,制度文化建设缺乏保障机制,同时用实证方法分析、总结、归纳几所国内外高校校园文化建设在校园制度文化、精神文化、行为文化及物质文化建设上的突出特色与成功经验,从而将之借

---

① 蔡明俐:《大学生学习环境资源管理的研究》,硕士学位论文,华中科技大学,2006年。

鉴到我国理工科大学校园文化建设上来。①

潘飞南在《大学生学习环境管理策略探讨》中认为学习环境管理是大学生需要控制的领域，适宜的学习环境有利于大学生学习。其用理论分析与实验结果加以验证国外学者提出的"创建学习场所"和"减小或排除他人或音乐之类的干扰"两大学习环境管理策略是否有效。研究结果显示创建良好熟悉的学习场所、熟悉的音乐以及伙伴辅导、合作学习和居室安排有利于大学生学习。②

俞雅芳在《论高校良性学习环境的构建》中认为高校最根本的任务是培养高素质的合格人才，其中学习环境因素对人才的培养有着重要影响，因此需要构建良好的学习环境。其从学校、教师和学生三个层面当前存在的问题出发分析，提出着力提升大学教育理念、持之以恒抓好校风、教风和学风建设、切实加强教学管理制度建设和教学改革以及努力提高学生自我构建良好学习环境的能力等措施来构建高校良性学习环境。③

5. 学习方式

李燕的硕士论文《现代大学生学习方式研究——大学物理研究性学习探讨》针对大学物理的研究性学习的改进，从教育学和心理学的基本学习理论出发，分析了大学学习特点和学生心理特征，提出了适应学习化社会要求的三种现代大学生学习方式：自主学习、合作学习和研究性学习。其认为研究性学习作为一种典型的现代大学生学习方式，在高校实施具有独特的优势。在对研究性学习做了系统论述，并结合大学物理学的教学实践，把研究性学习作为物理学科内的一种学习方式进行了实践讨论，提出了专题讨论、大学生科研立项以及研究

---

① 唐梅花：《理工科大学校园文化建设研究》，硕士学位论文，大连理工大学，2009年。
② 潘飞南：《大学生学习环境管理策略探讨》，《江西教育学院学报》2003年第2期。
③ 俞雅芳：《论高校良性学习环境的构建》，《唐山职业技术学院学报》2010年第1期。

性实验等对策。①

张思佳的硕士论文《内地在读港澳大学生学习方式研究》采用问卷调查方式对在内地就读的港澳学生学习方式的结构进行了研究。研究发现影响港澳学生的学习方式有学习策略、课堂外部环境、学习动机和课堂学习情境四个主要因素。同时进行了相应的人口变量统计学分析，发现不同年级、专业、兴趣的学生在四个因素上差异不显著，男生受课堂学习情境的影响显著大于女生。②

宋琦等在《师范类理科大学生学习方式研究》中利用 SPQ 调查表，对师范类理科大学生学习方式进行了调查。研究分析发现师范类理科大学生中男生比女生更趋向于深层和成就式学习，而男、女生在大学一、四年级要比二、三年级时期更趋向于深层和成就式学习。因此，其认为师范类理科大学生的学习方式会随性别和年级变化而改变，这主要是受大学生内部因素即心理变化的影响，同时也受外部因素的影响，如教师导向、学校教学体制和社会需要等，而且大学生的心理变化也与外部因素有着密切的关联。③

王普霞在《大学生学习方式差异研究及其对成绩的影响》中试图通过对大学生学习方式差异的研究，为高校因材施教和全面发展教育提供心理学依据。其采用《大学生学习方式问卷》，对大一到大四4个年级的大学本科生进行了问卷调查，研究结果发现大学生的学习方式存在显著的性别、年级差异，在学习策略上性别、年级差异极其显著，在学习方法上性别差异极其显著，年级差异不显著；在学习动机上性别差异不显著，年级差异极其显著；在考试方法上性别、年级差异不显著。同时大学生学习方式总体水平与公共课成绩和总成绩之间的关系显著，而且与专业课成绩之间的关系达到极显著的水平。因此，

---

① 李燕：《现代大学生学习方式研究——大学物理研究性学习探讨》，硕士学位论文，华中师范大学，2004 年。

② 张思佳：《内地在读港澳大学生学习方式研究》，硕士学位论文，暨南大学，2008 年。

③ 宋琦、刘晓玲、范国盛：《师范类理科大学生学习方式研究》，《内蒙古师范大学学报》（教育科学版）2009 年第 9 期。

其认为大学生的学习方式存在显著的性别、年级差异,且对学习成绩产生了显著的影响。①

三 评论

通过以上对国内外已有研究的概述,我们可以发现国内外已有研究呈如下特征:

1. 从研究背景来看,国外对大学生学习的关注始于第二次世界大战后,以美国为首的西方国家开始进入高等教育大众化阶段,且大学生开始缴费上大学,成为高校的相关利益主体,进而高等教育质量成为社会关注的焦点。因此,国外学术界对大学生学习质量的关注呈现不断增长的趋势;我国对大学生学习的关注的背景与国外基本相似,只是对大学生学习过程及其规律的研究兴起则是在改革开放后,特别是在1999年我国高等教育实行了规模扩招后,在高等教育领域中质量问题逐渐凸显,国内学术界开始重点关注对大学生学习过程及其规律的研究。

2. 从已有研究的数量和形式来看,国外学者对大学生学习过程及其规律关注相对较早,研究相对比较系统,体系较为成熟,研究成果从形式上来看有期刊文章或会议论文、专著和学位论文等,其中以期刊文章为多,也有不少关于大学生学习过程的专著;而国内对大学生学习过程及其规律的研究则起步较晚,最早的研究则将其作为大学习中的一个组成部分,主要以专著较多。步入大众化阶段后,大学生学习过程质量成为研究者关注的重要课题,相关成果以期刊论文为主。尚无以研究我国当今普通高校本科生学习过程现实状况进而得出规律的博士论文。

3. 从研究的内容和视角来看,国外的研究内容比较丰富,既有对大学生学习过程中学生个体因素的研究、对教师主导因素的探讨,以及对大学生学习环境的分析,涉及各个方面,为本研究提供了有益

---

① 王普霞:《大学生学习方式差异研究及其对成绩的影响》,《中国健康心理学杂志》2007年第3期。

的借鉴视角,其中非常注重外部因素通过大学生自身因素而发挥作用的研究,即学习方式的研究,从马顿到比格斯对学习方式的研究均建立在实证基础上,其中比格斯对学习方式的研究而提出的学习过程"3P"模型为本研究提供了理论思路,各类研究趋于完善,视角比较科学、多样,是在心理学为基础的微观实证研究为主,主要从影响大学生学习过程的单个影响因素出发进行的研究,研究深入细致,但从整个学习过程出发的宏观研究较少;国内已有的相关研究最初则以宏观理论研究为主,主要是通过对大学生的学习过程的理论分析来进行探讨,现在逐步向国外研究者学习,从微观视角即从单个影响因素来分析对大学生学习过程的影响,研究方法越来越趋向于实证,其中《我国研究型高校本科生学习过程规律研究》以及《对大学生学习成绩规律的探索研究》则从学生的成绩来分析本科生学习过程规律,而《大学教师教学观与大学生学习风格的相关研究》从教师教学观的视角、《学习风格与大学生自主学习》从学生的学习风格、学习观的视角、《内地在读港澳大学生学习方式研究》等从学生的学习方式的视角进行的研究,以实证方式来研究对大学生学习过程的影响,其中《我国研究型高校本科生学习过程规律研究》和《学习风格与大学生自主学习》在实证方面为本论文提供了分析大学生学习过程的研究思路。从国内外相关研究可以发现学生主体因素、教师主导因素、学习环境因素成为学者们所关注的影响学习质量的基本因素,但是尚无从整体视角(即将学习过程的基本影响因素相结合)对大学生学习过程变化及其规律进行理论阐述分析与实证调查的研究。

4. 从调查的对象和被选择的高校类型来看,国外相关研究大多集中某一个学年,其中以大学一年级学生居多,并且多以某一类型的学校或某一个学校为对象,但其中比格斯的研究则是对几所不同国家高校的大一学生进行较大数量的问卷调查,其他学者也使用SPQ问卷进行相应的调查,但是样本量都没有超过1000份,同时没有对所调查的高校进行分类研究。就国内目前已有的研究来看,调查对象也大多以大一学生为主,没有明确区分选择高校的类型,仅有少数研究对高校作了区分,从高校某一类型出发进行的研究,如《我国研究型高校本科生学习过程规律研究》是从研究型高校的视角、《师范类理科大学生学习方式研究》从师范类高校的视角、《理工科大学校园文化建设研究》从理工科高校的视角进行的研究，而在一个研究中，能明确区分高校的不同类型，并包括不同类型、地区的高校的研究尚无，而且样本量较大的较少，最大的为《学习风格与大学生自主学习》的研究，达到了3000份，一般的研究都为几百份，而且较少区分大学生的年级、专业等，不能进行不同类别之间的相互比较。

第三节 研究设计

一 研究目的

通过本研究，在大学本科教育中将本科生学习过程引入教育过程之中，并使其重心由"教"过渡到"学"上，从而使本科生的学习过程与教师的教学过程在大学本科教育过程中达到有机统一，体现大学本科教育的完整性，并且在对本科生学习过程科学研究的基础上，发现并总结高校本科生学习过程规律（同类型的高校或不同类型高校的本科生的学习过程规律），在此基础上提出有针对性的策略以促进大学教学改革，提高高校教育教学质量。由此提出高校本科生学习过程规律研究。

二 研究的主要内容

1. 对本科生学习过程的内涵进行界定，即"是什么"的问题

本研究把本科生学习过程的概念的内涵界定为："本科生学习过程是指在大学教育中，本科生（学习主体）在普通高校这个特定的环境（学习环境）中，在教师（学习主导）有目的、有计划的指导下，自觉运用学习方式，对学习客体主动探索、主动思考、主动实践，不断改变已有认知结构，创造新颖的经验和表现具有个性特征的行为，在四年的学习中获得自我完善和发展的过程。"

2. 研究本科生学习过程的立论基础，即"为什么"的问题

本研究认为，学习过程与教学过程共同构成一个整体性的大学本科教育过程。构成完整性的大学本科教育过程的理论依据是：大学本科教育过程是由本科生的学习与教师的教学共同组成的，缺一不可。从本科生学习内容的基础性与专业性、学习的阶段性与过渡性以及本科生学习的自主性与创造性都要求大学本科教育过程具备整体性。

本研究认为约翰·S. 布鲁贝克提出的"大学是研究高深学问"的经典理念，通过学者薛天祥的"高等教育的逻辑起点是高深专门知识的教与学"论证，即由本科生的学习过程与教师的教学过程相结合构成大学本科教育过程，其中本科生的学习过程是教师的教学过程的基础。因此，本科生的学习过程是完成高深专门知识的研究这一经典理念的具体体现。

本研究认为"以生为本"的理念是突出以本科生为中心、强调本科生的学习过程的理论基础，本科生的学习方式是实现大学本科的学习过程的必要条件，所以通过对本科生学习过程的研究是实现大学本科教育最终目的的前提与基础。

3. 研究本科生学习过程的现实状况，即"怎么样"的问题

通过对我国高校本科生学习过程的现状的调查，即采用问卷调查了解当今我国高校中的本科生的学习现状，发现其中所蕴含的规律，同时找出其中存在的问题。

4. 分析本科生学习过程与教学过程的实施，即"怎么做"的问题

通过对本科生学习过程现状的了解，发现其中的规律，进行总结，同时针对学习过程中存在的问题，采取措施加以改进，在此基础上对学生学习、高校管理以及高等教育评价提出相应的改进策略。

三　研究思路

首先在对基本概念进行界定的基础上，提出对本科生学习过程研究的立论基础，分析其与教育中其他类型过程的异同，总结其所具有的特征，确立本科生学习过程规律研究的理论基础。

首先，采用实证方法通过从三类不同层次的高校（以研究型人才培养为主的高校、以专业型人才培养为主的高校及以应用型人才培养为主的高校即"985工程"高校、除"985工程"外的"211工程"高校及一般地方高校）各三所，一共九所高校的不同科类的本科生进行取样，采用调查问卷的方式对本科学习过程中学习者、教师、学习环境等基本组成要素及其之间关系进行深入调查分析，以期找出影响本科生学习过程因素，力图发现并总结出某些规律性结论。

其次，利用所发现和总结的本科生学习过程规律有针对性提出改进学生学习过程、改善我国高校教育管理以及提升高等教育质量评价的建议。

四 研究方法

本研究主要采用文献研究法、调查研究法。

1. 文献研究法

根据所要研究的主要问题和研究思路，把网上资源、书籍作为主要的文献来源，收集国内外有关本科生学习的理论与实践研究资料，在阅读、整理、归纳、分析这些文献材料的基础上，借鉴他人的研究成果，进行充分的吸收、融合，从而形成自己的研究框架和理论基础。

2. 调查研究法

针对本科生学习过程设计调查问卷，调查对象为大一至大四的本科生，从不同的角度对本科生学习过程及基本组成要素进行具体分析，进而发现本科生学习过程的规律及存在的问题。在研究过程中力求按照所研究的内容设计调查提纲与问卷，并经过初测，根据初测结果修改问卷，保证正式问卷具有良好的信度和效度，正式问卷施测完后，计算问卷的信度和效度，为问卷调查的科学性提供依据。同时对三类不同层次的高校（"985工程"高校、除"985工程"外的"211工程"高校及一般地方高校）的本科生、高校教师进行小范围深度访谈，从学习者和教师角度探究学习者、教师、学习环境等要素在本科生学习过程中地位与作用及其之间关系。

第二章 本科生学习过程概述

揭示本科生学习过程的内涵，是本研究立论的逻辑起点。通过对本科生学习过程相关概念的界定及其主要特征的分析，试图回答本科生学习过程在大学本科教育过程的应然状态，即回答"是什么"的问题。

第一节 本科生学习过程的基本概念辨析

一 关于普通高校与大学的概念

普通高校是普通高等学校的简称。在教育大辞典中，普通高等学校这个名称主要用来与"成人高等学校"相对应，是指按照国家规定的设置标准和审批程序批准举办的，通过全国普通高等学校统一招生考试，招收高中毕业生为主要培养对象，实施高等教育的全日制大学、独立设置的学院和高等专科学校、高等职业学校和其他机构。[1]普通高等学校招生全国统一考试是为普通高等学校招生设置的全国性统一考试，每年6月7日至8日实施。参加考试的对象是全日制普通高中毕业生和具有同等学力的中华人民共和国公民。

大学从严格意义上讲，属于高等学校，但并不是所有的高校都能称之为大学。教育部颁布的《高校设置条例》中第十一条明确指出，称为大学的须符合下列规定：实施本科及本科以上教育，主要培养本科及本科以上人才；在社会科学、人文科学、理科、工科、农科、医药、商科（工商管理）等7大学科门类中，拥有3个以上门类的主要学科，每个主要学科门类应设有3个以上相关本科专业，这些主要学

---

[1] 《教育大辞典》，上海教育出版社1989年版，第407页。

科的专业数应不低于所设专业总数的2/3，本科专业总数应在20个以上；具有较强的教学、科研力量和较高的教学、科研水平。大学的专任教师队伍中，具有研究生学历者，一般应达到50%，具有高级专业技术职务（不包括兼职者）的教职员，一般应当在400人左右。其中，具有正高级专业技术职务的教职员，一般应当在100人。一般应设有若干国家级或省部级重点实验室或重点学科；全日制本科以上在校生规模，应在8000人以上。但边远地区或有特殊需要，经国务院教育行政部门批准，可以不受此限。[①] 但以往在各种研究中对普通高校和大学并没有进行严格区分。因此，本文摘引很多关于大学学习研究方面的文章同样适用于高校。

本研究为研究便利以及有利于相互对比，所选取是具有本科教育资格的高校，即招收参加普通高等学校招生全国统一考试考生，实施四年本科教育的高校，以本科生的学习过程为主要研究对象。

二　关于普通高校分类的概念

分类，按事物的性质划分类别，是把无规律的事物分为有规律的，按照不同的特点分类事物，使事物更有规律。而高等学校分类，则是指国家教育行政部门通过调查研究根据高等学校的社会职能和高等学校的特点将高等学校划分为不同的类型和层次，具有复杂性、多样性、相对稳定性等特点。[②] 对高校进行分层分类指导，使高校实现分层分类发展一直是我国高等教育改革中的目标和理想。

以我国高校的现实发展来看，目前高校竞争格局已经模糊而又自发地呈现出一定的"金字塔型结构"，形成了事实上的高校不同层次体系结构：以北大、清华为首的39所"985工程"高校为第一层次；第二层次是除"985工程"高校外的"211工程"高校，一共有80

[①] 普通高等学校设置暂行条例（http://www.people.com.cn/item/flfgk/gwyfg/1986/112701198605.html）。

[②] 陈厚丰：《浅论高等学校分类与定位的若干理论问题》，《中国高等教育研究》2003年第11期。

所；第三层次是一般地方本科高校以及高职高专高校，这三个不同层次的高校形成主要以政府认定和高校传统形成的社会声望为基础，与政府拨款和人才培养层次有直接的关系，大致反映了中国高校目前的实力对比，也大致符合美国卡内基教学促进基金会2000年分类法中各个类型与层次高校的比例关系。[①]

本研究是从人才培养的角度出发，对现有不同层次的高校本科生的学习过程进行研究。因为不同层次高校的发展定位不同，进而在本科生的培养目标、课程设置、教学方法等方面都具有各自的特点。相应地，本科生的学习类型也会有所不同，这样才能培养出具备各自行业所需要的知识与技能、胜任不同行业的岗位要求的人才。因此，本研究选择在事实中形成的我国本科高校分类：第一层次为"985工程"高校，以建立世界一流大学为目标，以科学研究和研究生教育为主，以产出更多的原创性基础研究成果和培养创新型人才为发展目标，以培养和造就"拔尖创新人才"为主要任务，也就是通常所说的研究型高校，学生的学习是以研究性学习为主；第二层次是除"985工程"外的"211工程"高校，是以面向国内建设高水平、专业性或理论性的高校，以本科教学为主，注重本科生的教育，兼顾研究生教育，具有较高的教学质量，其定位是培养具有宽厚理论基础的高级专业性人才或理论性人才，学生以专业型学习为主；第三层次是一般地方高校，以本科层次的应用技术教育为主，其定位以培养生产、管理、服务第一线的从事实际工作的技术人员为主，以造就高素质的劳动者为主要任务，学生则是以应用技术型学习为主。学习类型不同，进而本科生在学习过程中所具有的规律可能有所不同。

三 关于学习的概念

学习过程是学习的子概念，只有把握学习的本质，才能真正理解学习过程的规律。因此，研究学习的本质是研究学习过程规律的基

[①] 陈武元、洪真裁：《关于中国高校分类与定位问题的思考》，《现代大学教育》2007年第2期。

础，所以首先要明确学习是什么。

学习的本质是什么？对此问题不仅普通公众很难有一致的答案，学者专家也众说纷纭。从不同学科的角度对学习而言，有着不同的界定：从信息学的角度看，学习是知识或经验即信息的获取；从行为学的角度看，学习是有机体行为的改变（区别于有机体生理成熟引起的行为改变）；从社会学的角度看，学习是社会化的过程；从心理学的角度看，学习是认知及其结构的变化，同时还包括情感领域的变化；从教育学的角度看，学习是把社会历史经验转化为个体经验的过程，等等不一而足。目前被大多数学者所接受的界定是"学习是个体在特殊情境下，由于练习或反复经验而产生的行为、能力或倾向上的比较持久的变化及其过程"。

本书是从教育学出发进行的研究，因此以教育学视角来理解学习的概念，主要从内涵与外延两个方面来分析：首先，从学习的内涵来看，学习就是学习主体与环境的相互作用，经过内化而获得经验并外化为行为表现的活动。其次，从学习的外延来看，包括四个层次，第一层次是泛指包括动物和人类在内的学习活动；第二层次，次一级的学习，是指人类的学习；第三层次，是指在校学生的学习；第四层次，是指在校学生不同学段的学习。总之，学习作为一种活动应包括学习的主体、客体和学习活动的结果三个基本要素，即学习就是主体与环境的相互作用，经过内化而获得经验并外化为行为变化的活动，这就是学习的本质。

四 关于学习过程的概念

对于任何一种学习来说，都是一个具体的活动，作为活动必然有其过程，通常是用过程加以描述的。凡是过程要经历开端、进程（持续一定时间并按照一定程序完成一系列的内外部操作）及结局。从学习活动的内涵看，所谓学习过程就是学习者内部的状态和外显的行为变化的过程。[①] 因此，学习过程对学习来说是最核心最关键的环节，因为所有的要素都要通过学习主体转化为自身因素从而才能在学习过

[①] 王言根：《对大学生学习过程的认识与思考》，《中国大学教学》2001年第3期。

程中去实现,也就是只有通过一定的学习过程学习主体才能真正获得知识与技能。因此,学习过程是学习理论的基本问题,通过研究学习过程揭示学习过程的本质和规律历来倍受学者们的关注。所以,作为研究者来说,非常有必要对学习过程及其规律进行多层次的科学分析与研究。

对于本科生这一特殊的学习群体来说,其学习过程有着不同于一般学习过程的特殊性,其是在本科生特定主体身上发生的,在本科生的特有生理与心理基础上通过其具体的生理活动与心理活动,特别是与学习直接相关的认知活动来实现的。因此,在研究实际的本科生学习过程时,从行为水平上来看,就体现出本科生一系列的具体心理活动,并且可以区分出相对独立的结构成分,从而构成一个二维学习过程结构:纵向是本科生从高考入学经大学四年直至毕业这一过程,而横向则是本科生在每一学习阶段中的输入、进程、产出这一过程。

综上所述,本科生的学习过程是蕴含在大学本科教育过程之中,不仅是为本科生自身构建合理的知识结构与素质,同时也是本科生为适应社会发展而提高自身能力、满足自身发展需要和个性潜能开发的主体性活动,以学习作为参与大学本科教育的实践,进行主动建构、能动改进,最终实现大学本科教育的目的,即培养全面发展又符合社会需要人才的过程。

五 关于教学过程的概念

在高校有学习就有教学,高校教学目的是更好地帮助本科生进行学习。因此,有学习过程就有教学过程的存在。对于教学过程理论研究已经比较成熟,在学者中也达成了比较一致的观点,认为教学过程是在教师有目的、有计划的引导下,学生主动积极地掌握知识技能,发展智力能力,形成正确的世界观、价值观、人生观,全面发展个性的统一过程。① 在高校教学过程中,教师、本科生、教学内容、教学方法与手段构成了高校教学过程中相互影响的四个组

---

① 潘懋元:《新编高等教育学》,北京师范大学出版社1996年版,第301页。

成部分。在教学过程中，教师发挥主导性，选择合适的教学内容，运用科学合理的教学方法与教学手段，同时调动本科生的主体性，使本科生通过师生间的对话与交往将精心策划组织安排的知识与技能转变成为本科生所掌握的知识与技能，全面发展本科生的个性，塑造本科生良好的品格。

高校的教学过程有如下特点：首先是专业性。高校是培养社会各方面所需要的专门人才，在基础教育之上所进行的专业教育场所，以向学生传授专业理论知识和基本技能、方法为主要任务，从教学计划和教学大纲的制订，课程设置和学时安排，教学组织形式、方法与手段的选择和运用，教学评价都需要以此为中心进行。其次是创造性。高校所要培养的是具有创新能力的人才，本科生在心理、生理的发展水平已趋于成熟，同时高校所提供的高深的专业性知识、宽厚的综合性知识，为本科生培养创造能力奠定了基础。因此，要求本科生在继承前人已有的科学知识学习成果的基础上，发展自己的创造能力。高校的教学过程设计将科研与教学相结合，重视培养掌握基础知识与理论，并能运用其解决现实问题，进而培养本科生自学能力、独立思考能力与创造能力。最后是研究性。本科生经过基础教育阶段的学习，为大学阶段的学习奠定了坚实的基础文化知识与技能，并且在生理、心理上已经渐趋成熟，同时本科生在毕业后需要成为社会各行各业发展的骨干力量。因此，具备一定的科学研究能力和科学精神、态度、道德、方法是本科生在今后工作中所必须具备的能力与品质。所以，在高校的教学过程引入科学研究的因素是有可能也是非常有必要的，主要是通过在教师的指导下参与科研课题、撰写科研报告、论文等以进行科学研究能力的训练。

六　关于学习方式的概念

学习方式（Learning Style）又被称为学习风格，是美国学者哈伯特·塞伦于1954年首次提出的。五十多年来，学习方式已成为教育心理学、学习论、课程论等学科共同关注的一个重要课题。对于学习方式的准确定义，目前学术界还没有达成一致意见，主要有两种代表性观点：一种观点认为学习方式是学生在完成学习任务过程中的基本行为和认知的取向，不是具体的学习策略和方法，是学生自主性、探究性和合作性方面的基本特征。另一种观点则认为它是人们在学习时所具有或偏爱的方式，即学习者在研究解决其学习任务时所表现出来的具有个性的方式，是学习者持续表现出来的学习策略和学习倾向的总和。而且在对学习方式本质的研究上，达成了一些共同的认识：首先，强调学生喜欢的或经常使用的学习策略、学习倾向在学习方式中的核心地位；其次，强调学习方式具有稳定性，很少因为学习内容、学习情况等因素的改变而变化；最后，由于学习方式受到社会、家庭、学校教育方式的影响，使学习方式具有个别差异性和独特性。

学者马顿等20世纪70年代开始对大学生学习方式进行研究，他们吸收了建构主义关于学习的观点，认为学习是大学生内在的过程，学生学习的意图和相应的学习策略有机组合成为学习方式，[1] 提出了"学习观念（意图）+学习策略＝学习方式—学习效果"的基本理念。[2] 比格斯在吸收马顿等人的研究成果的基础上，提出了"3P"学习过程模型。他深入研究了学习动机，并以认知心理学为理论依据探讨了学习概念和学习策略等问题，在结合心理学研究基础上，认为学习方式应该包括学习动机和学习策略两个方面，二者是学习过程的主导因素，不可分割，共同决定学习效果。在表层学习方式和深层学习方式基础上，进而提出成就式学习方式。所谓成就式学习，对学习本身不一定有强烈的兴趣或欲望，但重视学习的成效，重视个人在同辈中的地位，特别重视考试的成绩，努力博取高分，为此在学习中会采取多种学习策略，会结合记忆与理解，学习有条理，努力获得高分，学习认真，因而学习效果一般比较好（见表2-1）。[3]

---

[1] Marton, F., & Booth, S., *Learning and Awareness*, New Jersey: Laurence Erlbaur Associales, 1997, pp. 104, 168–171.

[2] Biggs, J. B., & Walkins, D. A., *Classroom Learning*, Singapore: Prentice Hall, 1995, p. 150.

[3] Biggs, J. B., *Student Approaches to Learning and Studying*, Hawthorn, Vic.: Australian Council for Educational Research, 1987.

根据本研究主题和内容，认为对学习方式内涵的理解应从教育学的角度出发，即学习者在完成学习任务时基本的行为和认知取向，反映了大学生倾向于以什么样的行为和认知方式去完成学习任务的，包括学习动机和为实现该学习动机所采取的相应学习策略，其中学习动机和学习策略又分别包括表层、深层和成就三类，即表层学习动机、深层学习动机和成就学习动机以及表层学习策略、深层学习策略和成就式学习策略。自主性（主动性）、探究性和合作性是现代学习方式的三个基本维度。[1] 实现传统学习方式向现代学习方式转变的实质是通过教育价值观、人才观和培养模式的变革，促进本科生学习方式的变革。转变学习方式主要指向是使本科生的学习化被动性为主动性、化依赖性为独立性、化同一性为独特性、化抽象性为体验性和化零散性为问题性。

表 2-1　　　　　　　　比格斯关于学习方式的分类

学习方式	动　　机	策　　略
表层方式	外在的：学习不努力，只求通过，主要目标是获得一种资格	再现：集中于选择过的细节并能正确地再现
深层方式	内在的：学习是为了发展自己的能力和对学习任务的兴趣	理解：根据先前的知识水平广泛阅读、讨论、表达，以最大限度理解学习内容
成就方式	成就：不管对学习内容是否有兴趣，都会竞争以获得最高成绩	组织：最优地安排时间与努力

资料来源：陆根书、于德弘：《学习风格与大学生自主学习》，第39页。

第二节　本科生学习过程的理论依据

任何一个课题的研究都具有深刻的学科理论基础，关于本科生学习过程规律研究，是一个综合意义下的课题，它并非只是隶属于教育领域的探讨，在该问题研究的背后，涉及哲学、文化与社会学、科学、心理学等相关理论。

---

[1] 钟启泉：《为了中华民族的复兴，为了每位学生的发展》，华东师范大学出版社2001年版，第247页。

一 本科生学习过程的学科理论基础

（一）学习过程的哲学基础

哲学为学习过程提供价值论、认识论和方法论，对学习过程起着重要的制约和指导作用。古今中外众多学者对学习过程哲学意义的探讨有着重要的启示意义。

1. 马克思主义哲学

马克思主义哲学深刻揭示了自然、社会和思维的发展及其规律，学习过程属于思维领域范畴，因此同样对学习过程具有指导作用。

马克思主义认为，物质决定意识，意识是对物质的反映，对物质的发展可以产生影响，实践是检验真理的唯一标准，人的认识过程需要经过"实践—认识—实践"循环往复的过程而不断提高。此观点要求在对本科生的学习过程进行研究时，需要深入到本科生学习实践过程中去，坚持在本科生学习过程的实践中探索，在反复的实践中发现新情况、新问题，并找到问题的解决方案，最终在实践中检验解决方案的正确性与可行性。

马克思主义唯物辩证法认为，客观事物或现象之间存在着相互联系、相互作用的关系，而且这种关系是普遍存在的、不以人的意志为转移的，同时这种联系的形式具有多样性，既有纵向联系，又有横向联系；既有结构联系，又有功能联系；既有本质联系，又有非本质联系。引申到本科生的学习过程中，同样在学习过程中的诸要素之间也存在着相互联系、相互作用的关系。因此，对学习过程进行分析时需要运用联系的观点去考察学习过程中发生的各种现象，在充分认识各层次、各方面的普遍联系的基础上，必须善于用联系的观点去考察各种学习现象以及影响学习过程的各种要素，发现事物背后本质的、必然的联系，找到其规律性，运用所发现的规律科学指导本科生的学习过程以及教学过程的进行，促进本科生的学习过程取得最优的效果。

马克思主义认为事物或事物之间存在着对立统一的关系，事物或事物之间充满着矛盾，矛盾既有普遍性，又有特殊性。矛盾双方相互依存，在一定条件下可以相互转化，这要求我们运用一分为二的观点正确评价本科生学习过程的效果,既要看到成绩,又要发现不足之处。在事物发展过程中,有主要矛盾与次要矛盾之分,主要矛盾对事物的发展起决定作用,次要矛盾对事物的发展起影响作用,因此,在研究学习过程时,要发现决定学习过程的主要因素,促进学习过程的顺利完成和高效率的学习目标的实现。同时也不能忽视影响学习过程的次要因素,为学习过程的实施创造良好的学习环境与条件。

马克思主义唯物辩证法认为事物是不断发展变化的,这就需要用发展的眼光考察学习过程,根据学习过程中的现象不断发展变化这一客观规律,及时改革创新原有的学习过程理论,并依据现有发展趋势科学预测学习过程的发展变化,同时注意吸收其他学科的新观点与新理论,不断丰富与发展学习过程的理论体系。

马克思主义哲学的内容异常丰富,是对学习过程研究的最重要的理论基础。当然,马克思主义哲学并不排除对现代西方哲学方法论中的精华部分。

2. 后现代主义哲学思潮

后现代主义作为一种哲学、文化思潮悄然兴起于欧洲,并很快在美国等西方国家得到发展和传播,在其出现后,很快向社会生活各个领域渗透,迅速成为西方社会、学术界的"显性话语"。后现代主义是一种复杂的思维思潮,其表征为一种思维方式的变革,已经衍生出众多的思想派别,如新解释学、解构主义、西方马克思主义、女权主义和分析哲学等。虽然这些派别在思想理论上各不相同,但从总体上来看,他们拥有自己的共同立场,追求一种"后现代的思维方式",其本质特征是反二元论、反实质化、去中心和反整体性,倡导多元化思维、否定性思维,强调不确定的内在性,对现代科学和技术理性进行质疑。[①]

后现代主义强调世界的流动性、不确定性和未完成性,认为对象是在不断变化的社会关系中相互建构的,事物不以静态的形式存在。

---

① 李飞:《论后现代主义视野中的师生关系重构》,硕士学位论文,辽宁师范大学,2007年。

因此，从后现代视角审视大学生身份，则可以认为大学生是在具体关系和历史背景中存在、生成与发展的，大学生在认识世界进行知识学习的同时，也在建构着自己的身份。由于社会关系的变化和历史背景的改变，大学生身份是在发展过程中自我建构的而不是事先被决定的唯一，其身份是一个相对的概念和关系概念，在这一过程中大学生应居于主导地位。

后现代主义教育理论认为人始终处于一种未完成的状态，人生的意义就在于不断的质疑、探索、创造的旅程中。在此意义上，鲍曼认为，"人类因而是一种永恒的学生状态，是从未完成的可能性——尽管所有标志人类存在的努力都指向'成熟'——超过了学生时期"。[1]也就是认为大学生所拥有的好奇、探索、创造等人性本能素养是贯穿整个人生的，同时也贯穿整个学习过程。

后现代学生教育理念强调意义生成、共生构建，认为教育的目的是促进学生、成人及社会共同发展。在这之中，大学生是作为知识、文化、社会和自己身份积极参与其中，在大学教育过程中，大学生既要受到社会既定的习俗、知识与文化的影响，同时也会对社会的反思和进步产生影响，即大学生在大学教育中兼有学习者与教育者双重性，其机制就在于对意义的追问、探究，在不断的意义生成旅程中，大学生得到成长与提升。为了实现这一目的，需要以开放、多元、生成的教育场境使大学生可以与家庭、社会等成人文化交流、探讨，提升包括大学生在内的整个社会。

后现代主义教育理念认为学习过程中教师权威的产生实质上为了与大学生更好地交流、共生，教师与大学生一样是平等、共生的社会建构者，是为了对大学生进行"道义"服务的权威，其来源于教育服务，是一种内在的、大学生自发的，融入于师生共享的具体教育情境之中，以沟通、促进大学生发展为其目的，是大学教育目的与手段的有机统一。因此，教师的权威是蕴涵在大学生心灵深处对教师教育

---

[1] ［英］鲍曼：《后现代伦理学》，张成岗译，江苏人民教育出版社2003年版，第119页。

信念的承认与敬重。所以，从某种意义上说教师只是大学教育服务的提供者，是大学生给予了教师施展才华、实现自我价值的平台。从这个意义上说，教师在大学生学习过程中的权威是教师专业服务精神的升华。

后现代主义教育理念在学习方式上提倡对话伦理，注重师生之间关系的调整。在学习过程中大学生需要与教师进行对话，教师需要无条件尊重大学生与成人社会平等交流的资格、权利与能力，并在对话中反思大学生的价值与观念，实现教学相长。弗莱夏认为，对话学习旨在实现不同见解之间的平等，确信真正的平等包括以不同方式生活的权利。[①] 也就是说对话既是大学生与教师生命存在的活动方式，也是大学生学习的教学形式，更是大学生学习的目的追求。因此，对大学生学习而言，对话学习是强调意义生成，而不直接关注真理的实现。在此意义基础上，对话不仅是一种大学教育手段，也是大学教育目的，更是人类社会存在与发展的生活方式，是师生关系的意义所在。

（二）学习过程的文化与社会基础

学习过程从属于教育范畴，以马克思主义观点来看，教育是上层建筑的组成部分之一。因此，学习过程也同样是属于上层建筑。一方面，一定社会的经济、政治、文化对学习过程的发展水平起着决定性作用；另一方面，学习过程服务于一定社会的经济、政治、文化，同时对人的自身发展起着促进作用。研究学习过程的文化与社会基础，目的是使学习过程能够使学习者更好地适应文化与社会变迁的需要。

学习过程是与一定社会的文化与社会背景紧密相关并植根于其中，在学习过程的身上深深地印着一定文化与社会的烙印。对此可以从两个方面进行分析：首先从文化及社会因素对学习过程的影响机制来看，其对学习过程的影响是具体现实存在的。就学习对象——知识是对更大范围的社会知识进行选择的结果，从中可以反映出在社会中

---

① [西] 弗莱夏：《分享语言——对话学习的理论与实践》，温建平译，华东师范大学出版社1995年版，第26页。

掌握话语权者的观点与信仰，文化及社会因素已经渗透进学习过程中学习主体因素、教育主导因素以及学习环境中的各个方面，要让学习过程不受文化及社会的影响不仅是不可能而且也是不现实的。因此，对待学习过程中的文化与社会因素的影响时，应首先承认其事实存在，然后是通过分析学习过程的学习主体因素、教师主导因素、学习环境，来回答大学生学习的是代表谁的知识，而所学习的这些知识是由谁来加以选择的，为什么要采用这种学习方式及教学方式来实现，对于选定这些知识的群体是否有益等问题，进而揭示学习过程现状背后存在的深层次文化及社会原因及其影响机制，这样才能保证学习过程理性地适应文化及社会的发展与变迁。其次，文化及社会因素渗透进学习过程领域，与其紧密结合，形成了在学习过程领域特有的文化及社会现象。高校中的大学生来自于不同的社会阶层和团体，具有不同的个性与年龄特征，所处的社会文化环境不同，从而形成了独特的学生族群、阶层、性别、同辈等方面的文化。同样地，教师也是来自不同的社会阶层，相应地也会形成独特的教师文化。在大学生学习、生活的高校，由于所处的文化与社会环境不同，也都形成了各具特色的文化氛围。通过对学习过程中存在的各种文化及社会现象的考察与研究，可以理解与把握其形成机制，促进有利因素的作用，防止不利因素的影响，从而更好地组织与管理学习过程。

在不同的国家与地区存在不同的文化及社会，进而形成不同的价值观。不同的价值观取向不同，进而会对学习过程提出不同的要求。因此，首先要明确我国的文化与社会价值取向是以社会取向为首要的，强调社会发展的重要性高于个人需要，个体发展的最终目的是促进社会的发展与繁荣，其次关注个体的自由成长与发展。因此，我国的学习过程理念体现出为社会发展服务，培养社会建设所需要的人才的取向，在借鉴外来的学习过程理念、操作策略及评价标准时要以我国的文化与社会为基础，通过开放视野，借鉴国外在学习过程领域的研究成果，厘清我国当代个体与社会价值观的发展与嬗变，把握我国文化与社会的脉络，才能合理地认识与发展与我国本科生学习过程相关的人格理想和价值观念，进而与学习过程形成良性互动。

（三）学习过程的科学基础

科学的发展不仅为大学生的学习过程提供了日益丰富的学习内容，同时也提供了强有力的学习技术支持，带来学习过程观念的革命。可以从信息技术发展与脑科学研究来分析科学对于学习过程的影响。

1. 现代科技进步从师生、学习环境与学习内容三个方面提出了挑战

就师生来说，在传统观念中，教师是教育的权威，掌握着学习过程中的各个环节，包括知识的提供，学习方法的选择、大学生的评价。在信息技术条件下教师的教育权威角色被打破，教师由知识的传授者转换成为大学生学习的指导者、服务者、组织者及信息管理者，而大学生则由在传统观念中被动接受学习者转换成为学习主体，自己选择学习内容，确定学习方式，进而改变了大学生学习的目的，学习不再是一种简单的手段而是成为了大学生存在的状态。所以，教师与学生在学习过程中的地位都发生了根本性的变化，大学生成为掌控自己学习过程的主体，教师成为了学习过程的主导，随着现代信息技术的发展而不断变革。

就学习环境来说，传统的大学学习环境以封闭、固定的课堂为中心，强调学习过程的统一性、同一性，教师以灌输式的讲授方式进行知识的传授，大学生成为被动的知识的传授对象，这种学习严重束缚了大学生主体性的发挥。在现代信息技术条件下，大学生学习环境发生了根本性的变化，成为一种开放的学习场景，在多媒体建构的学习环境中大学生处于学习主体地位，由自己控制学习过程，通过与教师、信息进行人际交流、人机交流，大学生可以在教师的指导下按照自己的兴趣、需要、特长科学地调节自己的学习过程，从而实现个别性、个性化学习，使大学生得到最全面发展。

就学习载体而言，在传统的学习中，大学生在学习过程中主要是以教材、讲义为主，学习渠道异常单一、枯燥。随着信息技术的发展，书本知识的传统地位开始受到多媒体学习的挑战，在一些具体科目的学习中，教材已成为次要地位。所以，对于大学生而言，信息技

术所带来的不只是知识载体的变化，多媒体教材的出现彻底改变了大学生的认知方式，使大学生在生动的信息技术创造的学习海洋中探索学习、研究。

2. 由于科学技术的进步，对脑科学的研究也日益发展，这就为学习过程的研究提供了科学的生理理论基础

首先，人的大脑的生理和心理机制确定了学习与认知是人脑的基本发展机制。因此，在学习过程中，不仅要注意大学生的学习心理，还应注意大学生的生理反应，使大学生的生理与心理在发展上取得一致，促进其学习过程的顺利进行。同时，研究了解大学生的个性与心理特征，使学习过程与大学生的大脑发展机制相适应，促进大学生学习的发展。

其次，大学生的情感是大脑发挥学习作用的基本要素，应创设符合大学生情感的学习氛围，以调动大学生学习动机。在学习过程中，各种情感都会在大学生的学习过程中出现。因此，任何知识的学习都是在大学生的情感伴随下获得的，不可能在对大学生传授知识的时候剥离其情感，反而在知识的学习中，充分利用情感的促进作用，不仅能使学习过程更为顺利，同时也能增加知识的价值。所以，在学习过程中，要尊重大学生学习的基本规律和内在要求，促使大学生将情感与学习有机融合。

再次，大脑的发展产生于人的自由、自主的生活环境。同样，大学生自由、自主的学习环境与氛围，可以充分激发大脑的机能与功效，提高大学生学习的效率。大学生的自由、自主体现为个性化发展，大学生制定符合自己的学习目标，采用适合自己的学习方式，大学学习才能真正做到自由、自主，学习过程才能最有效率、取得最好效果。因此，在学习过程中，充分调动大学生的问题意识、个人观念及表达方式，支持学生间的探讨、辩论，才能激发大学生的成就感，使大学生充分自主、个性化的发展，从而提高大学生学习的效率。

最后，脑科学研究表明，学习是有意识与无意识共生的结果。因此，在学习过程中，不仅需要大学生有意识的参与，同时也需要其无意识的投入。这是因为，人的大脑不仅吸收直接感知并予以注意的信

息，也吸收注意以外的信息，这两种信息都会进入大脑的编码程序，从而促进学习的发生与发展。为此，在学习过程中，需要给大学生的无意识参与留下充分的时空，以宽容、尊重、鼓励原则调动大学生无意识学习的能力，提高大学生有意识学习的效果，实现大学学习过程的最终目的。

总之，大学生是学习过程的主体，因此尊重大学生的身心发展规律，特别是大脑发展的特点，是保证大学生学习成功的基础。

(四) 学习过程的心理学基础

教育学基本原理揭示，大学生的心理水平制约着其学习过程活动。因此，心理学理论是学习过程的基础，心理学家对学习过程的研究成果不断丰富与发展。第二次世界大战后，心理学迅速发展，形成了不同的研究取向，分别以生理心理学、行为主义、精神分析、认知心理学和人本主义为主要取向。其中与学习过程关系比较密切的主要有行为主义心理学、认知心理学、人本主义心理学以及发展心理学。

1. 行为主义心理学

以桑代克、华生、斯金纳等为主要代表。其认为学习是刺激与反应的联结，学习的产生是由外部刺激引起，学习的保持是强化的结果，学习过程是个循序渐进、积少成多的过程，学习的结果是可以观察并加以测量的外显行为。其强调指出，学习应突出具体的、分解的行为目标；学习内容应按照逻辑顺序由简至繁不断积累而成；为帮助学生学习需要开发教学技术，加强程序教学、视听教学和网络教学；突出对学生学习过程中外显行为进行评价；进行学习效能核定、成本—效应分析以及目标管理等。

2. 人本主义心理学

以马斯洛、罗杰斯等为主要代表。其主要关注学生个体的情感、需要与信念等人格发展问题，关注学生学习过程中认知和情感的统一以培养完整的人格，关注学生潜能的发挥与自我实现，认为学习的目标在于促进学生的自我实现，学习过程设计要尊重学生，为学生提供主动学习的情境，创造和谐的学习氛围，学生学习的内容应与学生的基本需要及生活密切相关，可以促进学生情感的丰富与理智的发展。

3. 发展心理学

以埃里克森、哈维赫斯特为主要代表。前者认为学生的人格发展呈现阶段性的特点，在每个阶段中都存在受文化制约的特定矛盾，解决了每个阶段所存在的矛盾，学生就可以塑造健康成熟的人格，反之，则会形成不健全人格。后者则为学生个体的健康满意成长设计了一系列的任务，主要关注学生个体的年龄特征，强调学生身心发展的阶段性，在学习内容的设计、学习方法的安排以及课程设计方面都有其重要的借鉴意义。

我国学者对学习心理学进行了一系列的研究，提出了自己的一些理论：冯忠良的"结构—定向教学理论"和莫雷的"学习双机制理论"。冯忠良认为教学应在学生学习过程中与物化的知识、技能和行为规范的教材相互作用，进而通过知识学习中的领会、巩固与应用，技能学习中的动作定向、操作、内化方式，依据学生心理结构的形成和发展规律有目的、有计划定向培养，从而构建起学生的能力与品德的心理结构，并探讨了学习动机及积极性的形成与发展、学习迁移、知识的掌握、技能的形成、行为规范的接受等方面的学习规律，提出对教学目标、教材、教学活动、教学成效考核与评估四个系统的改革。[①] 莫雷则根据人的两类学习机制将学习分为联结性学习与运算性学习，通过不同的学习机制，个体分别获得不同的知识，不同类型知识的获得过程有着不同的特点与规律，按学生的不同知识的学习规律进行教学设计。[②]

二 研究本科生学习过程规律的可行性与必要性

（一）可行性

从学习过程的历史发展来看，古今中外许多学者都对学习过程做

[①] 冯忠良：《结构——定向教学理论与实践》，《北京师范大学学报》（社会科学版）1992年第5期。

[②] 莫雷：《知识的类型与学习过程——学习双机制理论的基本框架》，《课程·教材·教法》1998年第5期。

出了研究，并从中总结出了一些规律。早在2500多年前孔子就提出了"学而时习之，不亦说乎？"，并在长期的教学实践中将学习过程分为"学"、"思"、"习""行"四个逐级上升的阶段，其中包含着一定科学的道理。到了今天，我国已经建立起有关学习的学科——学习学，为学习构建了系统的理论架构。国外许多学者也从不同的维度对学习过程做出了大量的研究，特别是从心理学的角度对学习过程进行的研究，为正确认识学习过程提供了科学的理论基础。从学习过程理论的产生与发展的历史与现实中可以看到，学者们已经对学习过程做了不懈的研究努力，同时也取得相当丰硕的研究成果，其中包含了大量科学的认识，而把这些认识运用到学习实践过程中也已经取得一定的实效，这就表明了其中有些理论对学习过程的认识是科学的，从实践上证明了对学习过程的研究是对学习过程的真理性不断地接近，从历史的维度说明了学习过程有自身内在发展规律，而且学习过程的规律是可以被人们通过研究与实践所发现和总结。虽然至今人们还没有科学地认识整个学习过程，不能总结出系统的学习过程规律，而这也正说明有必要对学习过程进行研究，进而发现其规律性。

从学习过程的内在逻辑来看，客观世界由自然、社会及思维三部分组成，整个世界都是可以被认识的。学习过程属于思维范畴，人的思维是人脑对整个世界的主观能动地反映，是客观内容与主观形式的统一。虽然思维会因人而产生不同形式，但都是对客观世界的一种反映，都具有一定的发展变化规律，因而学习过程及其规律同样是可以被认识的。由于每个大学生的具体情况如能力、态度、所处环境等方面各不相同，因此造成每个大学生具体的学习过程经历及学习结果都不尽相同，但是从这些各不相同的学习过程可以发现其相同的内在的、本质的、必然的联系，这也就是学习过程的规律性，所以通过对不同本科生学习过程的研究，可以发现属于本科生这个特殊的学习群体在学习过程中所具有共同的客观规律性。虽然由于时间、能力所限，不可能在一段时间内就穷尽学习过程的规律性，但是随着科学的发展和人的认识能力不断提高，通过对学习过程的不断研究，可以逐步接近对学习过程的真理性认识，从而不断揭示出学习过程的客观规律。

从学习过程的历史与逻辑两个维度分析,可以得出科学结论,即本科生的学习过程具有规律性,而且是可以通过不断地研究逐步被揭示,这也就为我们进行本科生学习过程的研究发现其规律性提供了理论前提。

(二) 必要性

首先,对大学生来说,通过对学习过程规律的研究,可以使其了解学习过程,培养与增强学习素质与学习能力。

老子曰,"授之以鱼,不如授之以渔",说的是传授给学生既有知识,不如传授给学生学习知识的方法。因此,当今大学生在校学习期间不再只为了完成专业学习任务获得学历证书,而是为了培养和提高自己的学习素质与能力。通俗地说,就是要学会学习。当今社会日新月异,知识与信息正在以几何倍数在不断增加。大学生在校期间所学的知识在毕业后就有可能已经陈旧,将导致其不能适应未来社会的发展需求,而大学生的大量知识还要在毕业后在一生的工作生活实践中去学习。因此,未来社会不仅仅是学历社会,更是学习社会、学力社会,这就要求进入未来社会的人必须具备一种较强的学习素质和自我学习能力。联合国教科文组织教育发展委员会在《学会生存》的报告中认为"大学期间,最重要的任务不在于掌握多少现成的知识,而在于学会学习;不在于学问有多深,而在于掌握做学问的方法"。[①]从这里可以看出学习素质、学习能力将是未来社会人才衡量的基本标准,是未来社会人才素质、能力结构中最重要、最基本的必备素质、能力,也是自我提高素质的素质、自我提高能力的能力。因此,通过研究学习过程及其规律,可以帮助大学生了解与掌握自己学习过程中某些规律,提高学习的质量与效果,逐步增强学习素质与学习能力,这就为大学生在毕业后的学习活动奠定了坚实的能力基础,从而使其能适应未来社会的发展变化。

---

① 联合国教科文组织国际教育发展委员会:《学会生存——教育世界的今天和明天》,华东师范大学比较教育研究所译,教育科学出版社1996年版,第14页。

其次，对教师来说，通过对学习过程规律的研究，可以了解大学生学习的特点，提高教学的效果与质量。

由于长期以来一直没有对大学生的学习过程进行深入科学的研究，也就没办法总结出学习过程的规律性。学习过程与教学过程是紧密相连的，高校教师不能针对本科生学习过程的特点施加科学有效的教学来提高教学效果与效率，只能根据自己在教学过程中的长期摸索找到其中的某些规律性，从而浪费教师大量的时间与精力，这势必会影响教师对大学生的知识传授与技能培养的效果。因此，通过对本科生学习过程规律的研究总结出规律性，可以使教师在教学过程中根据学习过程的规律有针对性对本科生实施科学高效的教学，有效地引导本科生的学习，有计划地将社会已有的知识转化为学生个体的知识，发展学生的智力与能力，从而达到事半功倍的效果，而且教师掌握了大学生学习过程的规律，就可以根据规律及时发现大学生在学习过程中所出现的问题，找到产生问题的根源，在教师正确地帮助与引导下，及时加以修正。相应地，也可以发现教师自身在教学过程的不足，及时进行自我反馈，以最有效的方式来组织教学。

再次，对高校来说，通过对学习过程规律的研究，可以了解教学过程的特点，提高教育教学质量与效率，培养高素质的人才。

我国高校与学者一直以来都强调对教学过程的研究，而对于大学生的学习过程了解不足，这主要是受传统教育观念的束缚，即认为学习主要依靠教师的传授，只要教师教育教学水平与质量得到提高，就可以培养出高素质的人才，却忽视了教育中的一个最基本规律，即所有的因素都要通过大学生的学习来实现。因此，大学生是学习中最关键的因素。如果高校不了解大学生的学习过程，没有理解和把握学习过程的基本规律，就没有办法针对大学生学习过程特点为学生从教师、课程、学校硬件设施等方面提供最科学、最有效促进学习的外部条件，更不用说培养学生的学习素质与学习能力，只能拘泥于传统的、单向度的灌输学习的理论，而这样培养不出我国社会主义建设急需的具备创新思维的人才。因此，通过对大学生学习过程及其规律的研究，可以帮助高校了解大学生在学习过程中的状态，有针对性改善在教师教法、课程安排、学校硬件设施配备等方面的条件，以最符合大学生的学习过程规律的方式提供大学生在学习中所需要的各种外部条件，同时对大学生学习的主观能动性加以科学的引导，充分调动大学生学习的积极性、主动性，使大学生的学习行为与客观规律相一致，这样就能以科学有效的方法来提高高校的教育教学质量，培养出高素质的创新型人才。

最后，对教育行政部门来说，通过对学习过程规律的研究，可以提高高等教育质量保障的效果。

高等教育质量现已成为全社会普遍关注的重大课题，但是如何才能科学衡量出高校的教育教学质量的高低，一直以来是个难题，因为对高校教育过程特别是大学生学习过程的研究一直没有得到科学合理的解释，因此也就没有制定出能够全面考核高校教育教学质量的指标与标准。通过对学习过程及其规律的研究，教育主管部门可以了解哪些因素对学生学习效果的提高、教学效果的高低有直接的、重要的影响，高校对大学生的教育教学的效果从学生的学习过程哪些因素中可以体现，进而根据这些重要因素确定教育教学质量的考核指标，通过这些考核指标来考察高校的教育教学质量。通过这些科学的考核指标，就能比较科学地衡量出高校教育教学质量的高低，同时也可以向社会公众公布，使社会对高校进行有效的监督与管理，共同对高校提出改善教育教学的意见与建议，有效地帮助高校提高其培养人才的质量，从而实现由人口资源大国向人口资源强国的转化。

小　结

本章首先对与本科生学习过程的相关概念进行了界定，明确了普通高等学校、普通高校分类、学习、学习过程、教学过程、学习方式的科学含义，为本研究明确研究对象的本质与特征提供了理论前提。其次，从哲学、社会与文化、科学、心理学四个方面探讨了本科生学习过程的学科基础，哲学主要从马克思主义哲学与后现代主义思潮、社会与文化主要从所处的背景及价值观、科学主要从信息技术与脑科学的发展、心理学主要从行为主义、人本主义以及发展心理学分析了各学派对学习的研究发现，同时从历史性与逻辑性论证本科生学习过程的可能性，为本研究提供了不同学科的理论视角，保证了对本科生学习过程认识的科学性，并从为学生、教师、高校、教育行政部门等方面提供建议与意见阐述了研究本科生学习过程的必要性。

第三章 本科生学习过程立论基础

本科生学习过程是包含在大学教育过程之中，是在大学教育过程中以本科生为主体的、通过学习接受知识、培养能力并实现本科生自身发展与完善的学习环节，具有内在逻辑性。其逻辑性体现在：大学本科教育是以"高深学问"为本科生学习对象、教师教学科研对象的本质特点，使得其教育必须体现学习过程与教学过程相统一，这样的教育才能完整、有效；必须体现现代教育范式的转换，由教学范式转向学习范式，主要体现在"以生为本"的理念上；必须体现知识经济、学习型社会的要求，以自主性、合作性、研究性的现代学习方式实施学习过程。

第一节 大学本科教育整体性与本科生学习过程

对大学本科教育本质的探讨，是认识大学本科教育的基本问题之一，也是进行本科生学习过程研究的前提与基础。过去对于大学本科教育的研究倾向于从教学、教师角度出发，以教学过程代替整个教育过程，虽对于教学过程的研究取得很多真理性的认识，但忽视了大学本科教育中的学习主体即本科生及其学习过程的重要性，将大学教学过程当成大学教育过程，造成了大学教育的不完整。因此，本研究从大学教育过程的整体性出发，从本科生学习主体的角度分析大学本科教育过程，在此基础上与教学过程相结合，共同组成完整的大学本科教育过程。

一 本科教育的整体性

（一）本科教育活动的逻辑思考

大学本科教育活动有其特殊性，这就要求在大学本科教育活动中对本科生的"学"与教师的"教"必须同等重视，其特殊性产生的根本原因就在于大学本科教育活动是以高深学问的学与教为主要内容，这也是大学本科教育与其他形式教育本质区别之所在。学者约翰·S.布鲁贝克在其所著的《高等教育哲学》导言中指出："高等教育与中等、初等教育的主要差别在于教材的不同：高等教育研究高深学问。在某种意义上，所谓'高深'只是程度不同。但在另一种意义上，这种程度在教育体系的上层是如此突出，以致使它成为一种不同的性质。教育阶梯的顶层所关注的是深奥的学问。这些学问或者还处于已知与未知之间的交界处，或者是虽然已知，但由于它们过于深奥，常人的才智难以把握。"① 从其论述中一方面可以看到其所提及的"高深学问"是大学一切活动的中心环节，是已知与未知的统一，是从未知领域向已知领域过渡的过程，在这个过程中已知需要接受与理解，未知需要研究与探索，这也就是说大学所具有的高深知识的特性，决定了其必须将本科生的学习与教师的教学相结合，否则大学本科教育不具备完整性，大学本科教育也不能真正得以实现；另一方面，在大学学习中学习主体即本科生需要有较高的才智，同时大学也是发展学习主体才智的最佳场所。因此，在大学本科教育中，应以本科生学习为主，特别是本科生具备了一定的学习能力，可以进行高深学问的学习，同时由于大学所传授的是高深的专门学问，凭借本科生自身的能力尚不足以完成高深学问的学习，必须辅之以教师的教学才能顺利完成大学本科教育过程。

学者薛天祥对高校的高深知识的教与学这一现象进行了深入探讨，进一步论证了约翰·S.布鲁贝克的关于高等教育研究高深学问的观点，提出了"高深专门知识的教与学"是高等教育理论体系的逻辑起点的理论。他从高等教育的内容、形式与高校的职能两方面对布鲁贝克的理论进行了论证：首先，从高校的内容与形式来看，大学生在高校学习活动主要有课堂、课堂外及校外三种，其中课堂是大学

---

① [美]约翰·S.布鲁贝克：《高等教育哲学》，郑继伟等译，浙江教育出版社1987年版，第2页。

生学习高深专门知识的主要场所，大学生在课堂中集体学习，教师则以班级授课方式进行知识的传授，大学生接受并掌握知识进而转化成为自己所具有的能力。他认为现代社会重点强调大学生学习能力的养成，但课堂教学传授知识的方式无论如何变革将始终是帮助大学生学习高深专门知识的重要途径之一；在课堂外，大学生主要通过自学、学生之间及师生之间交流讨论的方式自主学习以获得知识与提高能力，在这之中师生之间的互动及教师的指导是大学生顺利实现学习目标的必要条件之一；在校外，大学生利用社会实践将课堂上所学到的知识运用于分析与解决所遇到的实际问题，进而提高分析与解决问题的能力，同时高校也可以了解社会对学生的知识和能力的需要，以便在以后的教学中相应地调整大学生的知识结构。其次，从高校的教学、科研、社会服务三个职能维度上进一步分析：首先，作为高校的基本职能即培养专门人才的基本途径之一的教学，一直都在沿用由浅入深、从简单到复杂的方式进行高深专门知识的传授；其次，带动大学生参与科研。大学生在掌握相应的高深专门知识基础上，由教师给予指导以帮助大学生确定题目，大学生则通过查阅文献资料，同时进行必要的实验或开展社会调查，进行初步的科研活动以培养自身基本的创造性思维能力；最后是社会服务。通过大学生的实践活动不仅可以将学科的科研成果向社会推广应用，为社会发展服务，而且可以更好地运用进而在实践中掌握高深专门知识。

  薛天祥从上述两个维度论证了高校的高深专门知识的"教"与"学"是围绕大学生最基本、最普遍、最常见的现象。在这一基础上，从哲学角度对高深学问的"教"与"学"是否符合高等教育的逻辑起点进行论证：首先，从高校所有的活动进行考察，发现在高校内主要是通过教与学以及师生间的互动、教学相长，使大学生获得某些知识领域的专门知识，同时可以用其来推演高等教育中一系列的概念，这就证明了高深专门知识的教与学是高等教育中的最基本、最普遍的现实存在。其次，在对现代大学的起源——欧洲中世纪大学进行研究发现，当时的大学就是以一定方式连接起来的师生群体出现、在师生间传授和讨论以进行高深专门知识的教与学的机构，而今天的大学仍在进行相类似的活动，二者虽在形式上有差异，但在本质上并没有区别，这就说明了高深专门知识的"教"与"学"与高等教育活动的历史起点相一致。最后，在对不同问题的研究中发现高深专门知识的"教"与"学"蕴含着高等教育学尚未展开的全部概念的丰富性，而教师则在实现高等学校诸多目标中扮演主要角色。从以上分析认为高深专门知识的"教"与"学"完全满足作为高等教育逻辑起点的三个条件。[1]

学者薛天祥倾向从教师"教"的角度来论证高深知识的教与学是高等教育的逻辑起点。但在其论证过程中，可以看到他把"教"与"学"作为大学教育不可分割的一对因素，"教"是因为"学"才有其存在的价值与意义，"学"因为"教"才能顺利完成，这对于研究大学本科教育过程具有很大启发意义：第一，大学本科教育过程最终目的是促进本科生的全面发展，所有的一切活动是为本科生发展而服务的。因此，本科生的学习过程是大学本科教育的核心与基础；第二，大学本科教育过程天然存在着"教"与"学"关系，而这对关系问题中的基本矛盾也就是"教"与"学"的矛盾，没有学生的"学"就无所谓教师的"教"，教师的"教"最终目的是学生更好地"学"。因此，这就启发我们对大学本科教育过程的思考：在现实中大学本科教育过程中本科生的学习究竟是一个什么样的状况？各种因素如何影响本科生的学习？以教师为中心的教学过程是否就可以完成大学本科教育过程，从而构成一个完整的大学本科教育？

从约翰·S. 布鲁贝克提出"高等教育研究高深学问"的理论到学者薛天祥的论证，可以看出大学本科教育需要通过本科生的学习活动即在学习过程中才能实现其最终目的，教学过程是为了帮助本科生进行高深专门知识的学习，使本科生由对已知知识的学习进而探索研究未知知识，而未知知识的学习是建立在对已知知识的学习完成基础上的，学习过程的本科生的主体再加上教学过程的教师的主导，这样由学习过程与教学过程共同组成了一个完整的大学本科教育过程。通

---

[1] 薛天祥：《高等教育学》，广西师范大学出版社2001年版，第11—14页。

过具备完整性的大学本科教育，进而实现高深专门知识的学习与教学任务，并向下一轮高深专门知识的学习与教学发展，循环往复，每一次对高深专门知识的学习与教学的任务完成，也标志着下一次任务的开始，最终在本科生毕业离开高校后，使本科生形成自主学习能力，使其在进入社会后能独立自主地进行高深专门知识的继续学习与发现。因此，从大学本科教育的最终目的来看，不能光停留在"教"，而是要通过教师的"教"激发启发学生的"学"，由"教"向"不教"转变，由学生的被帮助的"学"到独立自主的"学"，这样的大学本科教育才是科学的、完整的、有效的过程。

（二）本科教育过程整体性的内涵

从上述分析可以看出，仅有教学过程的大学本科教育是不完整的，因为仅仅通过教学是不能完成高深专门知识的教与学的任务，教师所传授的一切必须通过学习主体即本科生的学习，通过本科生的学习过程，才能将教师所传授的高深专门知识转变成为本科生自身的知识与能力。因此，必须将教学过程与学习过程有机结合。

从大学本科教育活动构成来看，本科生的学习与教师的教学是同一过程的两个方面。也就是说，大学本科教育是学习过程和教学过程的同时实践过程。在大学本科教育中，本科生的学习离不开根据教学过程所施加的外部影响，同时教师的教学也离不开根据本科生学习过程的内部机制。大学本科教育的过程与结果，是学习过程与教学过程在教育实践中相辅相成、相互作用、相互融合的综合作用结果，二者缺一不可。在具体的大学本科教育实践中，本科生在教师依据教学理论创设的外部条件中充分发挥学习的主体性，实施着学习过程；而教师则是在本科生依据学习理论形成的内部机制中进行教学过程的实践，这两种过程是在相互依存、相互交融中进而对大学本科教育活动起着制约与促进作用。在大学本科教育中，正是从这两个过程对大学本科教育活动的制约作用出发，充分发挥本科生学习的主体作用与教师教学的主导作用，以师生间的密切配合激发学习过程与教学过程的各种要素和各个阶段，一个阶段完成之后又承接下一阶段，本科生的学习与教师的教学分别都进入了另一新的阶段，以本科生掌握这一阶段的知识并转化为能力为标志，呈现出螺旋式上升发展规律态势。所以，一个科学、有效的大学本科教育应由本科生的学习与教师的教学两个过程共同组成。

从大学本科教育的具体进程来看，遵循着认识过程由准备阶段—实施阶段—结果阶段发展的一般规律。在准备阶段由本科生的准备与教师的准备分别组成，本科生、教师要分别收集相关的学习与教学材料，确立明确的学习、教学目的，选择恰当的学习、教学方法与组织形式，考虑采用一定的学习、教学手段，同时教师还要了解本科生已有的知识和心理状态，特别是本科生间存在着个体差异。在这一阶段中，本科生与教师都要调整好自身学习、教学的心绪状态，以利于学习与教学的顺利开展。进入实施阶段后，主要是本科生、教师分别组织一系列的学习、教学策略使前一阶段的意图得以贯彻，其中最重要的是本科生学习主体积极性的激发。然后是按照一定的顺序呈现学习、教学内容，以一定的学习、教学策略达到预定的学习、教学目标进入结果阶段。在这三个阶段中学习与教学的不断展开和相互结合构成动态的整体，使大学本科教育活动成为一个不断循环的非线性过程。而每一次过程的完成都标志着本科生的知识与能力比前一阶段有所进步，呈现出一种循环上升的发展过程，而学习过程与教学过程的有机结合，本科生的"学"与教师的"教"的默契配合是实现大学本科教育的基础。

从本科生的具体学习类型来看，在高校内本科生的学习主要可以分为两种类型：一类是在课堂内进行的学习。在课堂内的学习，主要以既定的专业知识为主要内容，教师把一定数量的本科生组成为班级（主要是以不同专业及年龄为标准划分），按不同学科的体系所确定的教学内容和固定的教学时间表进行有目的、有组织、有计划的教与学活动，主要以讲授、讨论、案例等方式进行教学，本科生在教师的指导下对专门知识进行循序渐进的学习，从而形成比较扎实的专业基础知识与技能；另一类则是在课堂外进行的学习。在课堂外的学习是课堂学习的继续和发展。大学学习的一个显著特点就是课堂外学习的时间在本科生所有的学习时间中所占比例较之中小学要高，而且在课堂外学习主要以本科生自学为主，因此在学习能力与方法方面的要求比中小学要高得多。不少本科生在中学时成绩优秀，但是进入大学后感觉不适应，学习成绩下降，除了学习者不努力之外，一般是由于在学习上没有相应地转变，课堂外学习能力较弱而造成的。通过课堂外学习锻炼和提高学习能力是本科生在大学期间的独立学习的主要组成部分，是从大学学习过渡到未来社会实践的独立工作、学习、生活所必备的自我学习、自我发展能力的重要条件。在大学本科四年中课堂外学习时间会逐渐增加，直至本科生毕业后就完全脱离教师的教学，目的就是培养本科生独立分析、解决问题的能力，进而独立学习、工作。因此，本科生在课堂外独立学习能力的培养是非常重要的，始终贯穿在整个大学四年学习期间，这不仅是因为它具有相当的重要性，还因为它是逐步养成的、不能一蹴而就的，这将随着本科生所学习内容不断丰富而发展，直至其完善成熟。以上两种类型的学习中，无论是课堂学习还是课外学习，其中都包括了本科生的"学"与教师的"教"这两个关键要素。对于课堂学习来说，不再赘述。即便是对于以本科生自主学习为主要方式的课堂外学习，同样也离不开教师的适当指导，给予本科生以学习方法上及疑难问题的解答，这样可以帮助本科生既快又好地完成学习，避免其因错误的方法走弯路进而提高学习效率。

因此，无论从本科生的学习内容、学习类型及学习具体进程来看，都体现了大学本科教育的整体性，只有具备整体性的大学本科教育才能真正地促进本科生的持续发展，包括以本科生的学习过程为基础，以及在此基础上与有针对性、科学性的教师的教学过程的完整结合。

二 本科生学习的基础性与专业性体现本科教育过程的整体性

从本科生的学习发展来看，本科生的学习经历是处于人类认识过程的一个中间阶段，是从特殊认识过程向一般认识过程转化的过渡阶段，所学习内容逐步从基础性知识学习转化到以专业性知识为主兼有基础性知识的学习，以适应现代科技发展与社会对人才既专又博的要求。因此，大学本科教育过程与中小学教育过程相比，在教育过程中对学生知识的传授与技能的培养虽仍具有基础性，但是本科生的专业知识与技能的培养是大学本科教育所具有的首要特征。

学校教育是遵循着"认识—实践—认识"发展的特殊认识过程。而在学校教育中两个不同阶段，即大学本科教育阶段与中小学教育阶段又有所不同。到了大学本科教育阶段，本科生的身心发展已渐趋成熟，在思维、智力及情感方面与成人相差无几，最为重要的是在大学本科教育阶段学习结束后，本科毕业生将进入社会从事各种职业，其中包括研究生阶段学习，这也就决定了大学本科教育的性质必然具有明显的专业性。因此，要求本科生以学习有关专业的基本理论、基本知识与基本技能为主要任务，围绕着专业发展要求为核心展开，从而使本科生能顺利从大学学习过渡到社会专门工作或继续进行专业学术研究与学习。同时，当代科学技术发展在高度分化的同时出现了高度综合的趋势，学科之间渗透与交叉十分广泛，造成学科知识与能力狭窄的本科毕业生越来越不能适应社会急剧变化的需要。因此，需要把大学本科教育理解成为专业性与基础性的有机融合，即在进行专业教育的同时，必须兼顾到科技发展和社会对人才综合性知识与能力的要求，专业与课程设置要适应科技综合化与分化的要求，尽可能扩大综合性以增强适应性，围绕专业培养目标，加强专业基础理论、基本知识的学与教和基本技能的训练，强化文理融通，提高综合学科和边缘学科在本科生的课程设置内部结构的比重，拓展本科生的智力空间和思维广度，使本科生的潜能得到有效开发，个性得到充分发展，综合素质得到全面提升。由于本科生的身心发展已近成熟，智力水平与知识经验不断提升，同时所学习的专业知识的内容十分丰富。因此，在大学教育中，教育方法已由感性直观到理性认识过渡、由理性认识到实践。在课程学习时，从已有的抽象概念和规律出发，上升到抽象理性，并且通过一定程度的实践（如科学实验、调查等）进行验证，进而科学、高效地实现掌握知识与技能的任务，养成本科生的学习能力，在进入社会后，就由特殊认识过程转化到一般认识过程。所以"学生在学习时期的主要任务，是继承前人积累下来的认识成果，把他人的认识转化为自己的认识，把人类社会的认识转化为个体的认识"，①从而使本科生在接受基础性与专业性相结合的知识与技能的教育中，通过个体社会化和个体个性化，使本科生在毕业后成为独立的学习者与工作者。

通过以上分析可以看出，大学本科教育要实现以专业性为主，兼有基础性的知识与技能的学习任务，在学习过程与教学过程都鲜明地体现出了"学"与"教"两者的不可或缺性。在基础性知识与技能的学习中，重点突出的是本科生学习的广博性，了解各门学科的发展，使本科生了解与掌握各门学科的最新成果，而不至于在专业学习上使自己的思维与智力受制于专业过于狭窄的束缚，可以凭借跨学科的角度来研究和解决问题，而各门学科的最新成果需要有对该学科有精深研究的教师才能知晓；在专业性知识与技能的学习中，本科生所学习的是原先在中小学中从未接触的，并且随着学习能力不断提高加大其深度，也只有专业教师才能对该专业的理论体系及最新成果精通。因此，从以广博为目的的基础知识与精深的专业知识这二者的学习来看，都需要学生与教师的充分配合，发挥学生的学习主体作用及教师的教学主导作用，从而实现本科生的全面发展，适应社会对其素质与能力的要求，养成本科生独立研究问题、独立发现真理的智慧。因此，本科生的学习过程是本科生学习基础性知识与技能的过程，同时又是学习专业性知识与技能的过程；而教师的教学过程也同样是教师教授基础性知识与技能以及专业性知识与技能的过程，从这里可以看出完整的大学本科教育过程是由学习过程与教学过程所构成。

三 本科生学习的过渡性与阶段性体现本科教育过程的整体性

大学本科教育又是学校教育过程中的最后一个阶段，本科生在完成大学本科阶段学习后，即将进入社会工作或进入更高层次的学习阶段，使整个学校教育通过大学本科阶段而有效地、合理地过渡到实践性的社会认识过程中去。可见，大学本科教育过程在学校教育全过程

---

① 潘懋元：《新编高等教育学》，北京师范大学出版社1996年版，第292—293页。

中是一个包含有部分质变的过程，是为形成全部质变即进入到一般认识过程作准备的阶段。

这种过渡性的特征是由大学本科教育过程构成要素的过渡性特点决定的：

首先，学习主体即本科生的身心呈现过渡性特点。本科生正处于从青年向成年的过渡阶段，生理与心理上不断发展，渐趋成熟，已经具备了从事专业知识学习的身体条件和心理水平，已具备主体意识和感受时代精神的敏锐性以及参与社会活动的积极性等特征。但是和成年人相比，在生理方面还没完全成熟，在心理方面由于没有进行各种真正的社会实践锻炼，思想相对较为单纯、理想化。

其次，是由大学本科教育自身所包含的内在价值和功能的过渡性所决定。中小学教育的内在功能是将学习者转变成为一个符合社会需要的公民，赋予其必要的、基础的知识、技能、心理品质和价值观念，为以后的发展奠定坚实的基础；而大学本科教育的功能则过渡到了培养与社会、政治、经济和科技发展相适应的分门别类的高级专门人才。

最后，学习内容呈现过渡性。中小学学生由于思维能力发展不成熟，以直觉思维为主，抽象思维能力还较弱，无法发挥思维的创造力，因此学习内容以既定的科学事实与结论为主，一般不学习在科学上尚无定论的内容，主要是为以后的学习发展打好知识与技能基础。而本科生学习的主要内容由人类已经掌握的知识体系向人类尚未认识的未知领域过渡，由掌握间接知识与经验为主转向掌握直接知识、经验与技能为主。大学本科教育中各种学术观点的介绍、学术论争、一些有待探讨的问题层出不穷，而这恰恰是最吸引学生之处，同时本科生通过中小学阶段的学习已经打下了良好的知识与技能基础，同时思维、智力等方面在本科阶段已经发展到最高峰，为其进行这类学习奠定了良好的智力基础。因此，通过未知领域知识的学习可以激发起本科生的创造精神，在探索中了解学科的发展趋势。

与大学本科教育的过渡性特点相关，大学本科教育过程内部也相应具有阶段性的特点，即随着大学本科年级的不断增长，呈现出一种发展变化的运动状态，其内部的各个阶段联系与作用，其中前一个阶段的变化都可能引起后面阶段的相应变化，这是因为大学本科教育最终要构建的本科生的知识与能力结构，比中小学生通过单纯学习科学文化知识而建构的基础知识与能力要复杂，是在基础性知识结构之上的、以高深专业为主的知识与能力结构，既广又深，遵循着由浅入深、循序渐进的原则，按照课程理论的原则，本科生在学习基础课程、专业基础课程及专业课程这三类课程时，一般按一般基础课程—专业基础课程—专业课程顺序进行。在这一原则指导下，在大学本科教育过程中，通过本科生与教师之间的相互交流，二者思想、观点不断碰撞、交流与融合，从而激发本科生的思维火花，进而呈现出波浪式的发展态势。因此，本科生在大学四年的时间内呈现出明显的阶段性特点。

对于大学本科教育过程期间所呈现出的阶段性特征，学者已达成了共识，并且予以了长期的实践。目前许多高校所采取的大学本科教育阶段模式就是此理论在实践中的运用，一般将大学本科阶段的学习分为四个阶段：首先是基础知识学习阶段，这是从中学生转变成本科生后所面临的起始阶段，一般是从第一学期到第三学期，由基础知识的学习深入到高深的专业知识的学习。因此，在这一阶段主要是学好基础知识，为以后开展的专业知识的学习奠定好基础，所要学习的基础课程包括公共基础课与一般基础课。其中公共基础课的学习，是为本科生顺利开展后继学习打好德、智、体全面发展的基础；一般基础课的学习可以为本科生学习专业课程和学习新科学技术、进一步发展智能奠定宽厚的理论基础与方法基础。这两类基础课程对于本科阶段的学习来说至关重要，直接决定了本科生的未来发展。其次是专业基础知识学习阶段，是本科生逐步进入专业学习的准备阶段，一般是从第四学期到第五学期。主要学习专业基础知识，介于基础知识与专业知识之间，既是基础知识的深化发展，又是专业知识的先导与基础，在这一阶段不仅要涉及专业必需的基本概念、基本原理及处理问题的基本方法，同时开始进行初步的科学研究训练，其学习效果的好坏将直接影响以后专业知识结构体系的形成。本科生的学习经验表明，专业基础知识课程学习越扎实，掌握得越牢固，进入专业学习的状态就好、就快，而且有利于进一步开发专业智力，增强综合运用所学知识的能力，同时可以为适当开展科研活动奠定良好的基础。再次是专业知识学习阶段，是进入专业特有的专业理论学习阶段，一般是从第六学期到第七学期。专业理论知识是专业所特有的，体现了专业的特点，是从事未来工作及专门的科学研究最直接应用的知识，这个阶段也是课程学习的最后阶段。本科生在这一阶段通过学习，对专业的研究方向和最新发展动态进行全面了解，结合当今社会对人才要求和自身的特长来确定自己在专业上的主攻方向，参加相应的实践教学活动，以获得最直接对专业的感性认识来构建符合本科生自身特点的整体专业知识结构，从而最终决定本科生未来在社会中所能适应的工作。因此，在这一阶段不仅要对前阶段所学知识理解并加以运用，同时也可以发展具有个性特点的知识结构体系。最后是毕业设计（论文）阶段。这是由学习即将转换到工作的过渡阶段，一般是最后一学期，也是本科生进入工作前在学校期间进行的最后一次"实践演习"。本科生在教师的指导下，从生产或社会实践中选择适当的题目进行毕业设计或研究以撰写论文，综合运用大学四年所学的基本理论和基本技能，以一名独立工作者的身份独立分析和解决生产实践中的具体问题，获得对工作的最真实的感受，以便在进入工作岗位或研究领域后能最快地适应岗位的需要，从而实现从学生身份向工作者身份的转变。[①]

不仅如此，学者通过研究进一步发现，在整个大学本科教育阶段中还存在许许多多的微观过程，如每一堂课的学习与教学，就自行构成了一个个小而完整的学习与教学过程，而正是这样许许多多的小过程组成了完整的大学本科教育过程。其中每个小过程的完成，标志着大学本科教育向前迈进了一步，直至整个大学本科教育任务最终完成。学者比格斯通过研究发现大学生的学习正是由这样的过程组成的，每一学习过程都是由预兆、过程与结果三阶段构成。在每一学习过程中他发现学生的学术达成是其个体因素（先前知识、学习能力和

---

① 教育部高等教育司编著：《学会学习》，教育科学出版社1999年版，第79—80页。

优先选择的学习方法）和教学情景因素（学科、教学方法和评价模式等）共同作用的结果。[1] 他认为学生个体因素和教学情景因素对学术达成的影响是以包括学习动机与学习策略后的学习方式为中介的。在这一研究框架中，个体因素和教学情景构成了自变量，学习过程构成了中介变量，对学术达成则构成了因变量（见图3-1）。

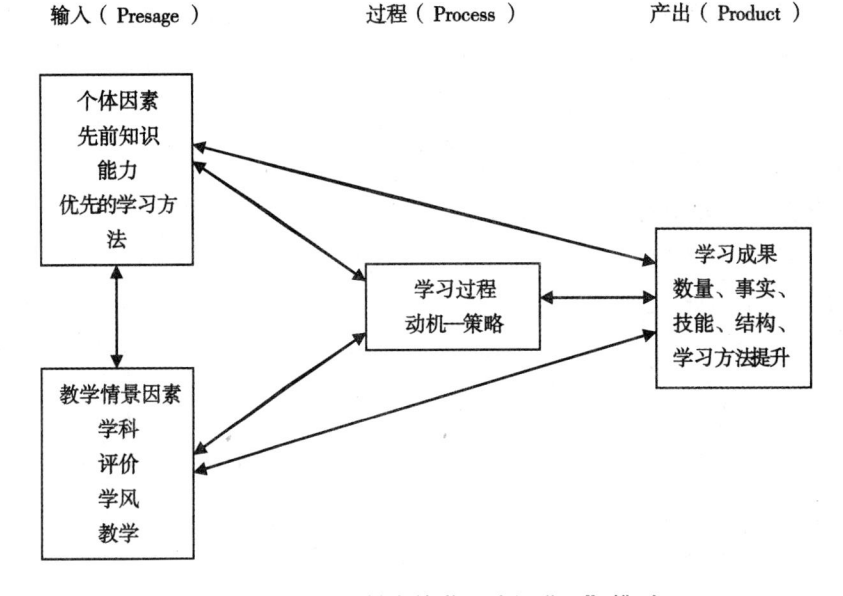

输入（Presage）　　　　　过程（Process）　　　　产出（Product）

```
┌─────────┐
│ 个体因素 │
│ 先前知识 │
│ 能力     │                ┌─────────┐        ┌─────────┐
│ 优先的   │                │ 学习过程 │        │ 学习成果 │
│ 学习方法 │ ←───────────→ │ 动机—策略 │ ←───→ │ 数量、事实、│
└─────────┘                └─────────┘        │ 技能、结构、│
    ↕                          ↑              │ 学习方法提升│
┌─────────┐                    │              └─────────┘
│ 教学情景 │                    │
│ 因素     │ ←─────────────────┘
│ 学科     │
│ 评价     │
│ 学风     │
│ 教学     │
└─────────┘
```

图3-1　比格斯提出的学习过程"3P"模型

在"3P"模型中，比格斯认为在学习中由大学生个体特征、教学情景因素、学习过程和学习结果共同构成了一个开放的循环系统。在该系统中，大学生会根据他们对学习任务要求的理解及在输入阶段各因素对他们所造成的影响有意识或无意识地调整自己的学习动机，进而会选择与自己动机相一致的学习策略，这已通过实证研究得以证明，表明大学生的学习动机与学习策略是一个整体。[2] 因此，他把学习动机与相应的学习策略组合成学习方式，在学习动机的指挥下采用

---

[1] Biggs, J. B., Individual and Group Differences in Study Processes, British Journal of Educational Psychology, Vol. 48, No. 3, 1978, pp. 266-279.

[2] Biggs, J. B., *Student Approaches to Learning and Studying*, Camberwell, Vic.: Australian Council for Educational Research, 1987.

相应的学习策略进而产生学习行为，构成学习过程，从而获得相对应的学习成果。由此，他提出将大学生的学习过程可以分为输入、过程及产出三个阶段。这是从大学生学习的角度分析，相应地教师的教学过程是以大学生的学习过程为基础。从教师的教学过程来看，是建立在大学生学习过程的基础上的，同样也是以过程的形式展开，学者通常把教学过程分为教学的准备阶段、教学的实施进行阶段和教学的检查评定阶段。

上述大学本科教育过程分析说明，学习过程所具有的过渡性与阶段性都体现出以本科生为中心的发展特点，本科生通过学习实现自己在大学本科教育过程的不断发展，从一个个阶段性的过程的完成，实现整个本科教育过程，最终实现从学校教育向社会实践转变，从特殊认识过程向一般认识过程过渡，呈现出螺旋上升的发展态势。而本科生的学习与教师的教学则是本科生实现由特殊认识过程向一般认识过程过渡的关键要素，不论是学习过程还是教学过程对于大学本科教育来说都不可或缺。因此，在大学本科教育中的过渡性与阶段性体现了大学本科教育过程的整体性。

四 本科生学习的自主性与创造性体现本科教育过程的整体性

本科生在思维结构、知识结构、价值体系等方面是一个相对成熟的特殊群体，有着较强的分析、判断能力，学习的自由度相对较高。同时，由于社会进步，科学技术飞速发展，使当今本科生的成长环境与传统本科生相比有很大的改变，这对本科生的身心发展起到极大的促进作用，从生理、心理方面都比原先的本科生有所提升。因此，当今本科生在学习过程中的自主性、创造性方面都有所增强。

就自主性来看，首先，现代本科生具有独立的主体意识，有明确的学习目标和自觉积极的学习态度，能主动在教师的启发、指导下独立地对高深专门知识进行学习，通过自己的理解将其转变为自身所具有的专业能力与素质，运用于实践。其次，本科生能够把自己看作是教育对象，对自己的学习活动进行自我支配、自我调节和控制，充分发挥自身潜力，并利用内外两方面的积极因素，主动去认识、学习和接受教育影响，积极向教师质疑、咨询进而通过师生间相互交流、探讨解决问题，以达到自己所预定的学习目标，这在本科生的自学活动时表现尤为突出。最后，在对学习对象的选择上，本科生的学习过程是一系列的选择活动，从学习目标、学习方式到学习手段，从"学什么"到"怎么学"都要由本科生根据自身实际与需要进行自主选择。在学习过程，本科生并不是随意将各种学习内容纳入到自己的学习范畴之内，也不会将学习内容的所有方面作为自己深入研究的主攻方向，而是选择那些最合意的（即从自身需要的角度），同时考虑教师的建议从而选择学习内容作为学习客体，进而再对这些学习内容进行筛选，从中选择认为最有价值的学习内容的某一维度作为自己的主攻方向。在这一过程中，本科生对外界各种信息的接收、加工、整合和改造也都是有选择的，都要经过本科生自己的过滤、筛选和优化组合。所以，本科生的学习自主性对于本科生的学习过程来说至关重要。

就创造性来看，现代科学技术的飞速发展与社会化大生产的日益复杂化，要求现代高校能培养出掌握现代最先进的文化科学技术，并且创造性运用所学知识和技能为发展社会生产力作出贡献的专门人才。因此，本科生不仅应该是高智能型人才，更应该向创新型人才方向发展，学习过程必然需要体现出一定的创造性。但本科生在学习过程的创造性与一般意义上的创造（即首创前所未有的东西）又有所不同。这是因为本科生的学习过程从本质上是以简捷、高效的方式继承人类长期积累起来的科学文化知识的特殊认识过程，同人类历史的总认识不同，也不同于科学家、艺术家以及其他成年人的一般个体认识，是在教师的引导下，以知识材料为认识客体，其具体方式是"掌握"以及在此基础上运用于实践，而不是"发现"、"发明"。对于本科生的创造性而言，布鲁纳认为学生的发现并不限于寻求人类尚未知晓的事物，而应包括用自己的头脑亲自获得知识的一切方法。因此，对于本科生而言，创造性的要求不能仅仅局限于首创前所未有的知识与见解，而应主要以在学习过程中能灵活运用所学知识，举一反三；想象力丰富，有创新性的见解并运用其解决实际问题；具有发散性思维,通过思考提出与众不同的见解;不轻易相信书本的结论,以批判的眼光审视一切;不满足于已揭示的知识间的联系,而试图建构自己关于各种知识的新结构;善于利用所学的知识解决日常生活中遇到的各种问题。马斯洛认为创造性首先强调的是人格,而不是成就,因为这些成就是人格放射出来的副现象。因此,对人格来说,成就是第二位的。所以,对于本科生来说,创造性并不仅仅与本科生的学习活动及结果相联系,最重要的是指向本科生的自身品质、特征和属性。

对于本科生来说,之所以强调学习的自主性与创造性的培养与提高,这是因为:首先,从大学的学习任务来看,大学教育是为未来社会培养各种规格的高级专门人才,而现代社会所需要的高级专门人才必须具备独立的学习能力与工作能力,其中最重要的是分析问题与解决问题的能力,这就要求本科生在大学学习期间能够很好地开展自主创新性学习。其次,从大学为本科生所提供的条件来看,现代大学配备了各种最好的条件与设施:学识渊博、掌握各学科最新发展动态且精通教学技能的教师群体为其提供学习指导与帮助;设备先进、装备齐全的实验场所为其进行科学研究提供了优越的物质条件;藏书丰富、便利的电子信息资源的图书馆提供其所需要的学习资料来源;良好的高校学术文化氛围等等,这些都为本科生自主创新能力的培养提供了保证。再次,从大学教学管理方式来看,现代大学的教学管理基本上采取了学年制与学分制相结合的方式,其中学年制可以保证对本科生的统一要求,为其发展奠定坚实的基础,而学分制的实施,可以让本科生根据自身特点与发展需要,有计划、主动地选择不同的课程获取知识、培养技能,形成适合自身的知识结构。而大学所制订的跨专业、跨系选修政策也为本科生的知识结构由单一化向多元化发展提供了学习条件。而这些有利条件要被本科生充分利用,则需要本科生具备一定程度的学习自觉性,能主动地、创造性地学习。最后,从本科生身心发展特点来看,一般是处于18—24岁之间,在生理与智力上发展已近成熟,辩证思维能力达到较高水平并趋于成熟与完善,人生观、世界观也渐趋成型。这些为本科生自主创新性的学习准备了良好的身心基础。同时,从本科生的智能发展来看,其构成要素即思维能力与创造能力在本质上具有独立性，必须依靠本科生自主锻炼才能养成，教师可以起到启发、点拨的促进作用，但不能包办代替。因此，需要大学生的自主创新性学习。

在意识到本科生学习的自主性、创造性的同时，也要注意本科生和成人相比还有不成熟的一面，在自控力与判断力方面并不是十分完善。因此，本科生的自主创新性学习并不意味着大学生想学什么就学什么的"自由学习"，给予本科生过度的自由而不加以适当指导，很可能导致一些本科生在学习上出现偏差。因此，在本科生自主创新性学习中，同样要强调教师的"教"的作用，给予本科生正确的指导，本科生也要善于因师而学，通过从师而学达到无师自通，不断增强自主性，进而形成本科生的创新能力。在这一过程中，就体现了大学本科教育的整体性，本科生的"学"是前提与基础。在此基础上，通过教师的"教"，将其转变为本科生自身所具有的素质与能力，这二者缺一不可。

第二节 "以生为本"理念的产生、发展与本科生学习过程

"以生为本"思想起源于"以人为本"的理念，而"以人为本"的思想和主张源远流长。早在两千多年前，春秋时期的齐国政治家管仲就明确提出"夫霸王之所始也，以人为本。本治则国固，本乱则国危"，[①] 孟子则提出"民为贵，君为轻"，这都在一定意义上反映了人本主义的思想内容。在西方，"以人为本"的理念出自费尔巴哈的人本主义哲学，其通过创立人本学以反对宗教神学，颂扬人的价值、尊严和力量，强调人的地位和作用，重视人性和人格。至16世纪末，以人为本的理念占据了这一时代教育思想的主流。"以人为本"也体现了马克思主义的基本观点，马克思认为未来的新社会是"以每个人

---

① 管仲：《管子·霸权》，北京燕山出版社1995年版，第551页。

的全面而自由的发展为基本原则的社会形式"。① 在 20 世纪五六十年代,在学习理论研究领域的人本主义思潮兴趣标志着"以生为本"思想在教育领域真正出现。其反对把人还原和分割为各种要素,主张研究整体的人,突出人的主体性,每个人都具有自我发展和自我实现的潜能和动力,主要从追求自我实现的角度解释学习,强调学习者的自我参与、自我激励、自我评价和自我批判。其中以建构主义理论对学习的影响最为巨大。

一 "以生为本"的教育理念

(一)"以生为本"教育理念产生的时代背景

"以生为本"教育理念的产生具有历史必然性,是对传统人本主义教育理念的继承。文艺复兴时期,崇尚个人、解放个性的思想成为人文主义教育家改革教育的思想动力。19 世纪德国学者洪堡提出"大学必须尊重学生的自身发展,坚持自由教育"。随着现代社会知识更新与科技成果转化周期缩短,职业更替与社会流动加快,"以生为本"、尊重学生的教育则显得尤其重要。1998 年 10 月,联合国教科文组织明确提出"以学生为中心"的理念,指出高等教育应建立"以学生为中心"的新视角和新模式,国家和高校的决策者、管理者应把学生及其需要作为关心的重点,并将大学生视为高等教育改革的主要参与者。

从高等教育发展进程来看,世界高等教育走过了一个由精英教育到大众教育,进而向普及教育发展的过程,这就对高等教育本身提出了新的课题、新的要求。国际 21 世纪教育委员会在向联合国教科文组织提交的报告《教育——财富蕴藏其中》中,提出了"教育的各个组成部分均有助于人的发展"的观点,并强调"发展的目的是使人作为人的而不是作为生产手段得到充分的发展",凸显了"以生为本"的人文思想。以往的高等教育是以传授知识为主要内容的,到了 20 世纪下半叶,高等教育在人才培养上强调能力,我国进而提出了

---

① 《马克思恩格斯全集》第 1 卷,人民出版社 1995 年版,第 468 页。

对大学生实施素质教育。从传授知识到培养能力，再到提高素质，这标志着高等教育思想的一次次飞跃，它影响着人才培养的规格和培养教育的全过程，也充分体现坚持"以生为本"的理念。

进入新世纪，我国提出了"落实科学发展观，构建和谐社会"的战略任务。科学发展观的本质就是"以人为本"，促进人的全面发展、和谐发展。这是我国新一届中央政府面向新世纪发展的需要，根据我国国情提出新的兴国安邦理念。本科生是大学教育的主体，应该成为高校的"主人"，包括教育制度设计、教育管理、教学改革等各个教育相关环节，都必须围绕提高学生素质、培养学生能力展开，而所有的教育者，都应该是为受教育者服务的，而不应该是高高在上的权威。从这个角度看，"以生为本"是践行科学发展观，是将"以生为本"思想运用到具体的教育实践之中。"以生为本"代表了时代发展的方向，彰显了高等教育观念、模式的进步。高校，作为肩负培养高级人才重任，贯彻落实以人为本的治国理念的场所，必然要做到以学生为本。

(二)"以生为本"教育理念的基本内涵

"以人为本"，就是坚持人的自然属性、社会属性、精神属性的辩证统一，是体现人文关怀的一种哲学观，"是以人为核心，以人为基础，以促进人的全面发展为最终目的，满足人的生存、安全、健康等自然需要，满足人的民主权利、公平公正要求、价值实现、精神文化等社会需要，关心人、尊重人、爱护人、解放人、发展人，追求对人本身的关照、关怀以及人身心的全面协调发展"。[①] 把"以人为本"的理念具体落实到高等教育中就是"以生为本"，即在高等教育过程中要突出本科生的主体地位，以本科生为中心，以学习过程为实现基础。

"以生为本"是高等教育科学发展观的价值内核，贯穿在高等教育的方方面面，体现了现代教育从传统的知识性教育向发展性教育转变的教育价值选择。其基本内涵可以概括为：高等教育不仅是

---

① 现代大学的办学理念（http://www.sdau.edu.cn/rsxx/html/bxln.htm）。

社会发展的需要，同时也是人自身发展的需要，人受教育的最终目的是适应和推动社会的发展。高等教育和社会、人的发展是辩证统一的；高等教育是通过培养社会所需求的人来实现推动人类社会不断地延续与发展的。因此，培养社会所需要的人是高等教育活动的中心。高等教育最本质的要求是使学生得到尽可能最完善的发展，高等教育活动的主体是学生本身。在高等教育工作中，"以生为本"就是要求高等教育应当使学生得到尽可能的发展，以适应社会和人的全面发展的需要。[1]

笔者认为，在大学本科教育中的"以生为本"就是以本科生的全面发展需要为根本，大学本科教育必须一切以本科生为基础，一切着眼于本科生的发展，一切落实于本科生的成才，实现本科生教育培养的生本化、个性化和人性化。因此，这就要求教育者在大学教育中，必须把本科生的发展、本科生的成才放在大学本科教育的首要位置，才能真正将"以生为本"的科学发展观运用到具体的教育实践之中，才能顺应时代的发展进而真正完成大学本科教育的目的。

二 建构主义理论对"以生为本"教育理念的发展

当今世界科学技术的发展使人们对学习的理解发生了很大变化，对学习和教学过程及其条件研究得越来越深入细致，并且同时注重为教学实践服务，取得了大量实效，"以生为本"的教育理念得到充分发展。特别是建构主义作为学习理论的最新发展，它强调学习不是知识从外到内的传递，而是以学生为中心积极主动建构知识的过程，形成比较科学的学习理论体系，并且通过研究者而将其运用到教育实践中去，对学习理论的发展与实践产生了深刻的影响，把"以生为本"理念贯彻到教育过程中，凸显"以学生为中心"，突出学习过程。这也正是本研究所要倡导以学习过程为中心，对其进行研究，从而为高等教育质量的提高提供科学理论的立论基础之一。

---

[1] 钟志贤：《素质教育——中国基础教育的使命》，福建教育出版社1998年版，第78页。

(一)"以生为本"的建构主义学习理念的产生与发展

由于对理性思维的崇尚,同时也源于对世界认识与了解的贫乏,因而形成了传统社会以高度中心性与权威性的特征,知识成为了"绝对正确的真理",通过公认的知识代表,如专家、学者、教师等灌输、传授给别人。但自从19世纪下半叶、特别是进入20世纪以来,随着人类对自然和社会知识的丰富、物质财富的增加以及科技手段的发达,一些束缚、限制人的因素逐渐弱化,人类在丰裕的物质与丰富的信息的基础上,逐渐表现出追求多样化与个性化的趋向,形成了现代多元化社会。而多元化社会的到来大大冲击了传统社会的权威,不仅表现在政治、经济上,在文化上也很明显,其中最主要的就是知识经济初现端倪,信息社会倏然而至。知识经济是以不断创新的知识和信息的生产、分配和使用为基础,以创造性的人力资源为依托,以高科技产业为支柱的经济。知识经济的出现,一方面必然要求实现劳动者知识化和学习终身化;另一方面,也使人类对知识及其学习的认识得到更新,即知识不再仅仅是那些具有清晰性、显性、可言传性的东西,还包括那些具有模糊性、隐性、可意会性的东西。因此,加强人类对自身生存方式的理解和认识,赋予事物以意义成为人类最基本的需求之一。这一切必然要求并引起人们生活方式及学习、教学方式等的改变。由知识经济兴起带来的社会重要转型——信息社会,则是以知识和信息为基础的社会。信息、知识总量的剧增且变化加快以及信息传递的迅速化、全球化,在教育领域产生了重大影响,如学习时空开放化、学习方式多元化、教学方式方法现代化、教学内容现代化等,这就要求并促使人们积极去践行这些影响所带来的变革。在提供信息资源的作用、获得及利用的基础上,关注学习者自主学习、自主探索、自主发现,帮助学习者重构知识,达到意义建构,提高认知能力,这是提高学习者素质的需要与要求,也成为时代与社会的需要与要求。

20世纪末,多媒体计算机和基于因特网的网络通信技术的发展,使信息、技术与教育、教学、课程及学习实现有机整合,进而可以利用多媒体计算机的交互性和能提供多样性外部刺激特征,来激发大学生的学习兴趣和发挥学习主体的作用。同时,利用多媒体软件的超文本特征，实现对学习信息最有效的组织和管理，特别是超文本与网络的特性结合，有利于培养学习者的合作精神、协作式学习以及创新精神。而且，当今脑科学的研究已深入到脑的细胞构建、突触传递、神经网络等微观领域，并把脑内神经活动的机制与意识功能结合起来考察，这使人们可以更加清楚、客观地理解人类的行为、心理机制和学习过程，这无疑会为教育理论的革新提供科学的基础。正是在此背景下，建构主义学习理论得以充分发展。

建构主义作为一种学习的哲学，最初来源于18世纪著名的哲学家维柯与康德的思想。维柯认为，人生而具有一种本能的、独特的"诗性的智慧"，指引他们以隐喻、象征和实话的形式对周围环境作出反应，通过历史创造了社会，塑造自己。因此，永恒的人性是不存在的，每一种文化都关系人类的创造。正是在这个意义上，维柯指出，人们只能清晰地理解他们自己建构的一切。康德在对近代经验论和唯理论的认真考察与思辨性综合的基础上确立了"对象必须与认识相符合"的根本原则，创建了以主体能动性为中心的批判哲学，他通过对"综合"与"分析"、"先天"与"后天"、"主体"与"客体"以及"感性、知性、理性"认识形式的区分与研究，试图展现主体的内在矛盾性，提出了认识的双向性运动，即人在认识世界的同时认识自己，人在建构与创造世界的同时建构与创造自身。[①]

皮亚杰则认为学生是在与周围环境相互作用的过程中逐步建构起关于外部世界的知识，从而使自身认知结构得到发展。学生与环境的相互作用涉及两个基本过程，即"同化"与"顺应"。学生的认知结构是通过同化与顺应过程逐步建构起来，并在"平衡—不平衡—新的平衡"的循环中得到不断的丰富、提高和发展。在皮亚杰理论的基础上，科尔伯格在认知结构的性质与认知结构的发展条件等方面作了进一步的研究；斯腾伯格和卡茨等人则强调了个体的主动性在建构认知

---

① 高文、徐斌艳、吴刚：《建构主义教育研究》，教育科学出版社2008年版，第3—5页。

结构过程中的关键作用,并对认知过程中如何发挥个体的主动性作了认真的探索;维果斯基创立的"文化历史发展理论"则强调在认知过程中学习者所处社会文化历史背景的作用,在此基础上以维果斯基为首的维列鲁学派深入地研究了"活动"和"社会交往"在人的高级心理机能发展中的重要作用。

在这一发展过程中产生了人本主义心理学,其代表人物罗杰斯在《自由学习》(Freedom to Learning,1969)中认为"在现代社会中,最有用的学习就是对于学习过程的学习,这是一种始终面向体验的学习,同时也是将学习者和变化的过程融为一体的学习",[①] 认为学习不是刺激与反应间的机械关联,而是一个有意义的心理过程,实质就在于意义学习,是学习者所做出的一种自主、自觉的学习,学习者能够在相当大的范围内自行选择学习材料,自己安排适合于自己的学习情境。因此,教育的目标就是帮助学生"自我实现"。所以,首先,教学要以学生为中心,学生可以自主选择学习课程、方式和教学时间,教师要提供维护和发挥学生"潜能"的良好条件,建立真挚、接纳、了解、关怀、安全的学习环境,并作为学生学习过程中的促进者、服务者、合作者、咨询者和伙伴来帮助学生进行自我探索、自我指导,从而达到"自我实现"的教学效果。其次,教学要培养学生的独立性和创造性,重视学生的个别差异与个人发展,发挥学生主体能动性,教师要给学生充分的自由,一方面要建立和睦的人际关系,另一方面还要针对学生知、情、意等方面的需要,配合学生经验来设计教学。

以上这些为建构主义理论的提出与发展奠定了物质与思想基础,使得建构主义理论在20世纪90年代得到大发展进而提出了学习范式,在对学习的深入研究与实践中,构建了学习范式的理念原则与实现方法,从而使教学范式逐渐向学习范式转变,并在西方教育界广为流行,甚至影响了许多政府的教育政策。

---

① "Learning is a never-ending journey, not a destination", see Learning in 2002(1999), Jay Cross&Internet Time Group(http://www.Internettime.com/itimegroup/elearning/learning.html).

(二)"以生为本"的建构主义学习理念体现在大学本科教育过程之中

"建构"一词最初用于建筑或木器加工中,是指为了某种目的把已有的零件、材料制成某种结构。[①] 进一步引申为"假设建构"的意思,即指一种抽象的、不能直接观察到的概念或观念的假设实体,存在是为了解释某些可观察到的现象。[②] 皮亚杰认为"建构"是指个体心理发生从自身与外界事物之间的接触点开始循着由外部和内部所给予的两个交互作用的方向,从一个较初级的结构逐步转化为较复杂的结构过程。这一理论包含了三个方面的内容:第一,心理的发生是通过主客体的相互作用实现的;第二,相互作用的过程是内外双重建构的过程;第三,认知结构是从初级向高级持续建构的、动态发展的无限过程。学习的建构过程在于学习者通过新旧知识经验之间反复的、双向的相互作用,从而形成和调整自己的经验知识结构。在这一过程中,一方面,学习者对当前信息的理解需要以原有的知识经验为基础;另一方面,对原有知识经验的运用又不只是简单地提取和套用,个体同时需要依据新经验知识对原有经验知识本身做出某种调整和改造,即同化和顺应两方面的统一。

相对于建构主义而言是传统理论即客观主义,认为世界是客观真实的,关于世界的知识和结构都有可靠完善的体系。而本科生的学习目的就是获取知识,教师的任务就是传递知识,帮助本科生了解真实的世界,解释各种事件,学习的结果是假设本科生会复制一个和所教内容一样的认知体系。因此,以客观主义为指导的教育主要表现为高效、清晰地传递信息,本科生为信息的接受者。但是,从建构主义的观点来看,知识是不能传递给被动的接受者的,教师的传授表面上好像是在传递知识,但实际上只是在促使本科生自己建构他们自己的知识,从他们所听到的话语、所见到的形象、所感觉到的刺激中建构他们自己的意义,不是因为教师说过,本科生就像教师所计划的那样学

---

① 陈琦:《教育心理学》,高等教育出版社2001年版,第117页。
② 《教育大辞典》,上海教育出版社1998年版,第681页。

到了东西,本科生所学到的东西也许与教师所计划的完全不同。①

建构主义学习理论认为学习是主体主动建构的过程,从认识论上阐明了学习的机制——建构是人认识世界、了解世界的方式。不管是哪种类型的学习活动,如果不是建立在学习主体积极建构的基础上,那就不能促进学习者有意义的理解,就必然是机械的、形式的和死记硬背的。② 这就揭示了学习的建构性原则,强调了学习主体的能动性。在大学本科教育中需要得到学习主体即本科生的积极参与,有意义的建构学习才会发生。因此,以"建构"概念取代"反映"概念更能体现大学学习的本质特征,是从本科生学习主体的角度而不是从客体角度看问题,指出了学习是主体对客体进行选择、建构的过程,在这个过程中本科生的学习具有动态性和无限性,一方面本科生按照自身的认知结构同化知识,顺化知识,建构知识体系,使认知客体的知识内容不断地丰富与创新;另一方面,客观世界的不断发展和认识的不断深入又使大学生扩展了自己的知识容量,提高了认识能力,这种建构既是本科生自身的建构又是知识的建构,从而引起了知识的一种层级化(认知派观点:学习结果是按知识水平的高低而形成的层级系统)向网络化思维模式的转变。

对于本科生所学习的知识,建构主义认为学习是本科生主动地建构内部心理表征的过程,它不仅包括结构性的知识的学习,而且包括大量的非结构性的经验背景的学习。③ 美国学者维特罗克提出了学生学习的生成过程模式则较好地说明了这种建构过程。其认为学生的学习可以分为初级知识学习与高级知识学习两个水平,其中初级知识学习又称入门性学习,学习方式主要是接受、理解和记忆,内容是结构良好领域的学科知识,由事实、概念、原理或定律组成,彼此之间存在着严密的逻辑关系和层次结构。但是这些知识比较抽象,是对复杂

---

① Glaserfeld. E. V., *Constructivism in Education*, Oxford: Pergamon Press, 1989, p. 76.
② 丁帮平:《国际科学教育理论研究》,北京师范大学出版社1999年版,第91页。
③ 张建伟、陈琦:《从认知主义到建构主义》,《北京师范大学学报》(社会科学版)1996年第4期。

的外在世界的现实加以过分简化的产物，具有一定的片面性、机械性、静止性和孤立性。本科生仅仅学了这些入门性的知识还不能灵活地综合地应用它们解决实际问题。因此，还需要进行高级知识学习。本科生所学习的知识主要应以这类知识为主，高级知识学习的内容是结构不良领域的知识，即有关应用的知识，并不像书本知识那样意义分明、逻辑严明和组织良好。知识被应用到每一个实例中时，具有一定的特定性、差异性和复杂性。高级知识的学习就是通过大量反复的案例分析和实际问题解决活动来把握在同一案例中各知识之间关系的复杂性与不同案例中同一知识的意义和用法的差异性，从而达到灵活应用知识、推导新知识，广泛迁移知识的目的。本科生所学习的知识是为解决问题服务的，因不同问题而有所差异，而不是确定无疑、一成不变的。知识的应用无法通过抽象规则而学会，必须通过一个个实际问题或案例的解决活动及其反思活动而逐渐掌握。应用知识解决问题的能力正是在问题解决活动中不断形成和发展起来的。①

根据建构主义学习理论对初级知识学习和高级知识学习的分类，传统意义上的"掌握基础知识"似乎停留在入门性的初级知识学习的水平上。也就是说，学习不仅包括结构良好知识的学习，还包括结构不良领域知识的学习，建构主义更强调后一种学习。在他们看来，学习过程不只是简单的信息输入、加工、存储和提取，而是在新旧经验之间双向的、反复的相互作用中的知识再创造过程；学习不只是个体行为，而且具有社会性，是在个体、群体、社会的相互作用中丰富、全面的过程。传统高校学习的弊端正是在于混淆了高级知识学习和初级知识学习的界限，将初级知识学习的学习策略（如练习、反馈、强化）不合理地推向高级知识学习阶段，使得在大学本科教育中经常看到一些本科生虽然可以记忆概念的正确定义，但缺乏实质性的理解。显然，在解决复杂问题、未知问题，培养高级知识学习的认知策略方面以建构主义方法论和认知情境理论更为适合，尽管在传递信息效率上，可能不像客观主义方法来得有效。

---

① 刘德儒：《基于问题学习对教学改革的启示》，《教育研究》2002年第2期。

因此，建构主义学习理论认为，学习的实质是学习者通过新旧知识经验之间双向的相互作用来形成、充实或改造自己经验体验的过程；学习既是学习者个人的建构活动，同时也是学习共同体的合作建构过程，通过学习者的合作而使理解更加丰富和全面；学习并不只是获得供日后提取出来用以指导活动的图式，更是学习者建构丰富的、有着经验背景的概念，从而在面临新的情境时，能够灵活地建构起用于指导活动的图式。学习必须是积极性的、建构性的、累积的、目标指引的、诊断性的，反思性的。[1] 学习也应是社会性的、情境性的。

以"以生为本"的建构主义的理念贯穿到大学本科教育过程中，从而形成相应的教育模式，即以本科生为中心，在整个大学本科教育过程中由教师起组织者、指导者、帮助者和促进者的作用，利用情境、协作、会话等学习环境要素充分发挥大学生的主动性、积极性和首创精神，最终达到使本科生有效地实现对当前所学知识的意义建构的目的。[2] 在这种模式中，本科生是知识意义的主动建构者，教师是大学教育过程的组织者、指导者、意义建构的帮助者、促进者，教材所提供的知识不再是教师传授的内容，而是本科生主动建构意义的对象，教学媒体也不再是帮助教师传授知识的手段、方法，而是用来创设情境、进行协作学习和会话交流，即作为本科生主动学习、协作式探索的认知工具。显然，在这种场合中，本科生、教师与学习、教学等方面与传统大学教学相比，各自有完全不同的作用，彼此之间有完全不同的关系（见表3-1），成为大学本科教育活动进程的一种稳定结构形式，即建构主义学习理念指导下的大学本科教育模式。

---

[1] 高文：《教学模式论》，上海教育出版社2002年版，第61页。
[2] 何克抗：《建构主义的教学模式、教学方法与教学设计》，《北京师范大学学报》（社会科学版）1997年第5期。

表 3-1　传统大学教育模式与建构主义大学教育模式比较图表①

	传统大学教育模式	建构主义大学教育模式
学习	—获得事实、能力和概念 —通过练习和实践发生 —在个体头脑中进行 —包括表面上掌握	—主动地对已获得知识进行建构 —在许多的机会中和在依据新旧知识联系的不同过程中发生；通过社会建构的机会发生 —包括深入内部的变化
教学	—提供和转达	—引起、支持以完整的理解为目的的思考 —共同建构知识（与学生合作） —扩展每个学习者的学习保留节目
教师的角色	—预先确定的 —教师是基本的知识来源 —管理者和监督者 —鼓励去直接完成作业 —纠正错误的答案	—每一个人自己和每一个其他人具有更大的鉴定资格 —仅仅是多种其他来源之一 —支持者、引导者 —伙伴（合作伙伴） —与学生共同建构多种思想、材料等互动的机会 —注意思考及错误的概念 —合作建构不同的知识解释，注意社会建构的概念
学生的角色	—被动地接受信息 —学习者（工作者） —主动的听者 —在预定的时间内完成工作	—积极主动地同他人及自己建构 —知识的来源 —合作的建构者 —主动的思考者、说明者、解释者、提出问题者 —理解、提问、解释、合作、解释社会关系

从以上分析可以看出传统大学本科教育过程模式基本上是以"教"为中心，强调教学过程，即面向教师的"教"，主要内容是研究如何帮助教师把课备好、教好，而很少考虑本科生"如何学"的问题。这种以教为中心的教学过程理论（也称传统教学过程理论）是目前的主流，已发展成为具有较完整、严密的理论方法体系和很强可操作性的独立学科，并且已有大量的专著及教材问世。传统大学教育过程模式有许多优点，但也存在一个最大的弊病：以教师为中心，只强调教师的"教"而忽视本科生的"学"，全部过程理论都是围绕如何"教"而展开，过分注重教学过程，很少涉及本科生如何"学"的问题，忽视了学习过程。按这样的理论设计的大学教育，忽视了本科生在学习中的主体地位，本科生参与教学活动的机会少，大部分时

---

① 根据 Jamie McKenzie, *The WIRED Classroom-Creating Technology Enhanced Student-Centered Learning Environments*, FNO The Educational Technology Journal, 1998, 6（http://www.fno.org/mar98/flotilla.html）中的图表改编。

间处于被动接受状态，以一种被灌输的方式接受知识，本科生的主动性、积极性很难发挥，更不利于创造型人才的成长。

以"学"为中心的现代大学本科教育模式主要强调的是本科生的"学"，注意在学习过程中发挥本科生的主动性、积极性，强调学习过程的最终目标是完成知识意义的建构。其理论基础是建构主义学习理论，是在认知学习理论的基础上发展起来的。如前所述，建构主义学习理论强调学习过程中本科生的主动性、建构性；对于学习做了初级学习和高级学习之区分；提出了自上而下的教学设计思想和知识结构的网络概念；重视"情境"在教学中的重要作用等等。这些主张对深化大学教学改革有着重要的意义。但是，这种学习过程理论由于过分强调本科生的"学"，往往忽视教师主导作用的发挥，忽视了师生之间的情感交流和情感因素在学习过程中的重要作用；另外，由于忽视教师的主导作用，当本科生自主学习的自由度过大时，还容易偏离学习目标的要求，这又是其不足之处。由于以"学"为中心的学习过程理论的主要理论基础是建构主义的学习理论与教学理论，所以以"学"为中心的学习过程理论的优缺点正是建构主义理论本身优缺点的具体体现，在应用与推广建构主义理论的过程中必须清醒地认识到这一点，在这里就需要体现大学本科教育的完整性，将教学过程与学习过程有机相结合，克服传统大学本科教学过程理论的重"教"轻"学"的缺陷，同时也可以避免现代建构主义学习理论的重"学"轻"教"的倾向，从而科学地实现大学本科教育的最终目的。

（三）将"以生为本"的建构主义理念贯穿在大学本科教育过程的作用

前文主要就建构主义理论的思想与模式进行了分析，通过实现以本科生为中心，突出学习过程的现代教育理念贯穿在大学本科教育过程，可以发挥以下作用：

1. 凸显大学本科教育内容的探究性本质

大学本科教育的内容强调研究高深学问，这就决定了大学本科教育具有学术探究性的本质。建构主义学习理论把"科学"看成是永远无止境的探索,认为知识并不是对客观世界的一种终极反映,不是对世界法则的精确概括,它只不过是一种解释或假设,并且这种假设会随人类的进步而被新的假设所代替,所以认为"学习好比一次没有目的地的旅行,每一个观点的获得都只不过是知识不断增长的道路上的一个临时的智力停靠点。"[①] 由此可知,如果本科生用建构主义知识观来探索"科学"的无止境性,就不会仅仅满足于对现有知识的了解与掌握,必然会对学术进行更为深入的研究和探索,以努力实现超越现有知识的愿望。为此,在建构主义知识观指导下的大学本科教育体系,可以较好地反映大学本科教育的"学术探究性"本质,培养本科生的批判性思维。

2. 利于实现大学本科教育"创新型人才"的培养目标

当今世界正处于经济全球化、信息化发展之中,国际竞争日趋激烈,世界各国都加快发展,以图在综合国力竞争中取得优势。而在综合国力竞争中起决定性的因素就是人才,特别是创新型人才起着至关重要的作用。对于在资源短缺,人口、就业和生态环境压力不断增加,工业化水平不高的情况下实现社会主义现代化的中国,最紧缺的同样是创新型人才。只有坚持把创新摆在突出位置,把提高创新能力作为推进产业结构调整和提高国家竞争力的中心环节,建立和完善创新型人才培养模式,创新人才才能脱颖而出。因此,培养创新型人才成为大学本科教育的最终目标指向,而建构主义的学习理论较为有利于本科生创新品质的发展。创新型人才的重要品质,如自主、怀疑、执着等都能在建构主义学习思想中得到体现。建构主义的学习理论强调大学课程体系的设置和实施有利于本科生个性化知识格局的构建,而本科生个性化知识格局的形成之时,也就意味着创新型人才培养目标的基本实现。建构主义学习理论认为,获得知识本身并不是学习的最根本目的,知识的作用在于它构成了进行思维的原料,本科生通过对知识的学习运用进行创造性思维,进而增进人类的自由,并能够进

---

① Brenda Mergel. Instructional Design & Learning Theory (http//www. usask. ca/education/coursework/802papers/mergel/Breada. htm) .

一步发掘本科生的创造力。美国建构主义理论倡导者杰夫里·舒尔曼（Geoffrey Scheurman）认为，以往的教学大多以传授简单的知识和信息加工技能为目的，而建构主义却崇尚开放性探讨，鼓励大学生对事物事件及特定的文化经验进行创造性思考，最大限度发展大学生的创新能力。

3. 符合大学本科阶段本科生知识获得方式转换的要求

传统大学教育是以教师为主进行知识的教授，即以教师单方面对学生的灌输。而建构主义则提倡在教师指导下的、以学习者为中心的学习。也就是说，既强调学习者的认知主体作用，认为本科生是信息加工的主体、是意义的主动建构者，而不是传统上的外部刺激的被动接受者和被灌输的对象；又不忽视教师的指导作用，教师由传统意义上的知识的传授者与灌输者转变成为意义建构的帮助者、促进者。对于学习过程建构主义学习理论认为应分阶段进行，学者乔纳森（Jonassen）认为，知识的获得可分为三个阶段：导引阶段、高级阶段、专家阶段，在不同的阶段适宜采用不同的学习方式。[①] 具体说来，在"导引阶段"，学习者几乎没有（或很少有）关于一项技能或学习内容领域的直接可迁移的知识。为此，这一阶段的知识获得适合于采用传统的学习理论（指行为主义与认知主义的学习理论）方法；在"高级阶段"，也就是大学本科教育阶段建构主义的教学方式是可取的；而在"专家阶段"，学习者已完全能够根据学习环境采取理智的决定，因此建构主义尤为适用。大学本科教育阶段的知识获得正处于由"高级阶段"向"专家阶段"转变的过渡时期，这一阶段的本科生的学习可以采用建构主义的学习理论作为指导。此外，在大学本科教育阶段，本科生将会碰到许多"结构不良的问题"（Ill-Structured Problem），所从事的学习也大多需要一定的"知识水平"和"认知水平"，在这一情形下，运用建构主义学习理论作为指导最为适合。

---

① Scheurman, G. From Behaviorist to Constructivist Teaching, Social Education, Vol. 62, No. 1, 1998, pp. 6 - 9.

4. 符合本科生"自主"与"合作"的学习组织形式

本科生群体的一个共同特点就是"成人化",而成人学习的一个重要特点就是自主性强,要求外界较少的强制性干预。在这一方面,建构主义的知识观认为本科生所学习的知识是建构起来的,本科生作为认知主体应当在学习环境中积极建构知识,这就要求大学学习环境的构建应该服从于本科生的需要。同时,学习是在一定情境下,借助于教师、同学的帮助,通过生师、生生之间的协作、交流、利用必要的信息等,通过意义的建构而实现的。因而对于本科生的学习方式而言,诸如"讨论"、"课题研究"等合作学习方式以及"访谈"、"参加学术会议"等学习方式都是促进大学生知识建构较好的方式。尤为值得一提的是,当前大学本科教育中一种重要的自主学习课程类型——网络课程,其构建的理论基础则直接来源于建构主义。

从以上论述可以看出,建构主义学习理论对于高级知识的获得即大学本科阶段的学习是大有裨益的。[1] 因此,对于大学本科教育而言,建构主义学习理论给传统大学教育带来了新的启示,建构主义学习理论将关注的重点由知识的客体——知识内容转向了知识的主体——学习者,强调以本科生为中心,是认知的主体,是知识意义的主动建构者,在此基础上突出以本科生为中心的学习过程,这就促使教师在大学教育过程中,充分重视本科生自身的主动性,重视师生之间的相互作用。在建构主义学习理论下,本科生与教师的地位、作用和学习、教学已发生很大的变化,革新了传统大学教学的理论基础,给传统教学论带来了极大的冲击,同时建构主义为课程目标、内容、实施等带来新的挑战。因此,在大学本科教育中,以建构主义中科学合理的学习理论来指导本科生学习过程,对于现代大学本科教育最终目标的实现(即创新型人才的培养)将会起到极大的促进作用。

---

[1] John Nash., Major Learning Theories of the Twentieth Century (http://www.bgu.ac.il/~aflaloc/tealea/LearTheo.html).

三 "以生为本"的建构主义学习理念引入大学本科教育之中

（一）在大学本科教学过程中应体现"以生为本"的建构主义学习理念

1. 大学本科教学所具有的特性需要"以生为本"

大学本科教学具有显著的特性，即作为教学主导的现代大学教师具有高层次性，他们大多具有硕士以上学历，集教学者与研究者双重身份于一身。其首要责任就是教学，这是教师的职业使命所在。大学教师是实施教学的专业人员，对大学教学的理论、方法、手段精通，同时大学教师又从事科学研究，因此可以将最新的学科研究成果运用到教学中来，以自己的见解传授学科内容，在教学中自成体系，使教学内容具有前沿性，所以教师在大学教学中注重的是学生对方法的学习而非知识的积累、注重学生认知情意全面发展，所传授的前沿性的教学内容一般又带有发现性，需要特别强调本科生学习主体的参与和具备创新思维。而作为教学对象本科生是经过中小学教育后被有选择性地进入大学，身心发展趋于成熟，对事物的认识方式和世界观也基本定型，有较强的自我调控和自学能力，有能力同时也必须参与教学过程。由此可见，大学教学需要从本科生出发，"以生为本"。

2. 教学、教师与本科生发展的关系需要大学本科教学"以生为本"

从行为层面来看，大学本科教学是一种价值引导与自主建构相结合的过程。在大学本科教学中，所有的活动、信息、关系都围绕本科生展开，教学活动也依次展现为四个进程：引起本科生学习意向、唤起学习动机的过程，本科生认识和理解教学目标并予以接受的过程，本科生指向教学进行学习的过程，本科生内化学习内容、反馈、评价和改进、强化学习的过程。在这一进程中，大学教师始终发挥促进学、引导学、提供学习材料、指导学习方法和反馈学习信息的作用，没有也不能替代本科生来学习，教师只是学习的外因，外因通过内因才能发挥作用，只有本科生自己才能真正地学习。建构主义教学观认为，学习是本科生的自主建构过程，本科生在教学中根据原有的经验系统和外在信息主动地构建对外在事物的认识和新的经验。"强调'受教育者的自主建构',旨在突出教育要关注本科生的生活世界并切入本科生的经验系统,在教育内容和方法上是基于学生智慧发展水平的;教育要着眼于学生成长的内在动机的唤醒,使学习活动是自觉自愿的;教育要将学生带入景色充实、富于理智挑战的境界。"[1] 所以,在大学教学中应该尊重本科生的自主性、主体性,根据本科生的需求和已有经验水平实施"以生为本"的教学。

(二)本科生学习过程中应体现"以生为本"的理念

1. 大学培养目标发生转变

在精英教育阶段,大学大多抱着"皇帝的女儿不愁嫁"的思想,不太重视人才培养规格与社会需求的相对应,不关心作为学习主体的本科生的需求,不注重学习过程。进入大众化阶段,由于入学人数的剧增,人才培养要求与社会需求的紧密联系,大学由社会的边缘走向社会的中心;此外,知识呈现出几何级数增长和更新而本科生的认识能力变得有限,传统教育模式产生变革,使大学不得不审视传统学习方式的可行性,转变本科生学习目标。当前大学学习正在逐渐由强调对知识的掌握转变为本科生学习能力的培养。再者,高等教育走向大众化,意味着更多的学生将享受到大学教育,精英教育和大众教育并存,高等教育的职能扩散,大学教育不但要培养具有"高深学问"的人才,还要训练大量具有"高深技能"的人才。这些都要求大学培养目标多样化,"以生为本",强调学习过程,依据本科生的不同需要为本科生学习营造良好的个性发展空间。

2. 大学学习的主体本科生是作为人而存在的

大学是为本科生而设立,是为了本科生的学习而成立的机构,而本科生的学习过程是本科生以自己为主体的学习过程,本科生及其学习过程是大学的核心与基础。因此,"对学生负责是大学的主要使命,

---

[1] 肖川:《教育的理想与信念》,岳麓书社2002年版,第126—129页。

也是教师的主要学术职责"。① 没有大学生,没有学习过程就不能成为大学。"整个教学的目的和教学过程的终端,是学生的主动发展,而不是教师善于教",② 本科生才是大学教育的主体和中心。本科生作为大学教育的主体,有其自身的特点和属性。可是在传统大学教育中,却忽视了本科生原本就是人这个最基本的原则,把本科生当成被动接受知识的"容器"。所以首先要明确本科生是作为人而存在的,一个不成熟但又趋向于成熟的人,一个在大学学习中寻求发展和生活的人,一个活生生的、具体的人,一切学习都以本科生作为人的存在为前提。作为具体人的本科生是精神性、自由性、创造性的存在的统一体。因此,在本科生的学习过程应从本科生的主体地位出发,使本科生把自己放在一个正确的位置,不高估也不轻视,从现实的人出发、人性地学习。

(三) 在大学教学过程中如何体现"以生为本"的理念

1. 在教学目标上的体现

教学目标是一定价值观在教学领域的具体化,因而任何教学目标总有一定的价值。从建构主义理论来看,大学教学目标的价值则在于"意义赋予",即本科生对知识的深刻理解。对于学习来说不是由教师向本科生的传递知识,而是在一定社会文化背景和情境下,利用必要的学习资源,通过与教师、学习伙伴的协商、交流、合作,由本科生自己建构知识的过程。外部信息本身没有意义,意义存在于大学生主动地建构与新旧经验间反复、双向的作用过程中。大学本科教学不再是简单的知识传递与获得,而是本科生对知识的处理与转换。同时,通过这一处理与转换过程来实现对知识的意义建构、能力培养以及情感的促进等等,使本科生成为一个真正学会学习的、富有创新精神的终身学习者和实践者。总之,"建构主义是支持学习者最终建构他们自己的知识并把其印记于自身的一种教育哲学,每个人的知识像

---

① [美]唐纳德·肯尼迪:《学术责任》,阎凤桥等译,新华出版社2002年版,第77—114页。

② 郭思乐:《教育走向生本》,人民教育出版社2001年版,第188页。

他们自己那样是独一无二的"。①

2. 在教学内容上的体现

传统大学教学中的一般思维技能训练与丰富的内容背景是相互分离的。因此，在传统课程设计中基于内容强调重事实和原理知识的传授以及置于内容单元后面的应用问题，无法在情境中激发本科生的思维，在利用知识作为解决问题的工具的过程中无法增强本科生对知识的理解和技能的训练。而现代大学教学在此基础上进行了反思：首先，在教学内容上注重具有真实情境性，用情节真实、复杂的故事呈现问题，营造问题解决的环境，以帮助本科生在解决问题的过程中活化知识，变事实性知识为解决问题的工具。其次，注重教学内容的问题化，用产生于真实背景中的问题启发本科生的思维，由此支撑并鼓励本科生对问题解决的学习、基于案例的学习等，同时设计各种类型的问题，来拓展本科生的思维、创新与实践的空间。再次，注重教学内容的拓展，教学内容所包含的不应仅仅是有待于学习的知识与技能，而且提供包含一系列可供本科生建构知识的学习任务、教材和教学资源，努力为本科生探索和建构知识提供大量认知工具，以拓展学习时空，增强本科生的学习能力。最后，注重现代教育信息技术对教学内容的支持，充分利用超媒体和超文本，方便各种类型信息的嵌入、利用与更新，以提供联结跨学科、跨时空、面向真实世界的学习。

3. 在教学评价上的体现

（1）评价目标的开放化

本科生的学习是建构知识的过程，教学主要是帮助、促进本科生建构知识的过程。因此，教学评价应该较少使用强化和行为控制工具，而应较多使用自我分析和元认知工具。本科生对学习过程和结果的自我反思与自我评价，更有利于知识的意义建构，也最符合知识意义建构的实质。对教师来说，大学教学评价的目的在于教师可以确定

---

① 高文：《维果茨基心理发展理论与社会建构主义》，《外国教育资料》1999年第4期。

本科生是否掌握了所学的概念,并依此来根据本科生的需要(而不是某种预先确定的特定参照标准)更好地定制教学。

(2) 评价标准的多维化

评价本科生的标准实现多维化可以比较全面真实地反映出本科生学习的效果及不足。首先,可以用教学目标作标准。本科生的学习是个体建构的过程,因而本科生的学习目标也应是自由与多重的。这是由于在学习、教学过程中,本科生都会建构自己的知识表征,教师不能为本科生预设同一学习目标,但可以提出共同的教学目标——所有学习者都应达到的学习目标。每个本科生可以通过对自己的学习目标的实现过程来完成教学目标。因此,教学目标可以作为教学评价的一个标准。其次,可以用学习背景作为评价标准。在教学中要为本科生的学习提供丰富的背景,所以评价者要考虑依靠本科生的学习背景而作出恰当的评价,因为不同背景下的学习过程会有不同的学习要求以及知识、技能获得要求。教师需要根据教学背景的不同而对本科生的学习情况作出恰当的指导性评价,而本科生也可以依据学习背景对自己的学习行为作出反思性自我评价。再次,可以用真实任务的解决作标准。教育应聚焦于与真实世界相关的、具有实用性和适度复杂性的、跨学科的整合性、真实性的任务。由于这些接近生活的真实的、复杂的任务整合了多重内容和技能,所以它们有助于本科生用真实的方式应用所学的知识来解决问题。因而评价的标准不应看知识或技能是否能被复制出来,而是要面向真实问题的解决,面向知识或技能的应用与迁移。最后,可以用知识和经验的建构过程作标准。这是由于一方面知识是建构的,而不是复制的。知识建构是学习的目标,作为评价者,就需要对知识建构的智力过程进行评价。另一方面学习产生于基于感知和来自经验的过程之中。因此,在这种情况下,就不应该仅仅评价由一些独断的要求而引起的行为,更重要的是对知识的获得过程,即对获得经验或经验的建构过程进行评价。

(3) 评价过程的同步化

有效的评价应与教学过程同步进行,鼓励评价和教学一体化,这样可以充分考虑本科生的学习起点,并综合本科生的学习态度、学习策略、互动程度等各方面信息来进行,能为教师和本科生提供重要的及时反馈,进而可以成为本科生学习过程中的"知识导航者"。

第三节 本科生学习方式与本科生学习过程

从本科生学习过程来看,学习过程需要通过本科生以一定的学习方式才能实现的,所以本科生采取什么样的学习方式,将直接影响学习过程的效果与效率。学习方式强调学习的一种内在品质、态度和精神,内涵更加丰富、完整,关注本科生在学习过程中的心理体验。因此,对于学习方式的研究,更具有时代的意义,它有助于提升本科生的素质和内在品质,培养新时代所需要的人才。

一 传统学习方式及其弊端

传统的大学学习方式的形式是以接受式学习为主,是本科生通过教师所呈现的材料来掌握现成知识的一种学习方法。在这种学习方式中,学习内容一般是以定论的形式直接呈现出来,本科生只是知识的接受者。也就是说,本科生所学知识的全部内容都是以确定的方式由教师传授而来,本科生无须进行任何独立发现,而只需接受,即只需把教师呈现给他的材料加以内化或组织,纳入到已形成的认知结构之中,以便在将来的某一时期可以运用它或把它再现出来。

传统大学学习方式有其自身的长处,这是因为本科生的学习过程是一个循序渐进的过程,完成这一过程需要一定的知识基础,通过传统学习方式继承和接受人类文化遗产中的精髓是本科生个体社会化的重要内容和途径之一,教师将最基本、最重要的事实和规律直接呈现给本科生,本科生只需把现成知识加以内化,纳入已有认知结构中,否则就无法进行探究、自主、合作等新学习方式的实施,何况本科生不能所有的知识都依靠自我发现,这样就保证了本科生能够在较短的时间里掌握大量的知识,而无必要也不可能简单机械地重复人类认识客观世界的历史发展过程。同时，传统大学学习方式以教材为本，教材的组织和安排由浅入深、由易到难、由简单到复杂，知识体系化，有利于本科生知识的连贯和系统化，便于新旧知识发生相互作用，有利于本科生认知结构的顺应、同化和改组，可以培养本科生用联系、深入的眼光看待事物的习惯。

但是传统大学学习方式同时存在着重大缺陷，即在教育模式上以课堂为中心，以教师为中心，以课本为中心，以灌输知识为主，本科生被动地学习，过分追求将教师讲解的知识完整而系统地接受，只重灌输、疏于引导，只重接受、忽视探索，只重理论、不重实践，过分强调接受和掌握，忽略了发现和探究，在实践中导致了对学生认识过程的极端处理，使本科生的学习变成仅仅是直接接受书本知识，本科生学习成了纯粹被动地接受、记忆的过程，进而形成了教师对本科生的权威性和本科生对教师的依赖性及盲从性格，而作为存在潜能的本科生的独立性和个性得不到尊重和发展，本科生依赖性严重，很少有批判和质疑精神，极大地抑制了本科生学习的主体性、积极性、创造性的发挥，不利于创新人才的培养。

二 改革传统学习方式建立现代学习方式的必要性

通过对以接受式为主的传统大学学习方式的变革，确立以自主性、合作性、研究性的现代学习方式，对于本科生的学习有着异常重要的作用：

（一）赋予本科生学习自由，确立本科生的主体地位

从19世纪洪堡创立柏林大学起，其所倡导的"学术自由"、"教学自由"、"学习自由"逐渐发展成为世界大学的基本价值准则和办学理念。在《世界高等教育宣言》中也明确指出：大学自治和学术自由是21世纪大学发展的永恒原则。学术自由是高校区别于政府、企业、其他事业单位的根本特征，彰显着高校的本质，是现代大学具有生机和活力之根本。对本科生来说，学术自由就是指学习自由。具体而言，约翰·S. 布鲁贝克则认为学习自由的具体内容应包括学生选择学什么的自由、决定什么时间学和怎样学的自由，以及形成自己

思想的自由。① 学习自由既是高等教育的重要信念，也是高等教育的必然。在本科教育改革中进一步深化"以学生为中心"的教育理念，就是要把成长、成才的选择权交给本科生，赋予本科生学习自由。没有本科生主体能动的、创造性的发挥，就不会有创新。尊重本科生在大学教育中的主体性，就要强调本科生自主选择的权利和学习的自由。与此相应的是，大学本科教育过程应该给予本科生更多的自主权和选择权，给本科生更多的自由度，尊重他们的个性化需求，尊重他们的自主学习，鼓励本科生的批判精神，宽容本科生的失败，同时本科生可以根据自身的爱好、能力和特长选择参与科研活动，把所学的理论知识转化成认识和解决实际问题的能力，形成自己的学术思想等。

学者博耶指出："所有真正的学习是主动的而不是被动的。学习要用脑子去思考，而不仅仅只是记忆。学习是一个发现过程，在这过程中主体是学生而不是教师。"② 确立本科生的主体地位，本质上就是要改变教师控制一切的传统，从"以教为本"为"以学为本"，充分尊重学生的人格，充分发挥学生的主体作用。《学会生存》批判了那种把本科生只是当作受教育的客体的传统教学原则，强调本科生在学习过程中的"自主"原则：教育"已不再是从外部强加在学习者身上的东西，也不是强加在别人身上的东西。教育必然是从学习者本人出发的"，"新的教育精神使个人成为他自己文化进步的主人和创造者。自学，尤其是帮助下的自学，在任何教育体系中，都具有无可替代的价值"，③"我们应使学习者成为教育活动的中心，随着他的成熟程度允许他有越来越大的自由；由他自己决定他要学习什么，他要

---

① ［美］约翰·S.布鲁贝克：《高等教育哲学》，王承绪等译，浙江教育出版社1987年版，第53页。

② ［美］欧内斯特博耶：《美国大学教育——现状经验问题及对策》，复旦大学出版社1988年版，第162页。

③ 联合国教科文组织国际教育发展委员会：《学会生存——教育世界的今天和明天》，华东师范大学比较教育研究所译，教育科学出版社1996年版，第251页。

如何学习以及在什么地方学习与受训。这应成为一条原则"。① 大学教育的目的不仅是传授本科生知识，让本科生掌握必要的基本知识、基本技能，更应着眼于本科生的发展教育、终身教育和终身学习，教会本科生学会学习，提升本科生的学习能力和可持续发展的能力应该是大学教育改革的主要目标。

（二）调适教与学的关系，促进教师和学生角色转变

"教"与"学"的关系处理问题是大学本科教育过程的本质问题，同时也是教学论中的重大理论问题。确立"以学生为中心"的理念，使"教"的行为能促成有效的"学"，就必须进一步改革传统的"继承性"教学模式，改变以"教师—教材—课堂"为中心的教育格局，对"教"进行系统的改造，构建新的"教"与"学"关系。本科生学习方式的变革，意味着要改变本科生的学习态度、学习意识和学习习惯品质，它们的共同点是让本科生成为学习活动的主体，而教师更多地成为本科生学习活动的引导者、促进者、组织者和合作者。学者乔治波利亚认为，"教学目标首先和主要的是必须教会青年人去思考——'教会思考'。""'教会思考'意味着教师不仅应该传授知识，而且也应当发展学生运用所传授知识的能力，他应当强调由实践而得来的能力，有益的思考方式及应有的思维习惯。"② 相应地，教师的基本职能从"授"转换到"导"：引导、指导、诱导、辅导和教导，成为方法的启发者，问题的策划者，学习的导师。在此基础上，传统严格意义上的教师的"教"和学生的"学"，将不断让位于师生互教互学，彼此将形成一个真正的"学习共同体"。在这个共同体当中，"学生的教师和教师的学生不复存在，代之而起的是新的术语：教师式学生和学生式教师。教师不再仅仅去教，而且也通过对话

---

① 联合国教科文组织国际教育发展委员会：《学会生存——教育世界的今天和明天》，华东师范大学比较教育研究所译，教育科学出版社 1996 年版，第 263 页。

② 江丕权：《关于教与学——波利亚〈数学的发现〉与"探究式教学"》，《中国教育学刊》2003 年第 10 期。

被教,大学生在被教的同时,也同时在教。他们共同对整个成长负责。"①

在学习中强烈的角色意识对本科生的潜能具有巨大的激发作用。以此反观当今本科生在学习过程中出现的问题,其原因可以归结为"角色意识"未确立或"学习意义的缺失"。在传统大学教学模式中,教师是大学教学活动的主宰、知识的化身,本科生是知识的被动接受者,对教师、教材和课堂教学具有高度的依赖性。而"以学生为中心"的教育理念则要求教师"从'独奏者'的角色过渡到'伴奏者'的角色,不再主要是传授知识,而是帮助本科生去发现、组织和管理知识,引导他们而非塑造他们"。② 对本科生而言,更需要转变观念,改变学习习惯,积极主动地进行学习,提高自主学习能力,学会选择学习资源,积极参与"学习共同体"的互动,分享彼此的思考、经验和知识,从而达到共识、共享、共进,切实担当起自己的学习责任,真正成为学习的主人。

三 对大学生学习方式的研究

对大学生学习方式实证研究始于1970年,学者马顿等发现在大学生学习过程中,对于某一特定任务或一般意义的学习,存在认识差异,从而表现出不同的学习动机和相应的策略,这就造成了不同大学生间的学习差别和学习结果。因此,马顿认为学习差别是由于学习方式差异而造成。③ 马顿和萨尔乔从现象图学角度把学习方式分为表层学习方式和深层学习方式。在研究中发现,大学生会根据自己的学习动机,在第一时间采取相应的学习方式。如果他们仅仅希望重复学过的东西,他们会采取表层学习方式。如果学生打算最大程度地理解他

---

① 保罗弗莱雷:《被压迫者教育学》,顾建新译,华东师范大学出版社2001年版,第38页。

② 国际21世纪教育委员会向联合国教科文组织提交的报告:《教育——财富蕴藏其中》,联合国教科文组织总部中文科译,教育科学出版社1996年版,第136—137页。

③ Marton, F., & Booth, S., *Learning and Awareness*, New Jersey: Laurence Erlbaur Associates, 1997, pp. 26–28.

们所学的东西,他们必定会采取一种深层学习方式。也就是说,采用表层式学习方式的学习者对学习往往采取被动的态度,对所学的内容没有兴趣或缺乏内在的学习欲望,只是马虎应付、不求甚解或死记硬背。因而学到的知识也是零散、孤立、肤浅而无意义的。而采取深层学习方式的学生,对所学内容有浓厚的兴趣和强烈的学习欲望,所以能够深入地探究所学内容,理解相关内容,获得很好的学习效果和质量。这类学生学习指向很明确,希望追求一种深层式学习。马顿认为,一种学习方式是学习的意图和相应的学习策略的有机组合,① 提出了"学习观念(意图) +学习策略 = 学习方式 - 学习效果"的基本理念。②

学者比格斯在研究中通过观察大学生的学习也同样发现,学生在自己不同的学习动机的指引下,会选择相应的学习策略,在此基础上他认为学习动机与学习策略构成一个整体,形成其所认为的学习方式。③ 因此,他在前人研究结果的基础上,将所发现的学习方式总结为"表层学习方式"、"深层学习方式"和"成就学习方式",每种方式由相应的学习动机与策略构成。表层学习方式是基于外在动机,学生将高校看作是达到其他一些目标的途径,如获得一份好工作。因此,采用这种学习方式的学生既想避免失败,又不想太努力,学习就成为在两者之间取得平衡的活动。其策略是想找出最重要的主题并用死记硬背的方法,以一定的精确度重复它们,适合于应对的目标,局限于通过死记硬背能再现的知识上;深层方式是基于对学习任务的兴趣,其策略是为了最大限度地理解以便满足自身求知欲。采用这种方式的学生会认为学习任务是有趣的,并能投入其中,关注学习任务的根本意义,并探索学习任务内部及其与其他任务间的联系;成就方式

---

① Marton, F., & Booth, S., *Learning and Awareness*, New Jersey: Laurence Erlbaur Associales, 1997, pp. 104, 168 – 171.

② Biggs, J. B., & Walkins, D. A., *Classroom Learning*, Singapore: Prentice Hall, 1995, p. 150.

③ Biggs, J. B., *Student Approaches to Learning and Studying*, Hawthorn, Vic.: Australian Council for Educational Research, 1987.

是基于一种独特的内在动机即成就动机，其受潜意识驱动以获得显见的成就，特别是高成绩，所涉及的是进行学习的情景，描述的是学生组织与学习任务有关的时空背景的方式，是用最经济的方式组织学习活动。学生在学习过程中选择表层或深层学习方式取决于学习任务、他们从中想得到什么以及他们的偏好。而成就方式则可以和前两者之一相连。①

从比格斯的研究可以分析得出表层学习方式是在传统教育模式中产生的，是与机械性、他主性、接受性学习相适应的，主要是在传统教育模式中，只注重教师的教学，忽视了学生在学习中的主体性，对学生的知识传授以单向的灌输为主，在学习中没有充分调动学生的积极性、主动性、创造性，没有让学生充分意识到学习是学生自己的事，让学生感觉到是在被压迫学习。因此，造成了学生的学习方式以机械性、他主性、接受性为特征；而深层学习方式特别是成就学习方式则是在现代大学教育模式中产生的，改变了传统模式以教师为中心，向以学生为中心转变，注重学生在学习中的主体性，调动学生学习的积极性、创造性，学生成为了学习的主人，充分使学生意识到学习对自身发展的重要性，形成了以自主性、合作性、研究性为特征的现代学习方式。这与深层学习方式特别是成就学习方式是相适应的。

四 本科生的学习方式变革的基本途径

学习方式作为本科生在完成学习任务过程时的基本的行为和认知取向，现代本科生学习方式通过学者研究具有自主性、合作性以及研究性三个基本维度。可以从这三个基本维度入手，推进本科生学习方式变革。

（一）本科生的自主性学习

自主学习的思想最初来自于学习自由的思想。19世纪初柏林大学创立后，就把"尊重自由的学术研究"作为办学的根本思想，不

---

① 陆根书、于德弘：《学习风格与大学生自主学习》，西安交通大学出版社2003年版，第39页。

仅包括教学和研究自由,而且还包括学习自由。费希特认为学术自由就是"教的自由"和"学的自由",而"学的自由"指"学生在教授的正确方法指导下,在专业学习上拥有探讨、怀疑、不赞同和向权威提出批评的自由,有选择教师和学习的权力……"① 这是第一次对学习自由的内涵作出了具体的阐述,并且洪堡在柏林大学率先推行选课制,倡导自由的个性教育。② 在学习自由思想的推动下,内涵不断丰富,由最初选择学习内容、时间、方式和发表意见的自由发展到选择哪一类教育机构、获得哪一种教育训练的自由。学习自由的思想核心就是自主学习。因为有了学习自由,本科生可以自我选择、设计大学学习,具有了自主选择和自由性,本科生在履行自我选择的过程中能够不断增强自信心、责任感和自觉性,并控制自己的行动使其指向既定的个人目标,养成自律的好习惯。在整个大学学习的选择过程中,独创性、自主性、自由性、自觉性和自律性的获得将共同促成学生自由个性的形成,促成学生的全面发展。

自主学习是一种高品质的学习,与其相对的是"被动学习"、"机械学习"和"他主学习"。自主性学习侧重强调个体独立、主动、自觉、自我负责的学习,强调对学习的自我定向、自我监控、自我调节和自我评价,以培养学生独立学习的能力,为其自主地发展和适应社会奠定基础为其价值取向,这首先要求学生将自己看成是不依赖他人、能独立自主的个体,其结果必然是发展了学生的独立性和自主意识。同时,自主学习又要求学生拥有一系列的自由选择权、决策权,这些都发展了学生相应的责任能力。此外,在自主学习过程中,学生学会自我监控、改进学习策略、进行自我评价与反思等,这些都是对个性发展极为必要的。

所有能有效地促进学生发展的学习,都一定是自主学习。本科生已经具备了一定的自学能力,而且在学习中自主选择的机会较多。然而,本科生在现实大学教育过程中并没有被当成学习的主体,而是被

---

① 张宝昆:《人的因素对大学发展的影响》,《外国教育动态》1988 年第 1 期。
② 周清明:《中国高校学分制研究》,博士学位论文,华中科技大学,2006 年。

当成灌输的对象,难以获得自尊、认同等心理需要的满足,参与社会、与人交往的愿望也难以实现,这样就极大地削弱了学生的学习动机和求知热情。学者庞维国认为,如果学生在学习活动之前自己能够确定学习目标、制订学习计划、作好具体的学习准备,在学习活动中能够对学习进展、学习方法作出自我监控、自我反馈和自我调节,在学习活动后能够对学习结果进行自我检查、自我总结、自我评价和自我补救,那么他的学习就是自主的。他还将"自主学习"概括为:建立在自我意识发展基础上的"能学";建立在学生具有内在学习动机基础上的"想学";建立在学生掌握了一定的学习策略基础上的"会学";建立在意志努力基础上的"坚持学"。[①]

(二) 本科生的合作性学习

合作学习的思想最初产生于19世纪,当时合作学习小组的观念传入美国,受到美国教育家帕克、杜威等人的推崇并被广为应用,之后由约翰逊兄弟等合作学习的研究者建立合作学习的理论模式,并进一步将理论转化为具体的教学策略和程序,在20世纪70年代初在美国兴起了现代的合作学习理论。正如《教育——财富蕴藏其中》指出的一样,学会合作是面向21世纪的四大教育支柱之一。[②] 在《学会生存》中也提到合作能力是教育中的重要问题之一,教育者的任务就是要让学生懂得人类的多样性,使他们懂得地球上的所有人都具有相似性,但每个人都是独立体而又都是相互依存的。[③] 由于实效显著,很快受到世界各国的普遍关注并成为一种主流教学理论与策略,被誉为"近十几年来最重要和最成功的教学改革"。

合作学习是指学习的组织形式而言的,相对的是"个体学习",合作学习是指学生在小组或团队中为了完成共同的任务,有明确的责

---

① 庞维国:《论学生的自主学习》,《华东师范大学学报》(教育科学版) 2001 年第 2 期。

② 国际 21 世纪教育委员会向联合国教科文组织提交的报告:《教育——财富蕴藏其中》,联合国教科文组织总部中文科译,教育科学出版社 1996 年版,第 75—76 页。

③ 联合国教科文组织国际教育发展委员会:《学会生存——教育世界的今天和明天》,华东师范大学比较教育研究所译,教育科学出版社 1996 年版,第 212 页。

任分工的互助式学习。① 建构主义理论认为，意义建构不单纯指个人意义的建构，更要借助于反复的协商，即与他人进行广泛的交流、互动，达成一致的或共同的理解，改变学生个体封闭式学习倾向，培养学生与人交流、沟通、合作的意识和能力，积极倡导合作学习。合作性学习侧重强调以学习小组为依托，以群体的分工、协作为特征来进行学习，强调学生集体的自主性发挥，以协作、分享精神，为其在社会性群体中的适应和发展做准备为价值取向，通过学习者之间的相互依靠关系和促进作用，学习结果主要是学习者在成就努力、积极的人际关系和心理调节等方面发生积极的、明显的变化。

针对传统学习忽视同伴互助作用的弊端，合作学习特别强调合作互助的学习机制：一是积极的相互支持、配合，特别是面对面的、促进性的互动；二是积极承担在完成共同任务中个人的责任；三是期望所有学生能进行有效的沟通，建立并维护小组成员之间的相互信任，有效地解决组内冲突；四是对于个人完成的任务要借助集体的智慧进行加工；五是对共同活动的成效进行评估，寻求提高有效性的途径。合作动机和个人责任，是合作学习产生良好学习效果的关键。在合作学习中由于有学习者的积极参与、高密度的交互作用和积极的自我概念，使学习过程远远超越了只是一种个体单向认知与交流的过程，而形成一种多元互动、立体交流的过程。合作学习将个人之间的竞争转化为个体之间的合作，有助于培养学生合作意识和团队精神；有助于因材施教，可以弥补一个教师难以面向有差异的众多学生教学的不足，从而真正实现使每个学生都得到发展的目标；有助于不同智力水平、认知结构、思维方式的学生超越个体之间狭隘的竞争境界，为完成共同的学习任务而自觉合作，实现"互补"，达到合作创新、共同成长的目的。合作学习是一种目标导向性活动，强调小组成员间的相互依赖和合作性互动。

（三）本科生的研究性学习

研究性学习最初来自于德国学者洪堡的大学理念。1810年柏林

---

① 王坦：《合作学习论》，教育科学出版社1994年版，第18—28页。

大学的创立，标志着现代大学的诞生，而洪堡把他的大学理念贯穿于柏林大学的办学思想中，主张将科研引入教学过程之中，认为"大学教授的主要任务并不是'教'，大学学生的主要任务也并不是'学'；大学生需要独立地自己去从事'研究'，至于教授的工作则在诱导学生'研究'的兴趣，再进一步指导并帮助学生做'研究'工作"，[①]把研究作为联结科研和教学的桥梁，奠定了研究性学习在大学教育中的地位。当这一理念传到美国，美国则把这一理念通过创建研究生院予以实践，为研究真正进入了教学过程提供了制度化的保障。在研究引入教学过程成为大学职能，虽曾遭到反对，但是实践证明了这一理论的正确性，已经被现代大学广泛接受，成为培养适应未来社会发展需要的创新型人才的基本原则之一。

研究性学习是就学习方法而言的，是从学科领域或现实生活中选择或确定研究主题，在教学中创设一种类似于科学研究的情境，通过大学生自主、独立地发现问题，通过自己收集、分析和处理信息来主动参与学习过程，以获取知识、应用知识、解决问题，从而培养创新精神和实践能力的一种学习方式。研究性学习侧重强调以问题为依托，以探究、发现的方式来习得知识和技能，强调学生的自主和合作探究能力，以培养学生探究意识和探究能力，为其能够创造出更多的新的思维产品奠定基础为其价值取向，通过立足于改变学习者的学习方式，强调一种主动探究式的学习，更多地注重学习过程及学习个体在学习过程中的感受和体验，结果必然是学生的学习兴趣更浓，学习方式更优化，解决与分析问题的思路更广，创新意识和创新能力更强，学生的各种潜能和每个学生的个性都得到更充分的发掘。

实施研究性学习，就是强调本科生学习的自主探究过程，其宗旨和培养创新型人才的教育目标是一致的。教育部《关于进一步加强高等学校本科教学工作的若干意见》中明确提出"积极推动研究性教学，提高大学生的创新能力"。在一定意义上，"学习"与"研究"是不可分的，是一个过程的两个方面。在"学习"中"研究"，在

[①] 冯增俊：《现代研究生教育研究》，广东高等教育出版社1993年版，第22页。

"研究"中"学习",没有"研究"就没有创新,没有研究性学习就培养不出创造型人才。大学是以高深专门知识为工作材料的,而高深专门知识其中包涵许多未知的事物,需要通过科学研究才能发现其中真理,因此研究性教学应该贯穿于大学教学过程之中。科学研究是"源",教学是"流",没有科研这个"源",教学这个"流"就难以充实新的内容,提高质量。"源"和"流"相辅相成地结合起来,才能提高教师的学术水平,教学内容才能不断更新,也才能培养高水平的人才。① 这一教学过程既有别于传统的教师课堂教学的过程,也有别于本科生以往学习的过程,它不再局限于对学生进行纯学术性书本知识的传授,而是把本科生的需要、本科生感兴趣的问题置于核心地位,在教师的指导下,本科生自主选择研究的问题和研究的手段,在学习内容上依据所研究问题加以选择,在学习方式上依据个人的特点而定,让大学生自己亲自实践,最终解决自己提出的问题,在对本科生的学习评价上,把学习的过程看得比结果更重要。这一学习模式比传统的课堂教学更多体现了本科生学习的主体地位,为学生创设了更有利于自主意识、自学能力、创新意识、创新精神和创造能力培养的学习环境,学习内容和时空具有更大的开放性,在学习过程中具有更强的实践性和探索性。②

(四) 正确处理传统与现代学习方式的关系

在本科生的学习过程中,不存在绝对好的或绝对有效的学习方式,每种学习方式也不一定适合所有的学生。因此,转变学习方式并不是否定传统学习方式,也不是绝对肯定现代学习方式是完美无缺。在提倡转变学生的学习方式同时,我们有必要对传统与现代学习方式的优缺点进行总结和反思。传统学习方式指向"双基"的掌握;而"自主、合作、探究"的现代学习方式,则是针对"培养学生搜集和处理信息的能力、获取新知识的能力、分析和解决问题的能力以及交

---

① 朱九思:《科教兴国的两个问题——〈美国研究型大学形成与发展〉序》,《高等教育研究》1999年第2期。

② 刘智运:《构建大学生研究性学习的新体系》,《教学研究》2006年第5期。

流与合作的能力"而提出的。倡导学生自主、合作、探究的学习方式并不意味着彻底否定接受学习、训练和记忆背诵的传统学习方式。同时，也要看到现代学习方式的缺陷。自主学习离不开教师的引导与指导，而引导与指导在不同的程度上即意味着被指导者的被动与消极。合作学习可以更好地促进学生的社会性发展，但也可能会带来学生不同程度的依赖性，在很多情况下，学生主要还是独立学习，而非合作学习。探究式学习能够促进学生思维的发展，但也可能会导致某种程度上无谓的重复。

在对学习方式进行理论思考以及引导学生掌握新学习方式时，应该看到不同学习方式之间的内在互补关系，应该看到不同学习方式有其各自的应用条件和适用范围。只有对不同的学习方式采取辩证的态度，认真分析其潜在的优势以及可能的不足，才能使本科生真正成为学习方式的主人。

小　结

本章首先对约翰·S. 布鲁贝克的"高等教育研究高深学问"的经典理念与薛天祥的"高深专门知识的教与学是高等教育理论体系的逻辑起点"的理论进行阐述，明确了本科生的学习过程是一个相对独立的过程，与教学过程是处于同等地位，相比教学过程来说更为基础，并与教学过程共同构成一个完整的大学本科教育过程。进而论述了在这一学习过程中需要本科生的学习与教师的教学相互配合才能将高深专门知识转化为本科生自身所具有的知识、能力，其所学习的内容以专业性为主要特征，兼具基础性与专业性，同时由于本科生的身心、本科教育的内在价值和功能以及所学习的内容呈现出过渡性特点，再加上由基础知识转向专业知识、由特殊认识过程转向一般认识过程的学习特点，进而形成了学习过程的阶段性特点，构成了大学本科生学习过程的二维性，即在本科的四年过程变化以及在每一个学习阶段由输入、进程和产出三个部分组成的完整的过程（比格斯提出）。这就为本研究提供了科学的立论基础，在此基础上本研究通过实证方式对我国普通高校本科生学习过程的状况进行深入探讨，从学习过程的完整性与过程性出发，将本科生学习过程从传统的教学过程中独立出来进行分析，将本科生的学习过程还原成为一个不断循环上升的完整过程，考察本科生在高校的四年学习的相关与影响关系，并从学习过程的输入、进程与产出三阶段论出发分析影响学习过程的基本因素在这三阶段所发生的变化，试图找到我国高校本科生学习过程的规律及存在的问题。其次，本章将"以生为本"的理念贯穿到大学本科教育过程中去，认为大学本科教育是以本科生为中心，本科生首先是一个真正意义上的人，学习是本科生的自主建构过程，教师在教育过程中起组织者、指导者、帮助者和促进者的作用，利用情境、协作、会话等学习环境要素充分发挥大学生的主动性、积极性和首创精神，从而明确本科生、教师以及学习环境是影响学习过程的基本要素，对学习过程产生重要的影响。因此，在本研究中采用以本科生在学习过程中为主体的视角来研究学习过程，了解本科生在学习过程的真实变化与感受，从本科生自身感知来了解学习过程中的教师、学习环境对其学习的影响，从而了解我国普通高校本科生学习过程的现状，并从中发现规律与问题。最后，本章通过以往学者对学习方式的研究的论述，认为在学习过程中学生、教师以及环境等因素的输入，会相应激发本科生不同的学习动机，进而会选择相应的学习策略，在此基础上将学习动机与学习策略构成一个整体，形成其所认为的学习方式，并将学习方式分为表层学习方式（表层学习动机＋表层学习策略）与深层学习方式（深层学习动机＋深层学习策略），而这两种学习方式分别对应着传统的接受式学习和自主性、合作性、研究性学习，由此对学习过程产生两种不同的作用与效果。因此，在本科生学习过程中本研究将重点考察本科生及不同类别的本科生学习方式的现状，了解影响本科生学习过程的基本因素如何影响学习成果、是否会通过学习方式影响学习成果以及影响程度如何。

第四章 本科生学习过程与相关过程的比较

每一事物都是在与其他事物的相互联系、相互对比之中表现出自己的多种属性。在这些属性中,既有同其他事物相同的属性,也有同其他事物相异的属性,只有把握这些相同点和相异点,才能陈述事实并给予理论解释,进而掌握事物的本质与发展规律。因此,在事物之间及事物内部不同要素之间的比较在科学发现事物的本质中具有非常重要的作用,不进行比较,就不可能有科学的发现。对于本科生学习过程来说,有必要将其与相对应的教学过程、不同教育层次及不同层次高校相对比,这样才能真正理解本科生学习过程。

第一节 本科生学习过程与教学过程的异同

一 对教学过程认识的进展

与学习过程相对应就是教学过程。教学过程是在教师有目的、有计划的引导下,学生主动积极地掌握知识技能,发展智力能力,形成正确的世界观、价值观、人生观,全面发展个性的统一过程。[1]

从古代教育开始,教学过程就被认为是教师单向的教授过程。在这样一个极端中,学生的学习主体地位一直被忽视,认为只需要教师传授知识,学生按照教师设定的步骤与程序就可以学习好。系统的教学过程理论起源于17世纪,捷克教育家夸美纽斯在《大教学论》中提出要阐明把一切事物教给一切人类的全部艺术,构建了一个比较完

---

[1] 潘懋元:《新编高等教育学》,北京师范大学出版社1996年版,第301页。

整的教学论体系，并为教学过程提出了两个教学原则：一是一切知识都是从感官开始的。因此在教学过程中，教师应该用感官去施教；二是遵循自然的原则，他认为教导的严谨秩序应当以自然为借鉴，由简单到复杂，由具体到抽象。由于第二次世界大战后民主思潮兴起及科学的发展，人们开始认识教学过程所具有的本质特征，即教师向学生传递教学内容，并使学生掌握的过程。在这种状况下，美国教育家杜威提出了"学生中心"论，重视学生的生活经验，从做中学，学生的主体被突出强调。但是他走向了另一个极端，过分注重学生的"学"而忽视了教师的"教"，以学习过程代替了教学过程。因此，无法组织正常的教学，学生也没办法学到系统的知识，造成了学生放任自流。

　　日本学者佐藤正夫在《教学原理》中对教学过程的本质进行了论述，他认为教学过程的本质就是教与学的统一。在大学教育中，学生应主动学习，独立思考，使学习成为以自己为主体的学习过程，这样学生才能真正掌握教学的内容。同时在学生的学习过程中，需要与教学过程相配合，因为教师的激励与指导对于学生的正确学习必不可少。因此，大学本科教育过程是教学过程与学习过程的科学统一，两者对于学生的学习来说都异常重要。如果不注重学生在学习中的主体作用，将"学习过程"等同于"教学过程"，教学就变成了教师对学生的片面强制与灌输，又重新走回原来的老路。反之，如果削弱教师的指导作用，将"教学过程"等同于"学习过程"，就会造成学生在学习上的放任自流。他进一步指出在教学过程中，教师的任务是以自己的方法进行教授活动，激发学生掌握教材的自我活动，培养学生符合教育目的的特定知识、能力、态度。在学习过程中，学生要以已有的知识与经验，将新的客观事实与此相结合，在此基础上去理解或认识新知识，将新知识纳入已有的知识体系中。[①]

　　佐藤正夫通过对教学过程的本质的分析，认为应将传统意义上对

---

① ［日］佐藤正夫：《教学原理》，钟启泉译，教育科学出版社2001年版，第237—238页。

教学过程的本质理解进行变革，由只包含教师的传授改变成为教学活动与学习活动有机构成且缺一不可。学者潘懋元也持有与其相一致的观点，认为"学生是在教师的引导下，认识客观世界，获得社会已有的知识、技能、道德、意识"，所以他认为教学过程就是学生的认识过程。[①] 在本研究中，赞同这种观点，认为学习过程与教学过程是同一过程的两个方面，因此是相互联系的，同时这二者也存在着差异，在这个意义上说，学习过程与教学过程是可以划分开的，二者不能相互替代，是在大学教育过程中共同发挥作用的两个关键因素。本研究认为教学过程与教学活动是同层次的概念，不能用教学过程来包含学习活动与教学活动，因为相互之间容易产生混淆，并且如使用教学过程来包含学习过程，就不能突出学生在学习中应有的主体地位，仍会以教师的教学为重。那么如何界定这些因素，明确二者的关系，便于研究而又不至于造成相互之间的混淆？

在此可以对英国学者赫斯特、彼特斯的观点进一步加以引申使用：其认为教育过程既包括"学习"，也包括"教学"，但是其认为教育与教学之间并没有必然的逻辑联系。没有教学，教育照样可以进行。[②] 对于本研究来说，是以本科教育为研究范畴，在学习过程与教学过程的上位概念应是大学本科教育。因此，从这个意义上说，大学本科教育包括学习过程与教学过程在内，而这个本科教育过程与英国学者赫斯特、彼特斯所提及的教育过程相比有着特殊性：在大学本科教育中教育与教学有着必然的逻辑联系。如果在大学本科教育中没有教学，大学本科教育就无法顺利进行，学生的学习就不能实现其预定目标，所以，在大学本科教育中，教学过程是构成其体系的要素之一。而对于学习过程来说，则是大学本科教育过程中应有之义。因此，学习过程与教学过程有机构成了大学本科教育过程，从而体现大学本科教育的整体性。

---

① 潘懋元：《新编高等教育学》，北京师范大学出版社1996年版，第292页。
② 转引自冯克诚主编《教学理论·基本原理原则与文论选读》，中国环境出版社、学苑音像出版社2006年版，第51页。

二 二者的异同

从以上论述可以看出，本科生的学习过程与教学过程共同隶属于大学本科教育过程，有着共同之处。同时又是各自独立的两个过程，因此不能相互替代，混为一谈。可以主要从三个方面来分析：

（一）从认识论方面来看

人的认识过程是人脑对客观事物的反映，是认识主体直接作用于认识客体的过程。本科生的学习与对其的教学属于人的认识过程。因此，具有一般认识过程的特征，是对客观世界事物的反映，同时又有自身特殊性，即主要是在大学这个较为特殊的环境中，在四年的时间内，学习人类所传承下来的科学文化知识和技能、技巧，而这些所学内容和中小学生的学习相比则具有相对较强的专业性，属于高深专门知识，学习与教学主要以间接经验为主，和一般认识过程最大的差异就在于：一般认识过程是以认识主体直接作用于认识客体，而大学本科教育过程则是本科生通过自主学习，发挥自身的积极性、主动性，同时辅之以教师必要的指导，在预先设定的科学的高等教育目的和任务下，通过知识获取与能力培养的快速通道进行的，在这一过程中学生可以陶冶情操，完善人格，培养独立性与创造性。其中学习过程与教学过程不同之处就在于教学过程是教师根据一定的教育目的和任务将教学内容作用于学生，在教学过程中，教师与学生都占主要地位。而在学习过程中，是学生根据自己的需要与兴趣进行学习，居于主体地位，在教师的指导下，发挥主体作用进行认知的过程，教师起着主导作用。

（二）从实践方面来看

当今大学本科教育中，"学"与"教"不再是传统意义上的受授关系，本科生由传统被动的学习接受者成为学习的主体，凭借自身较为成熟的心理与身体机能，在学习中发挥主体作用，为实现其学习目的并在教师的帮助下与教师共同借助各种中介进行的认知、情感、态度、价值观念等多方面的相互交流和相互作用的学习性实践过程，目的是更好地掌握知识，培养能力，形成技能、技巧，以构建和谐完美的人格。

两者不同之处：从环境来看，教学过程大多发生在课堂内，有教师事先准备的教学设计，通过对学生的组织、激发、指导、调节等进行教学活动，同时配备了一定的教学设备。而学习过程不仅发生在课堂内，而且大部分的学习活动在课堂外，课堂外的学习内容、方式、时间等主要由本科生自主控制，掌握了较大的主动权，可以按照自己的兴趣与动机进行专业学习，学习步骤由自己掌握，可以根据自己的能力加以适当调整。就方法而言，教学过程主要是以师生间的语言传递为主的教学方式进行知识的传授，同时辅之以直观演示的教学方法和实际训练的教学方法，而对于学习过程来说，在课堂内的学习，主要以教学过程的方法为主，而在课堂外的学习则是根据学生的需要、学习动机以及自身特点加以自主选择，每个学生都可以有适合自己的学习方法。

（三）从学习目标方面看，学习过程实质上是学生全面发展的过程

对于本科生来说，进入大学学习的最直接目的是学习大学各门学科，使自身具备参与社会、政治、经济及文化诸活动所必需的知识、技能与技巧。而大学本科教育的最终目的并不仅仅在于培养本科生的知识、技能与技巧，同时也通过对于各门学科知识的传授、能力的培养促进本科生在情感意志、品质性格、集体主义思想等各方面全面发展。大学本科教育活动本身也具有巨大的潜在的教育性，也就是说，本科生在大学本科教育过程中采取什么方法进行学习会极大地影响他们的态度与性格，如果在大学本科教育过程中能激发起本科生的探究精神，使本科生在正确的方向引导下逐步自主地解决问题，进而养成本科生独立地、创造性地实现目标的态度与性格，从而形成相应对自然、社会、人生的立场、观点，这就有利于学生正确的价值观、思想品德的形成与发展，进而也会对本科生学习科学知识能力的培养产生极大的促进作用。在这一方面，学习过程与教学过程是相一致，没有本质区别。

从对学习过程与教学过程本质的分析，可以看到：

1. 学习过程与教学过程在某些方面具有一致性

这是基于，第一，两者都是以本科生的培养为最终目的，都是为本科生获得全面发展而服务的。第二，两者都是通过知识的传递（即薛天祥所认为的高深专门知识的传授）为其活动中心，从而将两个过程有机相连，虽然在某些方面两过程有不一致的地方，如教学过程的教学使用的方法与学习过程的学生的学习方法有差异，但是其出发点都是为了更好地让学生接受知识与提高能力。第三，在这两个过程中，都具有对两个过程来说异常重要，且不可或缺的构成要素：本科生（学习主体）、教师（学习主导）、学习环境等，这些因素在两个过程中都起着重要作用，直接影响学习过程和教学过程最终目标的实现。虽然在不同的过程中，其地位和相应所发挥的作用及其程度有所区别，如在学习过程中学生是主体，对学习过程起着支配作用，其作用的发挥直接决定着学习过程是否顺利完成。而在教学过程中教师是主导，对教学过程起着支配作用，直接决定着教学任务的实现与否。二者相互影响、相互制约，形成统一的大学本科教育过程。

2. 相比而言学习过程更为基础与核心

具体表现在：第一，二者相比而言，学习过程理论探索的是本科生学习的内部机制，着重研究本科生学习的内在客观规律，它从有关本科生的学习本质、学习过程、制约学习的内部因素、影响学习效果的外部条件等方面表述它对本科生的学习过程规律的探索结果，为本科生从事有效的学习提供依据，从这里可以看出学习过程理论是揭示本科生学习规律的描述性理论。而教学过程理论则是从教师"教"的角度出发，着重研究教学的客观规律，并通过教学过程的任务、内容、过程、原则、方法、组织形式和评价等一些范畴和概念建立基本理论体系。从这里可以看出，教学过程理论虽然从教师"教"的方面揭示了教学机制和教学规律，具有自己独立的理论内涵，但教学机制、教学规律始终是本科生学习过程的内部机制和规律在外部条件上的反映，是从外部条件上体现本科生学习过程规律的探索结果，需要在对本科生学习过程进行科学研究的基础上才能设定出合理的教学过程。因此，从二者的地位上看，学习过程体现的是大学本科教育的内在矛盾，而教学过程则是外在矛盾，按马克思主义哲学原理，事物的发展是由其内部矛盾决定的，内部矛盾决定外部矛盾的发展与性质，因此学习过程理论与教学过程理论存在着内在的因果制约关系。所以，虽然教学过程理论是对教学活动规律性的探索与研究，是对教师"教"的规律的描述，但相对于描述性理论的学习过程理论来说，教学过程理论在整体上属于规定性理论。因此，学习过程相比教学过程更为基础。①

第二，在本科生学习过程中，教师的教是为了学生的学，学生的学又直接决定了教师的教，两者相互依存，缺一不可。在这一过程中，本科生是学习的主体，教师对本科生的指导和调节只有当本科生自身积极参与其中，才能起到应有的效果与作用。因此，学习过程要能顺利完成，就必须要求教学紧密配合学习，而且教学任务的确定，教学内容的安排和教学组织形式的选择都是以本科生的身心特点为标准。因此，本科生主体作用的性质和程度决定着学习过程的方向、进程及学习质量。本科生在学习过程的支配地位是学习的客观必然。而在教学过程中，教师是教育的主体，只有通过教师的组织、调节和指导，本科生才能迅速地把高深专门知识学到手，并使自身获得发展，教学过程的顺利开展必须要求教与学之间积极配合。在教学过程中教师起着主导作用，这是因为教师对所教的内容是已知者，根据国家、社会的要求来培养和教育本科生。虽然教学任务、教学内容、教学方法及教学组织形式都是以本科生的身心特点为标准进行选择，但是具体到教学过程则需要教师根据自身特点、学生及教学的实际由教师最终做出选择，其中学生学习的主体作用发挥的程度也需要由教师来决定。因此，在教学过程中教师对教学过程的思想方向、进程及教学质量起着主导作用。

3. 学习过程与教学过程相辅相成、密不可分

前已述及，在大学本科教育活动中，本科生的学习过程与教师的教学过程是同一过程的两个方面。也就是说，大学本科教育过程是学

---

① 王逢贤：《学与教的原理》，高等教育出版社2000年版，第24页。

习过程理论与教学过程理论同时实践的过程，缺了其中之一，就无法构成大学本科教育。在这一条件下，本科生的学习离不开根据教学过程理论所施加的外部影响，虽然随着本科生的年级增长，教学的影响在不断降低，同时教师的教学也离不开根据对本科生的学习过程进行研究所得出的理论产生的内部机制。大学本科教育活动与结果，是这两种理论在教育实践中相辅相成、相互作用、相互融合的综合作用结果。因此，不能将两者相互分离开，否则对于两者中任何一个来说都不可能得到真正的实现。这是因为在实践中，本科生是根据教学过程理论所创设的外部条件中通过自身主体性的发挥实践着学习过程理论；教师则是在本科生依据学习过程理论形成的内部机制中实践着教学过程理论，这两者是在相互依存、相互交融中对大学本科教育活动起着制约作用。在大学教育实践中，正是在这两种理论对教育的制约作用出发，本科生充分发挥自己的主体作用，教师充分发挥自己的主导作用，以学生、教师间的密切配合激励教育过程的各种要素和各个阶段，促进本科生的学习，实现教育活动的高效率、高质量。因此，学习过程与教学过程是相互交融，密不可分的。

第二节 本科生学习过程与其他不同教育层次的学习过程的异同

一 与中小学生学习过程的异同

本科生学习过程与中小学生学习过程在本质上都被称为"特殊的认识过程"，是以人类已有的知识为认知对象，充分发挥学生的主体作用，在教师的指导下完成获取知识、培养能力的过程，这是二者的共同点。但是本科生学习过程与中小学学生学习过程也存在着本质上的差异，那就是本科生学习过程是以"高深专门知识"为其主要逻辑起点的，从培养目标、人才培养模式、课程设置、课程实施到学习效果评价形成了自己特有的逻辑体系，所以本科生学习过程相比中小学生学习过程有着自己的特殊性，具体分析如下：

（一）系统构成上的异同

1. 相同之处

首先，就学习主体来看，是由一定年龄阶段的学生组成，这也是教学所要服务的对象，通过学习主体（学生），将学习过程与教学过程有机结合起来，统一在学校教育过程这一范畴内，通过学习、教学过程使学生获取知识，培养能力，锻炼品质，实现学校教育的最终目标，使学生得到全面发展。

其次，就教师主导来看，教师在学校教育过程中起引导、辅助的地位，通过采用一定的教学手段将一定的知识内容传授给学生，激发起学生学习的动机，进而通过学生主体性的发挥，将教师所传授的知识理解掌握，并转化为自身所具备的能力与素质。虽然教师在学校教育过程中所起的是引导、辅助的作用，但是在学生的学习过程是至关重要的因素，所起作用的重要性仅次于学生主体因素，直接对学习过程的发展产生重要影响。

最后，就学习环境来看，学生都是在特定环境即学校中进行学习，在这个相对封闭的环境中，配备有各种必需的学习设施，而且学校在长期发展中形成了特定的校园文化氛围，在这种环境下学生与教师相互配合，在一定的班级组织内通过师生互动、交流，按照国家、学校所预定的教育目标与教育计划安排，有计划、有步骤、科学合理促使学生完成学习、教师完成教学。

2. 差异之处

首先，从学生主体来看，本科生与中小学生相比，在身心发展方面已渐趋成熟，各方面能力在本科阶段发展已臻于完善，学习独立性增强，成为学习过程的当然主体，而且随着本科生学年的增长，自主学习能力也在相应地增强，对学习过程的自主控制程度相应地在逐步加大，可以通过自身的观察、思考、领悟、练习和自觉运用、自我修养，将教师所传授的知识与技能，施加的思想影响转化为自身所具有的能力、品德与素质，直到大学毕业后转变成为独立成熟的学习者。因此，学习的自主性逐步增强是本科生学习过程与中小学生学习过程的一个主要差别。

其次，从教师主导来看，与中小学教师相比，大学教师是教学与科研的结合体，主要通过科研来促进教学，教学带动科研，按照教学目的和教学规律对本科生进行启发、引导、点拨等教育和帮助，从而指导本科生以快捷高效的方式掌握高深专门知识，使之把社会的要求转化为个体内在需要，把社会意识和他人经验转化为个体的知识、思想品德和个性，正确引导本科生由未知到已知，由需要"教"到能"学"、会"学"转化，进而充分发挥本科生在学习、教学过程中的积极性、主动性和自觉性，不断降低"教"成分，加大科研成分，将科研引入本科生的学习过程中去。"教"的成分相比与中小学生学习过程逐步降低是二者的另一个主要差别。

最后，就学习环境来看，高校的学习环境相对于中小学校而言，本科生在高校内学习、生活四年，与其接触更为亲密，对本科生的学习影响更为深远与直接。并且高校学习环境中学习设施的配备上更注重学术性，无论图书馆还是学科设置以及学习氛围，都体现出浓厚的高深专门知识气息，本科生长期在这一环境耳濡目染，就为本科生的学习提供良好的学习、研究环境与氛围。

（二）立论上的异同

大学本科教育的整体性，是本科生学习过程的立论基础，体现了大学教育的根本目的所在（即促进人的身心全面发展）。大学自产生之日起，培养人才就是其职能所在。随着大学的发展，今天的大学已发展成为培养人才、科学研究及社会服务的特殊机构。而对于大学这个特殊机构来说，无论职能如何变化，培养人才始终是最基本、最重要的职能，因此大学应是以培养人为其核心价值取向，通过向本科生传授高深专门知识，提高本科生的智力、品德及素质，充分彰显本科生个性，以适应未来社会发展的需要，使本科生自身得到和谐完满的发展，而且在哲学、心理学、社会及文化基础上，都突出了大学以学生的发展为根本理念，这也是大学本科教育本真意义之所在。

对于中小学生而言，学习过程目的是使中小学生的身心发展，以其成长所必需的各门学科的基础知识与基本技能来实现中小学生的全面发展。由于中小学生身心发展的不完善、不成熟，再加上没有本科生毕业后就要进入社会的要求。因此，对于中小学生来说，在学习过程中应以基本知识的学习与基本技能的发展为核心，没有必要同时也不可能进行高深专门知识的学习，而是需要为其以后进行高深专门知识的学习打下良好的基础，发展健康的身心。

因此，二者在立论上差异的根本点就在于是否以高深专门知识的学与教为其逻辑起点。

(三) 学习过程的实施

从学习过程的实施来看，一方面，这两类学习过程都会呈现出学习程度由低到高、学习内容由简单到复杂的发展变化，在学习进程中都是以人类社会已有的知识为主要学习内容，而且在每一个学习进程完成后，都会进入相对高一级的学习进程阶段，前一进程是后一进程的基础与前提，前后相继，形成一个完整的学习过程；另一方面，在每一阶段，都是由学习过程与教学过程有机结合形成完整的教育体系，缺一不可，相辅相成，相互促进，随着一学习过程的完成，学生的智力、品德和素质也都相应地进入了更高的发展阶段。这是二者的相同之处。

而差异之处则是中小学生的学习是以各门基础学科为主要学习内容，相同年龄阶段的学生学习同样的内容，由教师在理解教育方针、教育宗旨和教育目的基础上，按照教学大纲与教学计划所规定的程序与步骤进行，提出适合于学生身心发展水平的具体教学目标与任务，使学生明确自己的学习目标，激发自己的学习动机，产生学习欲望，通过学生在教师的指导下对教材进行理解与把握，并施加一定程度的感性认识如实验实习，从而达到对客观事物本质及规律的认识，并通过练习与作业将所学知识运用于实践，转化成学生所具备的能力与素质。这是中小学生学习过程的特点，即学生是在老师的指导下进行学习，在教育过程中以教师的"教"为中心，形成了整齐划一的刚性进程。相对而言，在本科生学习过程中虽仍是学生的"学"与教师的"教"的统一，但体现出与中小学生的学习极大差异性，即在本科生学习过程中，重心由教师的"教"转向学生的"学"。在具体学习过程的实施中，本科生以专门知识的学习为主，不同的本科生学习不同的专业知识与技能。虽然在本科学习阶段的前期涉及公共基础课程的学习，但是和专业课程学习数量相比只占一小部分。因此，本科生的学习过程体现因专业而呈现不同的形式，在对不同专业课程教学时教师会依据课程性质以及自身个性采取不同的教学方式。随着本科生的学习能力不断增强，在专业的学习中有较大的个性的施展空间，教师对学生的指导和帮助也相应地逐步降低。为了帮助本科生在毕业后成为独立的学习者，教师在教学过程中要实现由"教"向"不教"转变，本科生在学习过程中实现由教师指导下的"学"向独立自主的"学"转变。

二 与研究生学习过程的异同

研究生与本科生相比，同属高等教育范畴，但是研究生教育是高等教育中的最高层次。

就学生主体来看，我国高校在实行招生改革后对本科生入学年龄不再限制，但从总体上来看本科生的入学年龄一般都在 18 周岁至 25 周岁之间。而研究生的年龄跨度则要比本科生大，一般是从 22 岁至 35 岁之间，因为其主要是由本科生选拔而来，其中部分是参加工作后再继续深造。因此，研究生已经过本科阶段学习，在知识积累和智能发展等方面都要优于本科生，在思想认识、心理因素、业务能力等方面一般已具备专攻某个科学研究领域的基本条件，而这些都是本科生所不具备的。因此，研究生的学习形式以自学为主。[①]

就教师主导来看，教师对于研究生与本科生的学习来说都是不可或缺的。相应于本科生来说，研究生的教师可以分为两种：一般课程教师与导师。一般课程教师对研究生的教学主要采取启发点拨方式进行，这是因为研究生已具备了研究本专业所需要的基础理论与研究能力，可以通过自学的方式获取知识进行学习与研究；而导师则对研究生发展起着关键作用，每位研究生有指定的专门导师负责，导师根据培养目标和培养方案的要求对研究生进行科学指导，对研究生的发展

---

① 潘懋元：《新编高等教育学》，北京师范大学出版社 1996 年版，第 499 页。

可以充分因材施教，发展研究生的个性，特别是对研究生的学位论文指导中导师负有极其重要的作用。因此，研究生是在导师指导下通过自己独立工作的形式来完成课程学习和科研训练的任务。

就学习进程来看，研究生的学习进程可以分为两部分：课程学习阶段与学位论文阶段，二者在研究生的整个学习进程中各约占50%。而在本科生学习过程中课程学习则占有主要部分，学位论文只占次要部分。无论是研究生还是本科生的学习过程中，教师的教与学生的学都是不可或缺的，是完成大学教育最终目的必不可少的关键要素，从而体现出大学教育的整体性。

第三节 本科生学习过程在不同类型、层次高校中的异同

本科生学习过程自身具有其逻辑性，即不同高校会因类型、层次不同所设定的培养目标、课程设置、课程实施及学习评价不同，进而造成本科生在学习过程中产生差异，形成与高校类型相适应的本科生学习过程类型。

一 不同类型、层次本科生学习的异同

现代高等教育三种不同的本科教育类型形成了本科教育不同的办学目标，各种类型的本科教育在人才培养的设计上各有侧重，从总体上来看有三种类型、层次的人才培养模式：第一类是以提高综合素质为导向的通识教育。这一类是以研究型大学的本科教育为主，重视知识的基础性、强调学生的心智训练、关心学生综合能力与素质胜过专业能力和素质，通过学校文化和广泛的社会活动锤炼学生能力、增强社会责任，公共基础在课程体系中占有较大比重。第二类是以严格扎实的学科训练为导向的专业教育。这一类是以专业本科院校的本科教育为主，重视专业基础胜过公共基础、强调学生专业素养的形成、有着严格的专业规范训练，主要培养在专业内发展的"专才"，相对于其他能力而言更加注重专业能力的培养。第三类是以有效解决实际问

题技能、适应就业需要为导向的应用本科教育。这一类是以"新兴本科"高校的本科教育为主,主要是为了形成学生的就业能力,适应就业市场的需要。专业具有较强灵活性、课程具有更大实用性、教学具有更大实践性,密切联系就业岗位需要组织教育。[①] 这三类本科生培养模式是我国本科教育的主要类型。正是由于本科生培养模式的类型、层次不同,进而不同类型的本科生的学习在本质上就应该有所区别,这是因为在本科生的学习内容、学习方法及教师所采用的教学方法与手段都会因培养模式不同而具有其各自的特殊性,因而本科生学习从理论上与实践上说都应该具有与相对应的本科生培养模式匹配的内容、形式与方法,从而构成三种类型的学习过程,即研究性学习过程、专业性学习过程及应用性学习过程。

在一种类型的本科高校中,一般是以某种类型、层次的本科生培养模式为主,因而在这类本科高校中,相应地以某种类型的学习过程为主。然而,这一类高校虽然在人才培养目标上明确了其所主要培养人才的类型,但是其所培养的人才类型不可能也不应该是只有一种类型,通常应当培养包括三种类型人才,而其中有差异的地方就是在这一高校中各种类型的人才各自所占的比例,即占有主要部分应是以这类高校所确定的主要人才培养类型。所以,无论是从理论上还是在实践上来看由三种不同类型的人才培养模式所决定的三种不同类型学习过程之间不存在相互排斥、有你无我的关系,而是相互共存,并且在一定条件下相互转化。

这三类不同的学习过程类型具有共同的特征,即都是由本科生的"学"与教师的"教"共同组成,学习过程与教学过程缺一不可,从而构成完整的大学本科教育体系。在这三类不同学习过程之间,存在着你中有我、我中有你、层次上递进的关系。如在以研究型人才培养为主的高校的本科教育中,建立了基于研究的学习模式,将科研引入教学,在学习中加强对本科生的科研训练,采取以问题为基础的学习

---

① 戚业国:《高校内部本科教学质量保障体系建设的理论框架》,《江苏高教》2009年第2期。

方式，实施跨学科学习，加强课程间的相互交流，重点培养本科生的创新能力，在教师的指导下参与研究与创新过程，教师在教学中根据学生特点和能力进行启发式教学，这是以研究型人才为主的高校的人才培养模式，决定了本科生学习过程是以研究为主要特色。但是在这类高校中所培养的本科生不可能在毕业后全部进入学术研究领域，其中部分本科生在毕业后会进入非学术研究领域即进入社会工作，这就需要具备专业或应用知识与能力。同时，对于知识来说，是一个完整的体系，研究性知识的学习同时也需要有专业性知识与应用性知识的学习，因为在研究性知识的学习基础上要进行适当的专业知识的学习与专业能力的培养，这样本科生可以根据自己的需要、兴趣以及学术研究能力进行选择从事什么专业的研究，并可以为自己今后从事某专业方面的深入研究打下一定的专业基础；而应用性知识的学习可以帮助本科生培养一定的实践能力，增强其独立分析问题与解决问题的能力，加强其与社会的接触，将研究性知识通过应用于实践，将理论与实践相结合，促进对研究性知识的理解与转化。同理而言，在专业知识教育为主的本科院校与应用知识教育为主的本科院校中，各自都以专业知识为主的学习过程及应用知识为主的学习过程为其主要类型，同时也兼有其他两种类型学习过程，而且这三种类型的学习过程在一定条件下可以相互转化，由应用性学习向专业性学习进而向研究性学习层层递进。

二 产生不同类型、层次本科生教育的原因

（一）社会对不同人才的需要造成了不同类型、层次学习过程的产生

由于现代社会对人才的多层次需要，决定了不同高校的办学目标不同，进而形成了现代高等教育三种不同的本科教育类型、层次。由于种种原因，在我国高等教育长期发展中形成了由多种类型本科高校组成的有机体系，形成了本科高校在事实上的分类，主要有三类不同的本科教育，分别由不同类型、层次的本科高校承担，而这三类高校在培养人才模式存在着差异性：第一类是以高深知识为基础的精英本

科教育。这一类的本科教育注重通识性的学科教学、重在培养学生的综合素质,以培养各行各业卓越人才为目标,并不把培养某一方面的"专才"作为教育的重点。由于"高深知识"只适合少数人学习和研究,因此,这样的本科教育建立在竞争选拔基础上,也就是通常所说的精英教育。第二类是以高深知识向应用发展中所形成的"中间知识"为基础的大众化的本科教育。这一类的本科教育强调扎实的专业训练,培养专业化程度很高的专门性人才。适合学习和研究"中间知识"的学生数量显然比"高深知识"扩大了很多,但并不是每一个人都适合,因此它是高等教育大众化发展的知识基础。第三类是以应用知识为基础的普及性的、职业发展为导向的本科教育。这一类本科教育重视职业导向的应用技能训练,培养有效解决问题的人才,为本科生提供就业必需的职业准备。应用知识适合多数人学习和研究,可以扩展到社会的各个方面,它是本科教育向普及发展的知识基础。①

（二）本科生的学习过程是特殊的认识过程

马克思主义哲学认为一般认识的发展过程要经历从实践—感性认识—理性认识—实践这样一个发展过程。而本科生的学习过程则是个特殊的认识过程,它不是以直接进入实践作为学习过程起点,而是把人类长期发展所传承下来的经验与知识加以概括与提炼,按照学科的逻辑体系进行组合,编写成教材,从而成为本科生学习的主要内容。因此,本科生的学习过程的起点是以认识为起点,而不是从一般认识过程的实践起点出发,跳过实践这一认识过程的出发点。这是因为人类经过长期发展,再加上当今科学技术发展迅速,知识与经验异常丰富,而本科生的个人学习时间与能力是非常有限的,不可能也没有必要所有真理性知识的获得都要依靠亲身实践,所以应当采取走捷径的方法,直接从认识起点出发,在教师的帮助完成认知任务,并通过科学实验、社会实践等实践方式进行验证所获取的知识,形成一个完整的认识过程。在这一过程中应用性知识、专业知识及研究性知识的学

---

① 戚业国：《高校内部本科教学质量保障体系建设的理论框架》，《江苏高教》2009年第2期。

习，都应包括学生的"学"与教师的"教"，都要充分发挥本科生的主体作用与教师的主导作用，两者缺一不可，才能实现从认识—实践—认识—实践循环往复的过程，而每一阶段都相比前一阶段都进入了更高一级的阶段，形成螺旋上升的发展态势，体现了大学本科教育的整体性。

(三) 知识的整体性与本科生全面发展的关系

纽曼在《大学的理念》中提出"知识的所有分类都相互联系的，因为知识的题材本身是密切关联的"，"因此，可以说，构成知识的各门学科彼此之间有千丝万缕的联系，它们内部统一协调，并且允许甚至是需要比较和调整。它们相互补充、相互纠正、相互平衡"。[①] 在这里他界定了知识的本质，认为在本质上知识是统一的，是一个不可分割的整体。而知识的种类和范围繁多，实用的知识、理智的知识等，都是作为知识整体中的一个组成部分而存在，个人通过学习作为整体的知识，可以同时在这两个方面受到培养，既可以学习有用的知识，同时也可以学习自由的知识，即"既是工具又是结果"的知识，两者之间是统一的，可以并行不悖。通过对这些知识的学习，可以加强、改善和丰富人的智力，对人起到激励作用。因此，整体性知识的学习是促成本科生全面素质与能力发展的重要因素之一。从知识与素质、能力的发展来看，掌握知识是发展本科生素质与能力的基础，是在掌握知识的过程即学习过程中素质与能力得到形成与发展。列宁曾经提出需要用基本事实的知识来发展和增进每个学习者的思考力，知识是认识的手段，本科生在思考某一具体问题时，必须要利用已获得的知识去进行分析、概括、推理等思维活动。所以，本科生在毕业后进入社会及发展提升自己则需要发展全面的素质与能力。因此，必须以全面知识的学习来促成其全面发展，对于应用性知识、专业性知识及研究性知识都要学习。而在目前状态下，要全面学习这些知识是不可能的，因此就需要在适当博学的基础上，根据本科生自身的特点、

---

① [英]纽曼：《大学的理想》，徐辉、顾建新、何曙荣译，浙江教育出版社2001年版，第20页。

需要及兴趣有所侧重地以某一方面的知识的学习为主，同时对其他方面的知识予以适当兼顾，尽可能推动本科生的全面发展。综上所述，大学本科教育是包括应用性知识、专业性知识及研究性知识这三类知识在内的全面知识的教育。

小　结

本章首先从佐藤正夫对教学过程本质的认识出发，并对赫斯特、彼特斯的观点进行引申，将传统教育理论把学习过程看成是教学过程的从属的观点中解放出来，给学习过程应有的与教学过程同等的重要地位。在此基础上，从认识论、实践以及学习目标三方面分析了学习过程与教学过程的异同，为本科生学习过程及其规律的研究必要性提供了理论视角，同时也为本研究强调在本科生学习过程研究中教师及教学过程的重要性。其次，通过从学生、教师以及学习过程的实施等方面分析其与本科生学习过程的异同，为本研究进行的本科生学习过程规定了其所具有的特征与本质，即在学习过程中以即将成人但仍不成熟的本科生为学习主体，以研究高深专门知识为主要内容，处于从特殊认识过程向一般认识过程转化，且需在教师的指导下才能完成学习任务进而实现学习目标，进而明确了研究本科生学习过程的出发点和对象。最后，本章通过我国现实中高校分类的理论的论述，分析了在我国现实中已经形成以研究型人才培养为主、以专业型人才培养为主以及以应用型人才培养为主三种不同层次、类型的高校，而正是由于这三类高校在人才培养目标不同，相应地本科生的学习过程类型可能也有所不同，从而培养出社会所需要的各行各业的人才。因此，在本研究中提出对不同类型、层次高校的本科生的学习过程进行调查分析，并试图用这一理论来解释调查分析所得出的规律与解决所存在的问题。

第五章 本科生学习过程的影响因素分析

本研究通过前面对本科生学习的理论分析，进一步明晰了本科生学习过程规律。那么究竟是哪些基本因素、如何影响着本科生学习过程进而形成学习过程规律，这是本研究所要解决的核心问题。通过前面对影响本科生学习过程的影响因素的理论分析，本研究认为本科生学习过程模式如下（见图5-1）。

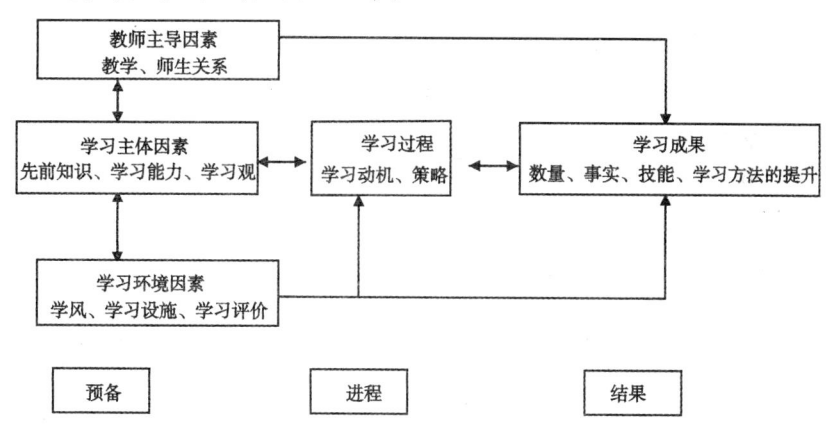

图5-1 本科生"三阶段"学习过程模式

在此模型之中学生主体（先前知识、学习能力、学习观念）、教师主导（教学、师生关系）以及学习环境（学风、学习设施、学习评价）是影响本科生学习过程发展变化的三个基本方面，这三者直接影响学习成果或通过"进程"阶段即学习方式（激发学习动机进而转化为学习策略）影响本科生的学习成果。本章通过对本科生问卷调查的方式来分析这三个基本方面是如何影响本科生的学习过程以及各自影响的程度，进而发现其中的规律性及存在的问题。

第一节 本科生学习过程调查问卷设计

一 调查问卷的编制

自编先前知识、学习能力、学习观念、教学、师生关系、学习设施、学风、学习评价、学习成绩问卷，在访谈和收集文献资料的基础上编制这些因素的初测问卷。第一次施测后，对各个题目进行相关分析和临界比率分析，剔除质量不高的题目，形成正式问卷。进行第二次施测后，对先前知识、学习能力、学习观念、教学、师生关系、学习设施、学风、学习评价进行验证性因子分析，以检验问卷的结构以及各个题目测量其所属因素的程度。在此基础上，对影响学习过程的八个因素的问卷进行信度和效度分析；对学习成绩问卷，分析题目之间的关系以及其与学生实际考试成绩之间的关系。

（一）项目收集

围绕如何测量先前知识、学习能力、学习观念、教学、师生关系、学习设施、学风、学习评价、学习成绩的主题，通过访谈，收集测量这些因素的题目。如林国耀、连榕认为学习能力分为知识获得与应用能力、学习过程自我监控能力、学习资源管理与应用能力3个方面，[①] 因此对学习能力的访谈重点围绕这三个方面展开。访谈24名大学生，9名高校教师。24名学生的背景信息如下，性别：男生13人，女生11人；学校："985工程"高校8人，"211工程"高校8人，地方高校8人；年级：大一6人，大二6人，大三6人，大四6人；科类：文史哲类4人，法学类5人，理工类5人，经济类5人，管理类5人。9名高校教师的背景信息如下，性别：男性5人，女性4人；学校："985工程"高校3人，"211工程"高校3人，地方高校3人；任教年级：大一3人，大二2人，大三2人，大四2人；科类：

---

① 林国耀、连榕：《大学生学习能力量表的编制》，《遵义师范学院学报》2009年第5期。

文史哲类 2 人，法学类 2 人，理工类 1 人，经济类 2 人，管理类 2 人。

请 6 位教育学博士和研究者对访谈的资料进行内容分析、剔除明显不属于各个因素的题目、合并意义相近和重复的题目，统计访谈对象在各个题目上的频次，保留题目频次在 3 个以上的题目。在此基础上，综合访谈分析所得的题目和搜索国内外相关研究文献所得的题目，编制测量各个因素的问卷。为了检验问卷是否还存在表述不清、语义模糊或不符合实际情况等，请 5 位教育学专业的教授，对问卷各个项目就语义和内容效度进行了审阅，对那些语句不通顺不简洁、语意难理解和内容效度不准确的题目进行修订；邀请 10 位大学生，征求他们对题目内容难易的理解程度的意见，使问卷语言表述更加准确，并具流畅性；为了保证问卷的质量，咨询权威高等教育学专家，送 3 位教育学专家进行审查，根据反馈结果进行修改，形成初测问卷。先前知识问卷包括 5 个题目，学习能力问卷包括 13 个题目（其中，知识获得与应用能力 4 个题目、学习过程自我监控能力 5 个题目、学习资源管理与应用能力 4 个题目），学习观念问卷包括 6 个题目，教学问卷包括 9 个题目，师生关系问卷包括 6 个题目，学习设施问卷包括 5 个题目，学风问卷包括 7 个题目，学习评价问卷包括 8 个题目，学习成绩问卷包括 3 个题目。问卷采用五级评分法，即回答为"完全不符合"、"基本不符合"、"不确定"、"基本符合"、"完全符合"，分别为 1—5 分。

(二) 第一次测量

分别选取属于"985 工程"高校、"211 工程"高校、一般地方高校中的一所学校进行施测，发放问卷 500 份，回收问卷 480 份，有效问卷 465 份。465 名学生的背景信息如下，性别：男性 235 人，女性 230 人；学校："985 工程"高校 156 人，"211 工程"高校 155 人，一般地方高校 154 人；年级：大一 115 人，大二 115 人，大三 117 人，大四 118 人；科类：文史哲类 93 人，法学类 92 人，理工类 94 人，经济类 91 人，管理类 95 人。

对有效问卷，采用统计软件 SPSS18.0，计算各题目与其所属因素问卷总分的相关系数，对未达显著性水平的题目予以删除；计算各个题目的临界比率值（Critical Ration，简称 CR 值），即将所有学生的总分按从低到高的顺序排列，把位于前 27% 者定为低分组，位于后 27% 者定为高分组，再对高低两组在每题得分平均数上进行差异显著性检验，对未达显著性水平的题目予以删除。经过上述处理后，形成正式施测问卷，其中，先前知识问卷包括 4 个题目，学习能力问卷包括 11 个题目（其中，知识获得与应用能力 3 个题目，学习过程自我监控能力 4 个题目，学习资源管理与应用能力 3 个题目），学习观念问卷包括 5 个题目，教学问卷包括 7 个题目，师生关系问卷包括 3 个题目，学习设施问卷包括 3 个题目，学风问卷包括 6 个题目，学习评价问卷包括 5 个题目，学习成绩问卷包括 2 个题目。

（三）第二次测量

分别选取"985 工程"高校、"211 工程"高校、一般地方高校中的一所学校进行施测，发放问卷 1150 份，回收问卷 1023 份，有效问卷 953 份。1023 名学生的背景信息如下，性别：男生 509 人，女生 514 人；学校："985 工程"高校 343 人，"211 工程"高校 339 人，一般地方高校 341 人；年级：大一 256 人，大二 254 人，大三 257 人，大四 256 人；科类：文史哲类 200 人，法学类 208 人，理工类 202 人，经济类 206 人，管理类 207 人。

对有效问卷进行验证性因子分析（Confirmatory Factor Analysis），以检验问卷结构的合理性以及各个题目测量其所属因素的程度。采用的统计软件为 LISREL8.72。

（1）先前知识问卷

对先前知识问卷进行单因子验证性因子分析，其结构模型的拟合指数见表 5-1，模型拟合良好。[1] 先前知识结构的标准化路径见图 5-2，4 个题目在先前知识上的标准化因子负荷在 0.51—0.71 之间。因此，4 个题目都很好地测量了先前知识。

---

[1] 温忠麟、侯杰泰、Marsh：《结构方程模型检验：拟合指数与卡方准则》，《心理学报》2004 年第 2 期。

第五章 本科生学习过程的影响因素分析   121

表 5-1　　　　　　　　先前知识结构模型拟合指数

df	χ^2	χ^2/df	RMSEA	NNFI	CFI	SRMR
2	4.27	2.14	0.07	0.92	0.97	0.03

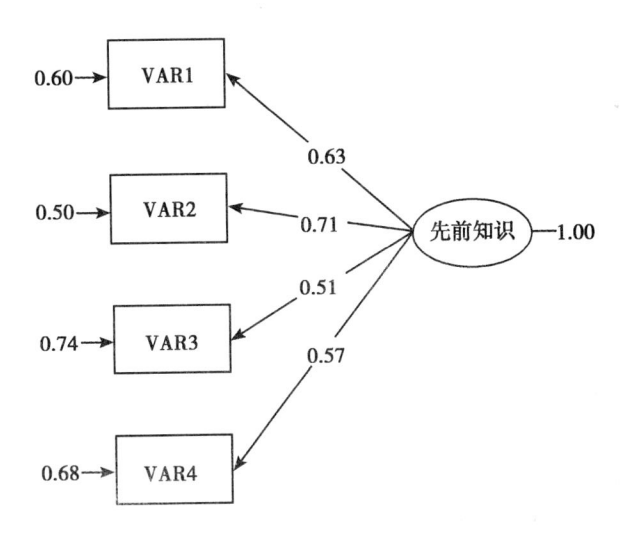

图 5-2　先前知识结构的标准化路径图

（2）学习能力问卷

对学习能力问卷进行三因子验证性因子分析，其结构模型的拟合指数见表 5-2，模型拟合良好。学习能力结构的标准化路径见图 5-3，f1 表示知识获得与应用能力，f2 表示学习过程自我监控能力，f3 表示学习资源管理与应用能力，11 个题目在其相应因子上的标准化因子负荷在 0.54—0.77 之间。因此，11 个题目都很好地测量了学习能力。

表 5-2　　　　　　　　学习能力结构模型拟合指数

df	χ^2	χ^2/df	RMSEA	NNFI	CFI	SRMR
41	91.32	2.23	0.06	0.94	0.95	0.05

（3）学习观念问卷

对学习观念问卷进行单因子验证性因子分析，其结构模型的拟合

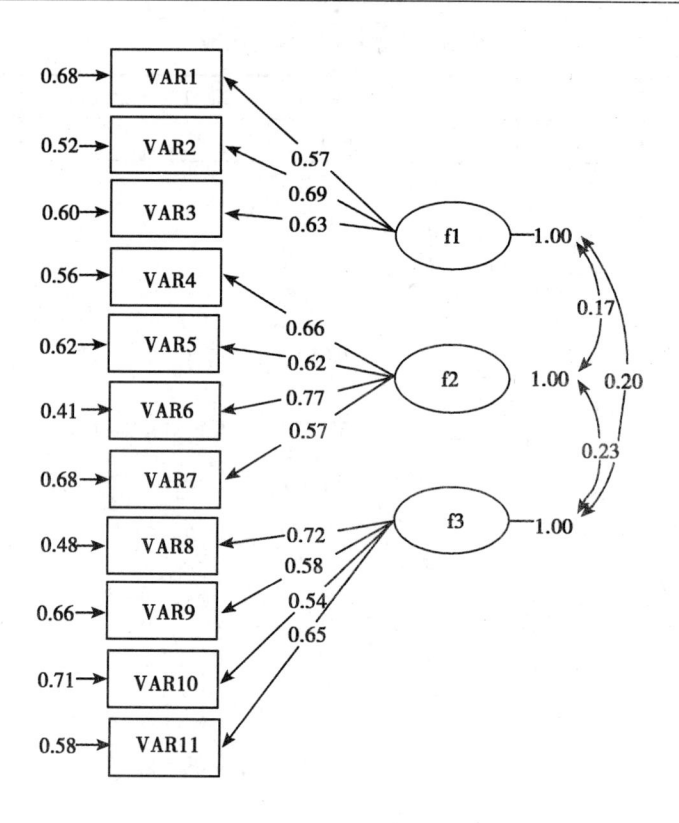

```
0.68 → VAR1  ←
0.52 → VAR2  ← 0.57
0.60 → VAR3  ← 0.69
0.56 → VAR4  ← 0.63      (f1) — 1.00
0.62 → VAR5  ← 0.66                  0.17
0.41 → VAR6  ← 0.62      (f2) — 1.00
0.68 → VAR7  ← 0.77                  0.20
0.48 → VAR8  ← 0.57                  0.23
0.66 → VAR9  ← 0.72      (f3) — 1.00
0.71 → VAR10 ← 0.58
0.58 → VAR11 ← 0.54
                 0.65
```

图 5-3　学习能力结构的标准化路径图

指数见表 5-3，模型拟合良好。学习观念结构的标准化路径见图 5-4，5 个题目在学习观念上的标准化因子负荷在 0.54—0.71 之间。因此，5 个题目都很好地测量了学习观念。

表 5-3　　　　　　　学习观念结构模型拟合指数

df	χ^2	χ^2/df	RMSEA	NNFI	CFI	SRMR
5	14.35	2.87	0.01	0.92	0.94	0.05

（4）教学问卷

对教学问卷进行单因子验证性因子分析，其结构模型的拟合指数见表 5-4，模型拟合良好。教学结构的标准化路径见图 5-5，7 个题目在教学上的标准化因子负荷在 0.60—0.78 之间。因此，7 个题目都很好地测量了教学。

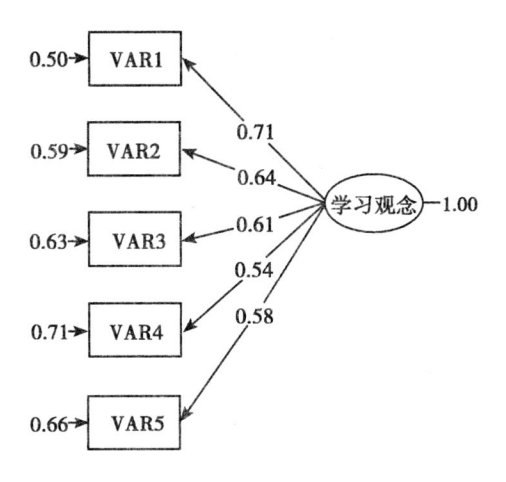

图 5-4　学习观念结构的标准化路径图

表 5-4　　　　　　　　　教学结构模型拟合指数

df	χ^2	χ^2/df	RMSEA	NNFI	CFI	SRMR
14	32.34	2.31	0.05	0.97	0.98	0.03

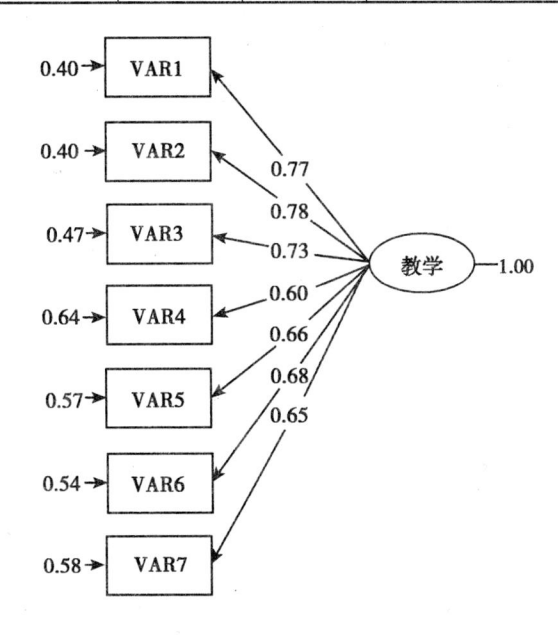

图 5-5　教学结构的标准化路径图

（5）师生关系问卷

对师生关系问卷进行单因子验证性因子分析，师生关系结构模型为饱和模型，模型拟合完美。师生关系结构的标准化路径见图5-6，3个题目在师生关系上的标准化因子负荷在0.67—0.76之间。因此，3个题目都很好地测量了师生关系。

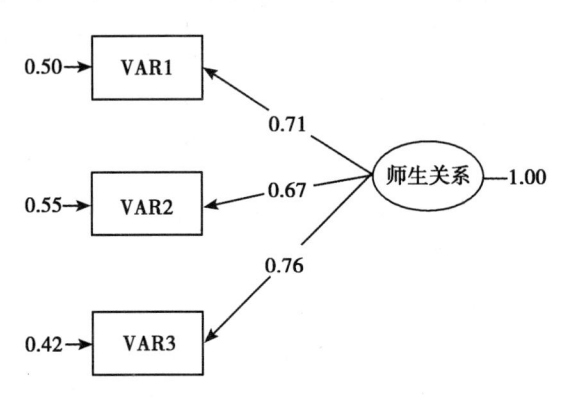

图5-6 师生关系结构的标准化路径图

（6）学习设施问卷

对学习设施问卷进行单因子验证性因子分析，学习设施结构模型为饱和模型，模型拟合完美。学习设施结构的标准化路径见图5-7，3个题目在学习设施上的标准化因子负荷在0.66—0.86之间。因此，3个题目都很好地测量了学习设施。

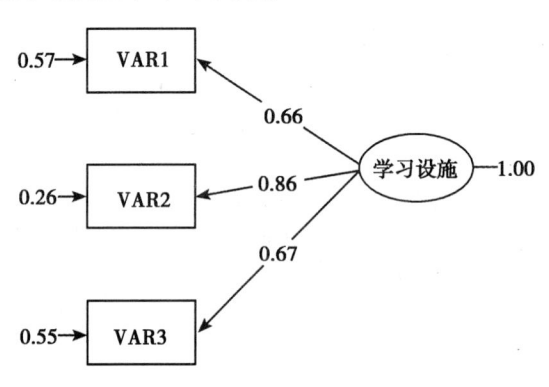

图5-7 学习设施结构的标准化路径图

（7）学风问卷

对学风问卷进行单因子验证性因子分析，其结构模型的拟合指数见表5-5，模型拟合良好。学风结构的标准化路径见图5-8，6个题目在学风上的标准化因子负荷在 0.53—0.85 之间。因此，6 个题目都很好地测量了学风。

表 5－5　　　　　　　　　　学风结构模型拟合指数

df	χ^2	χ^2/df	RMSEA	NNFI	CFI	SRMR
9	23.07	2.56	0.07	0.98	0.99	0.03

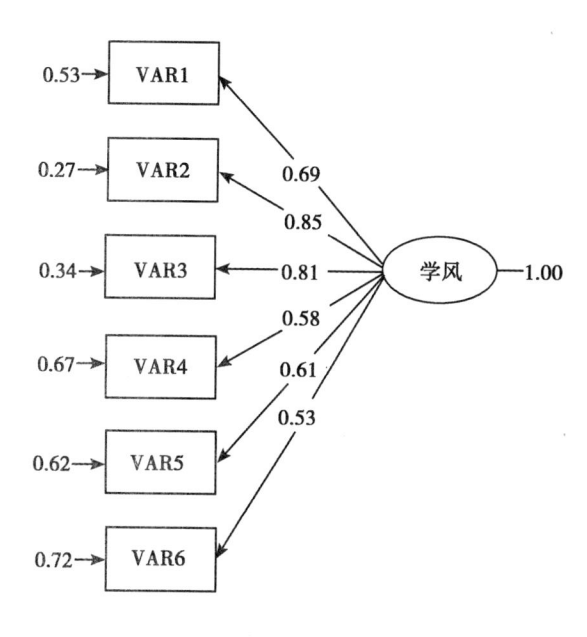

图 5－8　学风结构的标准化路径图

（8）学习评价问卷

对学习评价问卷进行单因子验证性因子分析，其结构模型的拟合指数见表 5－6，模型拟合良好。学习评价结构的标准化路径见图 5－9，5 个题目在学习评价上的标准化因子负荷在 0.61—0.75 之间。因此，5 个题目都很好地测量了学习评价。

表 5－6　　　　　　　　学习评价结构模型拟合指数

df	χ^2	χ^2/df	RMSEA	NNFI	CFI	SRMR
5	11.37	2.27	0.06	0.93	0.95	0.05

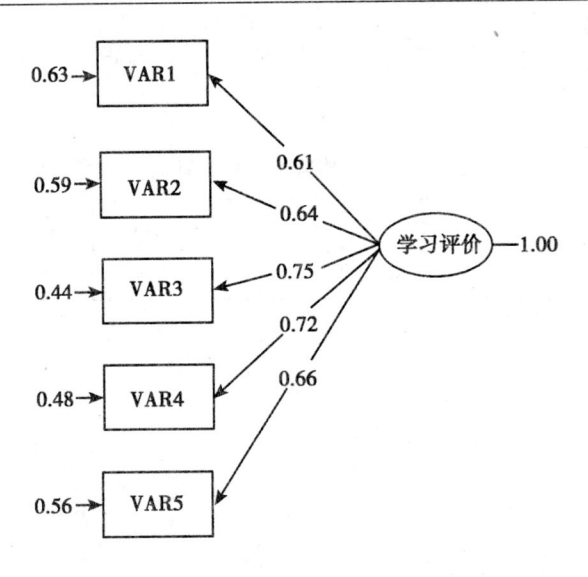

```
                    0.61
0.63→[VAR1]←╮     ╱
              ╲  ╱
0.59→[VAR2]←─0.64──╮
                    ╲
0.44→[VAR3]←─0.75──(学习评价)—1.00
                    ╱
0.48→[VAR4]←─0.72──╯
              ╱  ╲
0.56→[VAR5]←╯     0.66
```

图 5－9　学习评价结构的标准化路径图

（四）影响学习过程因素问卷的信度和效度分析

1. 信度分析

信度（Reliability）是指测量结果的稳定性程度。[①] α 系数可能会高估或低估问卷的信度，不是衡量问卷信度的好指标。[②] 利用验证性因子模型，测验的信度可以用合成信度（Composite Reliability，有的文献也译为组合信度）比较准确地估计。[③] 因此，本研究用合成信度

[①]　戴海崎、张蜂、陈雪峰：《心理与教育测量》，暨南大学出版社 2003 年版，第 68—72 页。

[②]　Sijtsma, K., On the Use, the Misuse, and the Very Limited Usefulness of Cronbach's Alpha, Psychometrika, 2009, pp. 74, 107 – 120; Sijtsma, K., Reliability Beyond Theory and Into Practice, Psychometrika, Vol. 74, No. 1, 2009, pp. 169 – 173; Revelle, W., & Zinbarg, R., Coefficients Alpha, Beta, Omega and the Glb: Comments on Sijtsma, Psychometrika, Vol. 74, No. 1, 2009, pp. 145 – 154; Green, S. B., & Yang, Y., Commentary on Coefficient Alpha: A Cautionary Tale, Psychometrika, Vol. 74, No. 1, 2009, pp. 121 – 135.

[③]　Bentler, P. M., Alpha, Dimension-Free, and Model-Based Internal Consistency Reliability, Psychometrika, Vol. 74, No. 1, 2009, pp. 137 – 143; Brown, T. A., *Confirmatory Factor Analysis for Applied Research*, New York: Guilford Press, 2006, pp. 337 – 341; Yang, Y., & Green, S. B., A Note on Structural Equation Modeling Estimates of Reliability, *Structural Equation Modeling*, Vol. 17, No. 1, 2010, pp. 66 – 81; 邱皓政、林碧芳：《结构方程模型的原理与应用》，中国轻工业出版社 2009 年版，第 102—105 页。

估计 8 个因素问卷的信度。若一个问卷由 p 个题目 $x_1, x_2, \cdots, x_p$ 测量了 n 个因子 $\xi_1, \xi_2, \cdots, \xi_n, \delta_1, \delta_2, \cdots, \delta_p$ 为 $x_1, x_2, \cdots, x_p$ 的测量误差，则有：

$$x_i = \lambda_{ij}\xi_j + \delta_i \quad (i = 1, \cdots, p; j = 1, \cdots, n) \tag{1}$$

其中，ξ_j 表示第 j 个因子，λ_{ij} 表示题目 i 在第 j 个因子上的因子负荷，δ_i 是误差项。整个问卷分数 $X = x_1 + x_2 + \cdots + x_n$ 的合成信度为

$$\rho_\xi = \mathrm{var}(\sum_{i=1}^{p}\sum_{j=1}^{p}\lambda_{ij}\xi_j) / [\mathrm{var}(\sum_{i=1}^{p}\sum_{j=1}^{n}\lambda_{ij}\xi_j) + \sum_{i=1}^{p}\mathrm{var}(\delta_i)] \tag{2}$$

（2）式是多维问卷（问卷测量了多个因子）的合成信度计算公式[①]，当 n = 1 时上式就是单维问卷或多维问卷单个因子的合成信度的计算公式。采用 LISREL8.72 软件计算各个问卷的合成信度，先前知识问卷的合成信度为 0.70；学习能力问卷：知识获得与应用能力因子的合成信度为 0.67；学习过程自我监控能力因子的合成信度为 0.75，学习资源管理与应用能力因子的合成信度为 0.71，总问卷的合成信度为 0.78；学习评价问卷的合成信度为 0.81；学习观念问卷的合成信度为 0.76；教学问卷的合成信度为 0.87；师生关系问卷的合成信度为 0.76；学习设施问卷的合成信度为 0.78；学风问卷的合成信度为 0.84。

对于要评价的总体信度，信度点估计提供的信息量有限并且不能给出信度估计的偏差。[②] 要知道信度估计的误差范围，需要用信度的置信区间。在评价一个问卷质量时，最好用信度的区间估计来补充信度点估计得到的信息。[③] 用 Bootstrap 法可以估计合成信度的标准误，

[①] Raykov, T., & Shrout, P. E., Reliability of Scales with General Structure: Point and Interval Estimation Using a Structural Equation Modeling Approach, Structural Equation Modeling, Vol. 9, No. 2, 2002, pp. 195 – 212; Brunner, M., & Süβ, H. M., Analyzing the Reliability of Multidimensional Measures: An Example from Intelligence Research, Educational and Psychological Measurement, Vol. 65, No. 2, 2005, pp. 227 – 240.

[②] Romano, J. L., Kromrey, J. D., & Hibbard, S. T., A Monte Carlo Study of Eight Confidence Interval Methods for Coefficient Alpha, Educational and Psychological Measurement, Vol. 70, No. 3, 2010, pp. 376 – 393.

[③] Zinbarg, R. E., Yovel, I., Revelle, W., & McDonald, R. P., Estimating Generalizability to A Latent Variable Common to All of A Scale's Indicators: A Comparison of Estimators for W_h, Applied Psychological Measuremen, Vol. 30, No. 2, 2006, pp. 121 – 144.

进而计算置信区间,[①] 此法需要对一个固定的样本（当作总体）进行重复取样，计算的结果是一种实证结果，通常作为真值的反映。大量重复样本的内在变异性为模型参数置信区间的估计提供了实证基础，用 Bootstrap 法得到的参数分布能够完全获得取样的变异性，即使数据非正态，用 Bootstrap 法得到的参数区间估计也优于其他方法得到的区间估计。[②] 在此用 Bootstrap 法计算 8 个因素问卷合成信度 95% 的置信区间。

用 Bootstrap 法计算问卷合成信度 95% 的置信区间步骤如下：首先用 LISREL8.72 软件从原始样本（953 个学生组成的样本）中重复取样 10000 次，得到 10000 个 Bootstrap 样本，容量与原始样本的容量相同；然后，计算 10000 个 Bootstrap 样本的合成信度；接着，计算得到 10000 个 Bootstrap 样本合成信度的标准差，此标准差就是用 Bootstrap 法计算得到的合成信度的标准误，进而计算合成信度 95% 的置信区间。先前知识问卷合成信度 95% 的置信区间为 [0.68, 0.72]；学习能力问卷：知识获得与应用能力因子合成信度 95% 的置信区间为 [0.65, 0.69]；学习过程自我监控能力因子合成信度 95% 的置信区间为 [0.73, 0.77]，学习资源管理与应用能力因子合成信度 95% 的置信区间为 [0.69, 0.73]，总问卷合成信度 95% 的置信区间为 [0.77, 0.79]；学习评价问卷合成信度 95% 的置信区间为 [0.80, 0.82]；学习观念问卷合成信度 95% 的置信区间为 [0.74, 0.78]；教学问卷合成信度 95% 的置信区间为 [0.86, 0.88]；师生关系问卷

[①] Raykov, T., A Method for Obtaining Standard Errors and Confidence Intervals of Composite Reliability for Congeneric Item, Applied Psychological Measurement, Vol. 22, No. 4, 1998, pp. 369 – 374；屠金路、金瑜、王庭照：《Bootstrap 法在合成分数信度区间估计中的应用》，《心理科学》2005 年第 5 期。

[②] Chan, W., Bootstrap Standard Error and Confidence Intervals for the Difference between Two Squared Multiple Correlation Coefficients, Vol. 69, No. 4, Educational and Psychological Measurement, 2009, pp. 566 – 584; Little, T. D., Card, N. A., Preacher, K. J., & Mcconnell. E., Modeling Longitudinal Data from Research on Adolescence, In R. M. Lerner & L. D. Steinberg (Eds.), Handbook of adolescent psychology, Hoboken, NJ: John Wiley & Sons, 2009, pp. 15 – 54.

合成信度95%的置信区间为［0.74，0.78］；学习设施问卷合成信度95%的置信区间为［0.76，0.80］；学风问卷合成信度95%的置信区间为［0.83，0.85］。合成信度95%的置信区间的下限均大于或等于0.65，因此8个因素问卷的合成信度好。

除了合成信度外，还收集了各个因素问卷的重测信度。在300名学生完成正式问卷（T1）后间隔半个月进行重测（T2），计算其重测信度。先前知识问卷的重测信度为0.74；学习能力问卷：知识获得与应用能力因子的重测信度为0.73，学习过程自我监控能力因子的重测信度为0.75，学习资源管理与应用能力因子的重测信度为0.76，总问卷的重测信度为0.81；学习观念问卷的重测信度为0.73；教学问卷的重测信度为0.91；师生关系问卷的重测信度为0.74；学习设施问卷的重测信度为0.76；学风问卷的重测信度为0.86；学习评价问卷的重测信度为0.83。

目前求问卷重测信度置信区间比较好的方法是将重测信度进行如公式（3）所示的Z转化。

$$Z = \frac{1}{2}\ln\left(\frac{1+|\hat{\rho}|}{1-|\hat{\rho}|}\right) \tag{3}$$

其中，$\hat{\rho}$为样本重测信度的估计值，Z的方差为$1/(n-3)$（n为学生个数），先计算出Z的置信区间，再转化为重测信度的置信区间。[①]

本研究用上述方法计算8个问卷重测信度95%的置信区间，先前知识问卷重测信度95%的置信区间为［0.68，0.79］；学习能力问卷：知识获得与应用能力因子重测信度95%的置信区间为［0.67，0.78］，学习过程自我监控能力因子重测信度95%的置信区间为［0.70，0.80］，学习资源管理与应用能力因子重测信度95%的置信区间为［0.71，0.80］，总问卷的重测信度95%置信区间为［0.77，

[①] Botella, J., Suero, M., & Gambara, H., Psychometric Inferences from A Meta-Analysis of Reliability and Internal Consistency Coefficients, Psychological Methods, Vol. 15, No. 4, 2010, pp. 386–397.

0.85］；学习观念问卷重测信度95%的置信区间为［0.67，0.78］；教学问卷重测信度95%的置信区间为［0.89，0.93］；师生关系问卷重测信度95%的置信区间为［0.68，0.79］；学习设施问卷的重测信度95%的置信区间为［0.71，0.80］；学风问卷的重测信度95%的置信区间为［0.83，0.89］；学习评价问卷重测信度95%的置信区间为［0.79，0.86］。重测信度95%的置信区间的下限均大于或等于0.67，因此8个因素问卷的重测信度好。

2. 效度分析

效度（Validity）是指问卷实际能够测出其所要测的特质的程度。[①] 用内容效度和结构效度衡量8个因素问卷的效度。

确定内容效度最常用的方法是请有关专家对问卷题目与原定内容范围的符合性做出判断，先前知识、学习能力、学习观念、教学、师生关系、学习设施、学风、学习评价8个因素的问卷题目均来源于访谈、文献综述的结果，问卷经过多名教育学博士和教育学专家修订和审查，并且在正式问卷形成过程中，进行了一次施测，基本保证了问卷有好的内容效度。

检验问卷结构效度最常用的方法是因素分析。如前表5－1至表5－6所示，先前知识、学习能力、学习观念、教学、师生关系、学习设施、学风、学习评价6个因素的结构模型与数据拟合较好，指标都达到了统计要求，表明问卷都有好的结构效度；师生关系、学习设施的结构模型与数据拟合完美，表明两个问卷有很好的结构效度。

由此可见，先前知识、学习能力、学习观念、教学、师生关系、学习设施、学风、学习评价的问卷的信度和效度都很好，达到了测量学的要求，可以用于研究先前知识、学习能力、学习观念、教学、师生关系、学习设施、学风、学习评价。

3. 学习成绩问卷

分别选取属于"985工程"高校、"211工程"高校、一般地方

[①] 戴海崎、张蜂、陈雪峰：《心理与教育测量》，暨南大学出版社2003年版，第88—92页。

高校中的一所学校进行施测，发放问卷316份，让学生在问卷上注明姓名再作答问卷，回收问卷281份，有效问卷263份。263名学生的背景信息如下，性别：男生127人，女生136人；学校："985工程"高校85人，"211工程"高校91人，地方高校87人；年级：大一71人，大二75人，大三64人，大四53人；科类：文史哲类56人，法学类57人，理工类49人，经济类54人，管理类47人。在学期末统计学生的期末成绩。

计算263名学生在学习成绩问卷两道题目分数的相关，两道题目呈极其显著正相关（$r = 0.82$，$p < 0.001$）；计算每个学生在学习成绩问卷的两道题目分数的平均值和期末各科成绩的平均积点成绩，然后求两者的相关，两者呈极其显著正相关（$r = 0.90$，$p < 0.001$）。由此可见，自编的学习成绩问卷的质量好，能够测量学生的学习成绩，可以用自编的学习成绩问卷衡量学生的学习成绩。

二 学习方式问卷的修订

将Biggs，Kember和Leung修订的两因子学习方式问卷（Revised Two-Factor Version of the Study Process Questionnaire，R-SPQ-2F）修订成中文版。[①] Justicia等通过探索性和验证性因子分析得出，此问卷是一个一阶两因子的问卷，两个因子分别为表层学习方式和深层学习方式，并且每个因子有10个题目。[②] 将问卷翻译成中文，经过两次施测形成正式问卷，并对正式问卷进行了信效度分析。具体过程如下：

（一）形成正式问卷

1. 直译原问卷。由研究者和一名英语专业博士生、一名大学英

[①] Biggs, J. Kember, D., & Leung, D., The Revised Two-Factor Study Process Questionnaire: R-SPQ-2F, British Journal of Educational Psychology, Vol. 71, No. 1, 2001, pp. 133 – 149.

[②] Justicia, F., Pichardo, M., Cano, F., Berbén, A. B. G., & De la Fuente, F., The Revised Two-Factor Study Process Questionnaire (R-SPQ-2F): Exploratory and Confirmatory Factor Analyses at Item Level, European Journal of Psychology of Education, Vol. 23, No. 3, 2008, pp. 355 – 372.

语专业教师、一名心理学博士将原问卷翻译成中文,对比、分析、整合四份翻译稿,形成第Ⅰ版翻译稿。

2. 接着研究者与另外一名高等教育学博士,一名心理学博士对第Ⅰ版翻译稿进行讨论,对翻译不恰当或不明确之处修改,形成第Ⅱ版翻译稿。翻译者均系汉语母语人员,接受过多年的英语语言教育,具备较强的英语能力,教育学、心理学博士具备教育学和心理学的专业知识。

3. 回译(Back-Translation),也称逆向翻译,即由语言功底好、对源问卷不知情的人将翻译成中文的问卷重新翻译成英文。请另一名英语专业博士生和一名高等教育学博士进行回译,将第Ⅱ版翻译稿回译成英文,确定翻译的准确性;接着,请一名具有留学背景的教育学专业教授将回译后的"源问卷"和原始"源问卷"进行比较,确定回译版本与原英文版本意义的一致性,以发现翻译中存在的问题并进行修正,形成第Ⅲ版翻译稿。

4. 邀请10位大学生,征求他们对翻译稿内容难易的理解程度的意见,使问卷语言表述更加准确,符合中文的习惯,并具流畅性,形成第Ⅳ版问卷。

5. 专家咨询。为了保证问卷的准确翻译和专业质量,咨询权威高等教育学专家、心理学专家,形成初测问卷。

6. 第一次测量。施测对象同第一次施测自编问卷的学生。采用统计软件SPSS18.0进行分析,计算各题目与整份问卷总分的相关系数,对未达显著性水平的题目将予以删除,而20个题目与总分的相关均达显著性水平。因此,未删除题目;计算各个题目的临界比率值,对未达显著性水平的题目将予以删除,而20个题目的临界比率值均达显著性水平。因此,未删除题目。第一次测量后,问卷的题目数量未变,问卷有20个题目。

7. 第二次测量。施测对象同第二次施测自编8因素问卷的学生。采用统计软件LISREL8.72对数据进行分析,对Justicia, Pichardo, Cano, Berbén和De la Fuente得到的两因子模型进行验证性因子分析,模型的拟合指数见表5-7,模型的拟合指数很好,学习方式的结构模型的标准化路径见图 5-10，10 个题目在深层学习方式因子上的负荷都在 0.54—0.75 之间，10 个题目在表层学习方式因子上的负荷都在 0.64—0.74 之间，20 个题目很好地测量了学习方式。

表 5-7　　　　　　　　　学习方式结构模型拟合指数

df	χ^2	χ^2/df	RMSEA	NNFI	CFI	SRMR
169	192.43	1.14	0.01	0.97	0.99	0.02

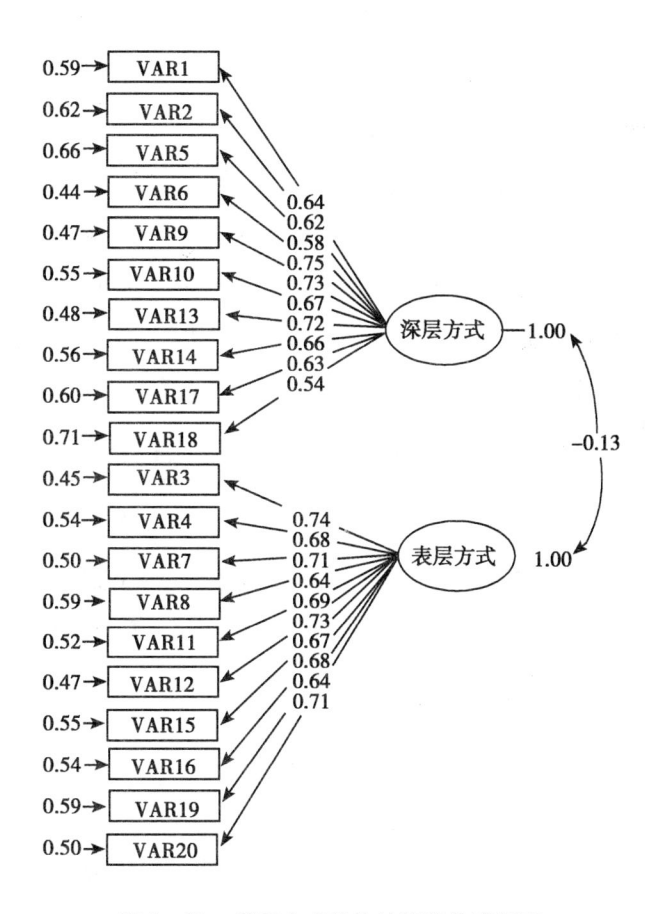

图 5-10　学习方式结构的标准化路径图

（二）信度效度分析

1. 信度分析

深层学习方式因子的合成信度为 0.88，表层学习方式因子的合成信度为 0.90，学习方式整份问卷的合成信度为 0.89。用 LISREL8.72 软件从原始样本（953 个学生组成的样本）中重复取样 10000 次得到 10000 个 Bootstrap 样本，计算 10000 个 Bootstrap 样本合成信度，进而计算 10000 个合成信度的标准差（等于原始样本的标准误），以此计算问卷合成信度 95% 的置信区间：深层学习方式因子合成信度 95% 的置信区间为 [0.87, 0.89]；表层学习方式因子合成信度 95% 的置信区间为 [0.89, 0.91]；学习方式整份问卷合成信度 95% 的置信区间为 [0.88, 0.90]，合成信度 95% 的置信区间的下限均大于或等于 0.87，因此问卷的合成信度好。在 300 名学生完成正式问卷（T1）后间隔半个月后进行重测（T2），计算其重测信度。深层学习方式因子的重测信度为 0.87，表层学习方式因子的重测信度为 0.89，整份问卷的重测信度为 0.88。深层学习方式因子重测信度 95% 的置信区间为 [0.84, 0.90]；表层学习方式因子重测信度 95% 的置信区间为 [0.86, 0.91]；学习方式整份问卷重测信度 95% 的置信区间为 [0.85, 0.90]，重测信度 95% 的置信区间的下限均大于或等于 0.84，因此问卷的重测信度好。

2. 效度分析

问卷经过多名教育学博士和教育学专家修订和审查，并且在正式问卷形成过程中，进行了一次施测，基本保证了问卷有好的内容效度。学习方式的结构模型与数据拟合较好，指标都达到了统计要求，表明问卷都有很好的结构效度。

由此可见，学习方式问卷的信度和效度都很好，达到了测量学的要求，可以用于研究学习方式。

第二节 本科生学习过程问卷调查及分析

一 本科生学习过程问卷调查

（一）研究对象

本次问卷调查选取了九所本科高校作为研究对象，其中"985 工程"高校三所，即厦门大学（东部）、湖南大学（中部）、重庆大学（西部）；"211工程"高校三所，即福州大学（东部）、武汉理工大学（中部）、西南大学（西部）；一般地方高校三所：集美大学（东部）、湖南科技大学（中部）、重庆理工大学（西部）。对4500名本科生（大一到大四）进行了问卷调查，共发放问卷4500份，每所学校发放500份问卷。其中厦门大学回收487份，有效问卷461份；湖南大学回收478份，有效问卷433份；重庆大学回收485份，有效问卷464份；福州大学回收479份，有效问卷446份；武汉理工大学回收496份，有效问卷456份；西南大学回收459份，有效问卷430份；集美大学回收480份，有效问卷469份；湖南科技大学回收463份，有效问卷448份；重庆理工大学回收475份，有效问卷444份。九所高校一共回收4302份，总回收率95.6%，有效问卷4051份，总有效率为94.2%，有效问卷的本科生的信息如下：

高校层次："985工程"高校1358人，占33.5%；"211工程"高校1332人，占32.9%；一般地方高校1361人，占33.6%。

高校地区：东部地区高校1376人，占34.0%；中部地区高校1337人，占33.0%；西部地区高校1338人，占33.0%。

性别：男生2190人，占54.1%；女生1861人，占45.9%。

年级：大一1035人，占25.5%；大二1024人，占25.3%；大三1041人，占25.7%；大四951人，占23.5%。

专业：文史哲803人，占19.8%；法学821人，占20.3%；理工848人，占20.9%；经济788人，占19.5%；管理791人，占19.5%。

家庭所在地：城市1904人，占47%；农村2147人，占53%。

（二）研究方法

本次调查主要采取问卷的方法，调查使用的正式问卷内容主要涉及预备（学生主体因素、教师主导因素、学习环境因素）、进程（学习动机、学习策略）、结果（学习成果）五大类共66道选择型问题，目的是全面了解、收集关于本科生学习过程的影响因素的资料，保证调查的全面性和有效性。所用的问卷包括先前知识问卷、学习能力问卷、学习观念问卷、教学问卷、师生关系问卷、学习设施问卷、学风问卷、学习评价问卷、学习方式问卷、学习成绩问卷。在问卷数据处理上：首先，进行方差分析，主要是通过"组间变异"与"组内变异"的对比，进行 F 检验，从整体上同时比较多组的平均数之间是否存在显著差异。对于本研究而言，不仅关心组之间是否显著，还要知道具体哪些组之间有差异，通过方差分析后发现组之间存在差异，再作两两比较，找出 $C_a^2 = a(a-1)/2$ 个成对均值之间的差异是否显著，本研究采用最小显著差数法（LSD）进行事后检验。[①] 其次，对各影响因素进行中介效应分析，以发现各因素是如何影响学习成果的，即各因素是直接对学习成果产生影响还是通过学习过程的进程阶段（即学习方式）对学习成果产生影响，或既对学习成果有直接影响也通过学习过程的进程阶段（即学习方式）对学习成果产生影响，以及其影响程度。在此基础上，了解从总体到不同层次的高校、不同地区的高校、不同学年、不同科类中各因素影响学习成果的变化规律。

二 本科生学习过程的影响因素分析

（一）本科生学习过程中的学习主体因素

学习者是学习过程中最首要的因素。没有学习者就没有学习。在高校的学习过程中，本科生是学习过程中首要的因素，本科生是学习过程中最直接利益相关者。因此，本科生主体因素对学习活动有重大影响。所以，首先对学习主体因素进行分析。

1. 先前知识

第一，方差分析

不同层次的高校："985 工程"高校、"211 工程"高校、一般地方高校的学生在先前知识上的均值分别为 3.335、3.293、3.208，从均值上看，学生的先前知识水平从"985 工程"高校到"211 工程"高校再到一般地方高校逐渐降低，为检验三类高校学生先前知识的差异是否具有显著性差异，用统计软件 SPSS18.0 进行方差分析（见表

[①] 温忠麟：《心理与教育统计》，广东高等教育出版社 2006 年版，第 201—211 页。

5-8),"985工程"高校、"211工程"高校、一般地方高校学生在先前知识上有极其显著的差异,$F(2,4048)=13.118$,$p<0.001$。

表5-8 不同层次高校本科生的先前知识方差分析

	平方和	df	均方	F	显著性
组间	11.442	2	5.721	13.118	0.000
组内	1765.390	4048	0.436		
总数	1776.832	4050			

LSD事后检验结果显示(见表5-9),在先前知识上,"985工程"高校的学生极其显著高于一般地方高校的学生($p<0.001$),"211工程"高校学生很显著高于一般地方高校学生($p<0.01$),而"985工程"高校的学生与"211工程"高校的学生没有显著差异。

表5-9 不同层次高校本科生的先前知识LSD事后检验

	(I)学校层次	(J)学校层次	均值差(I-J)	标准误	显著性	95%置信区间 下限	95%置信区间 上限
LSD	985	211	0.042	0.025	0.1	-0.008	0.092
	985	地方	0.127*	0.025	0	0.078	0.177
	211	985	-0.042	0.025	0.1	-0.092	0.008
	211	地方	0.085*	0.025	0.001	0.036	0.135
	地方	985	-0.127*	0.025	0	-0.177	-0.776
	地方	211	-0.085*	0.025	0.001	-0.135	-0.036

注:*表示P<0.05。

不同地区的高校:东、中、西部地区高校的学生在先前知识上的均值分别为3.271、3.325、3.240,从均值上看,在先前知识水平上中部地区高校学生最高,西部地区高校学生最低。方差分析结果显示,东、中、西部地区高校的学生在先前知识上有很显著的差异,$F(2,4048)=5.755$,$p<0.01$。

LSD事后检验结果显示,在先前知识上,中部地区高校的学生很显著高于西部高校的学生($p<0.01$),中部地区高校的学生显著高于东部地区高校学生($p<0.05$),而东部地区高校学生与西部地区

高校学生没有显著差异。

不同学年：大一、大二、大三、大四学生在先前知识上的均值分别为3.206、3.269、3.292、3.353，从均值上看，学生的先前知识水平随着学年的升高而增加。方差分析结果显示，大一、大二、大三、大四学生在先前知识上有极其显著的差异，$F(3, 4047) = 8.375$，$p<0.001$。

LSD事后检验结果显示，在先前知识上，大四学生极其显著高于大一学生（$p<0.001$），大三学生很显著高于大一学生（$p<0.01$），大二学生显著高于大一学生（$p<0.05$），大四学生很显著高于大二学生（$p<0.01$），大四学生显著高于大三学生（$p<0.05$），大三学生与大二学生没有显著差异。

不同科类：文史哲类、法学类、理工类、经济类、管理类学生在先前知识上的均值分别为3.303、3.260、3.358、3.169、3.301，从均值上看，学生的先前知识水平从经济类—法学类—管理类—文史哲类—理工类逐渐上升。方差分析结果显示，文史哲类、法学类、理工类、经济类、管理类学生在先前知识上有极其显著的差异，$F(4, 4046) = 9.038$，$p<0.001$。

LSD事后检验结果显示，在先前知识上，理工类学生极其显著高于经济类学生（$p<0.001$），理工类学生很显著高于法学类学生（$p<0.01$），法学类学生很显著高于经济类学生（$p<0.01$），管理类学生很显著高于经济类学生（$p<0.01$），文史哲类学生显著高于管理类学生（$p<0.05$），文史哲类学生极其显著高于经济类学生（$p<0.001$），其他科类学生没有显著差异。

第二，中介效应检验

采用中介效应检验程序，[①] 检验先前知识对学习成绩的影响。

（1）在本科生中，采用中介效应检验程序，检验先前知识对学习成绩的影响，步骤如下。

[①] 温忠麟、张雷、侯杰泰、刘红云：《中介效应检验程序及其应用》，《心理学报》2004年第5期。

步骤一：检验先前知识对学习成绩的总效应，即做学习成绩对先前知识的回归分析。结果显示，先前知识对学习成绩的效应显著，先前知识对学习成绩的总效应为0.350。

步骤二：检验先前知识对学习方式的效应，即做学习方式对先前知识的回归分析，结果显示，先前知识对学习方式的效应显著。

步骤三：检验先前知识及学习方式对学习成绩的效应，即做学习成绩对先前知识和学习方式的回归分析。

检验结果显示（见表5-10），本科生的先前知识对学习成绩有极其显著的影响，先前知识对学习成绩的总效应为0.350，学习方式的中介效应显著，并且是部分中介效应，先前知识对学习成绩的影响只是部分地通过学习方式起作用，中介效应占总效应的比例为31.8%；先前知识对学习成绩影响除去通过学习方式的间接影响外（间接效应为0.111），先前知识对学习成绩也有极其显著的直接影响，直接效应为0.239。

表5-10　　　　本科生的先前知识对学习成绩影响检验

类别	步骤	标准化回归方程	回归系数检验	总效应	中介效应 有/无	中介效应 部分/完全	中介效应 占总效应百分比(%)
总体	第一步	$y = 0.350x$	$t = 23.751^{***}$	0.350	有	部分	31.8
	第二步	$w = 0.315x$	$t = 21.088^{***}$				
	第三步	$y = 0.353w + 0.239x$	$t = 24.379^{***}$ $t = 16.471^{***}$				

注：*** 表示 $p < 0.001$。x 表示先前知识，w 表示学习方式，y 表示学习成绩。

（2）在不同层次高校中，采用中介效应检验程序，分别检验先前知识对学习成绩的影响。结果显示（见表5-11），在"985工程"高校、"211工程"高校、一般地方高校中，先前知识对学习成绩都有极其显著的影响，先前知识对学习成绩的总效应分别为0.373、0.330、0.348，在三者之中"985工程"高校的总效应最高，而"211工程"高校则最低；在"985工程"高校、"211工程"高校、一般地方高校中，学习方式的中介效应都显著，并且都是部分中介效应，先前知识对学习成绩的影响都只是部分地通过学习方式起作用，中介效应占总效应的比例分别为 24.7%、38.9%、30.7%，在三者之中"211 工程"高校的比例最高，而"985 工程"高校则最低；在"985 工程"高校、"211 工程"高校、一般地方高校中，先前知识对学习成绩影响除去通过学习方式的间接影响外（间接效应分别为 0.093、0.128、0.107），先前知识对学习成绩也有极其显著的直接影响，直接效应分别为 0.280、0.202、0.241，在三者之中"985 工程"高校的直接效应最高，而"211 工程"高校则最低。

表 5-11　不同层次高校本科生的先前知识对学习成绩影响检验

类别	步骤	标准化回归方程	回归系数检验	总效应	中介效应 有/无	中介效应 部分/完全	中介效应 占总效应百分比(%)
985	第一步	$y = 0.373x$	$t = 14.783***$	0.373	有	部分	24.7
985	第二步	$w = 0.275x$	$t = 10.523***$	0.373	有	部分	24.7
985	第三步	$y = 0.335w + 0.280x$	$t = 24.379***$ $t = 11.407***$	0.373	有	部分	24.7
211	第一步	$y = 0.330x$	$t = 12.763***$	0.330	有	部分	38.9
211	第二步	$w = 0.339x$	$t = 13.126***$	0.330	有	部分	38.9
211	第三步	$y = 0.379w + 0.202x$	$t = 14.880***$ $t = 7.927***$	0.330	有	部分	38.9
地方	第一步	$y = 0.348x$	$t = 13.666***$	0.348	有	部分	30.7
地方	第二步	$w = 0.305x$	$t = 11.789***$	0.348	有	部分	30.7
地方	第三步	$y = 0.350w + 0.241x$	$t = 14.016***$ $t = 9.651***$	0.348	有	部分	30.7

注：*** 表示 $p < 0.001$；x 表示先前知识，w 表示学习方式，y 表示学习成绩。

（3）在不同地区高校中，采用中介效应检验程序，分别检验先前知识对学习成绩的影响。结果显示（见表 5-12），在东、中、西部地区高校中，先前知识对学习成绩都有极其显著的影响，先前知识对学习成绩的总效应分别为 0.401、0.311、0.329，在三者之中东部地区高校的总效应最高，而中部地区高校则最低；在东、中、西部地区高校中，学习方式的中介效应都显著，并且都是部分中介效应，先前知识对学习成绩的影响都只是部分地通过学习方式起作用，中介效应占总效应的比例分别为 5.1%、8.6%、2.6%，在三者之中中部地区高校的比例最高，而西部地区高校则最低；在东、中、西部地区高校中，先前知识对学习成绩影响除去通过学习方式的间接影响外（间接效应分别为 0.021、0.027、0.008），先前知识对学习成绩也有极其显著的直接影响，直接效应分别为 0.380、0.284、0.321，在三者之中东部地区高校的直接效应最高，而中部地区高校则最低。

表 5-12　不同地区高校本科生的先前知识对学习成绩影响检验

类别	步骤	标准化回归方程	回归系数检验	总效应	中介效应 有/无	中介效应 部分/完全	占总效应百分比(%)
东部	第一步	$y = 0.401x$	$t = 16.217^{***}$	0.401	有	部分	5.1
	第二步	$w = 0.276x$	$t = 10.637^{***}$				
	第三步	$y = 0.074w + 0.380x$	$t = 2.325^{*}$ $t = 15.168^{***}$				
中部	第一步	$y = 0.311x$	$t = 11.942^{***}$	0.311	有	部分	8.6
	第二步	$w = 0.279x$	$t = 10.604^{***}$				
	第三步	$y = 0.096w + 0.284x$	$t = 3.569^{***}$ $t = 10.524^{***}$				
西部	第一步	$y = 0.329x$	$t = 12.755^{***}$	0.329	有	部分	2.6
	第二步	$w = 0.136x$	$t = 10.604^{***}$				
	第三步	$y = 0.062w + 0.321x$	$t = 2.015^{*}$ $t = 11.524^{***}$				

注：*** 表示 $p < 0.001$，* 表示 $p < 0.05$；x 表示先前知识，w 表示学习方式，y 表示学习成绩。

（4）在不同学年中，采用中介效应检验程序，分别检验先前知识对学习成绩的影响。结果显示（见表 5-13），在大一、大二、大三、大四的四个学年中，先前知识对学习成绩都有极其显著的影响，先前知识对学习成绩的总效应分别为 0.369、0.314、0.310、0.393，呈现从大一到大三逐渐下降然后到大四上升；在大一、大二、大三、大四的四个学年中，学习方式的中介效应都显著，并且都是部分中介效应，先前知识对学习成绩的影响都只是部分地通过学习方式起作用，中介效应占总效应的比例分别为 6.7%、37.9%、31.6%、32.0%，在四个学年当中，大二所占比例最高，大一则最低；在大一、大二、大三、大四的四个学年中，先前知识对学习成绩影响除去通过学习方式的间接影响外（间接效应分别为 0.025、0.119、0.098、0.126），先前知识对学习成绩也有极其显著的直接影响，直接效应分别为 0.344，0.195，0.212，0.267，呈现从大一到大二有所下降再直到大四逐渐上升。

表 5-13　　不同学年本科生的先前知识对学习成绩影响检验

类别	步骤	标准化回归方程	回归系数检验	总效应	中介效应 有/无	部分/完全	占总效应百分比(%)
大一	第一步	$y = 0.369x$	$t = 12.748^{***}$	0.369	有	部分	6.7
	第二步	$w = 0.338x$	$t = 11.560^{***}$				
	第三步	$y = 0.073w + 0.344x$	$t = 2.367^{*}$ $t = 11.222^{***}$				
大二	第一步	$y = 0.314x$	$t = 10.591^{***}$	0.314	有	部分	37.9
	第二步	$w = 0.330x$	$t = 11.186^{***}$				
	第三步	$y = 0.361w + 0.195x$	$t = 12.288^{***}$ $t = 6.647^{***}$				
大三	第一步	$y = 0.310x$	$t = 10.520^{***}$	0.310	有	部分	31.6
	第二步	$w = 0.291x$	$t = 9.818^{***}$				
	第三步	$y = 0.337w + 0.212x$	$t = 11.610^{***}$ $t = 7.308^{***}$				
大四	第一步	$y = 0.393x$	$t = 13.172^{***}$	0.393	有	部分	32.0
	第二步	$w = 0.331x$	$t = 9.818^{***}$				
	第三步	$y = 0.380w + 0.267x$	$t = 13.026^{***}$ $t = 9.171^{***}$				

注：*** 表示 $p < 0.001$，* 表示 $p < 0.05$；x 表示先前知识，w 表示学习方式，y 表示学习成绩。

（5）在不同科类中，采用中介效应检验程序，分别检验先前知识对学习成绩的影响。结果显示（见表 5-14），在文史哲、法学、理工、经济、管理五个科类中，先前知识对学习成绩都有极其显著的影响，先前知识对学习成绩的总效应分别为 0.251、0.352、0.399、0.365、0.371，按总效应从低到高呈现由文史哲类—法学类—经济类—管理类—理工类逐渐上升；在文史哲、法学、理工、经济、管理五个科类中，学习方式的中介效应都显著，并且都是部分中介效应，先前知识对学习成绩的影响都只是部分地通过学习方式起作用，中介效应占总效应的比例分别为 19.0%、27.5%、36.3%、36.5%、33.3%，按所占比例从低到高呈现由文史哲类—法学类—管理类—理工类—经济类逐渐上升；在文史哲、法学、理工、经济、管理五个科类中，先前知识对学习成绩影响除去通过学习方式的间接影响外（间接效应分别为 0.047、0.096、0.145、0.133、0.123），先前知识对学习成绩也有极其显著的直接影响，直接效应分别为 0.204、0.256、0.254、0.232、0.248，按直接效应从低到高呈现由文史哲类—经济类—管理类—理工类—法学类逐渐上升。

表 5-14　不同科类本科生的先前知识对学习成绩影响检验

类别	步骤	标准化回归方程	回归系数检验	总效应	中介效应 有/无	部分/完全	占总效应百分比(%)
文史	第一步	$y = 0.251x$	$t = 7.345^{***}$	0.251	有	部分	19.0
	第二步	$w = 0.181x$	$t = 5.198^{***}$				
	第三步	$y = 0.264w + 0.204x$	$t = 7.861^{***}$ $t = 6.073^{***}$				
法学	第一步	$y = 0.352x$	$t = 10.773^{***}$	0.352	有	部分	27.5
	第二步	$w = 0.269x$	$t = 7.984^{***}$				
	第三步	$y = 0.360w + 0.256x$	$t = 11.405^{***}$ $t = 8.099^{***}$				
理工	第一步	$y = 0.399x$	$t = 12.641^{***}$	0.399	有	部分	36.3
	第二步	$w = 0.362x$	$t = 11.310^{***}$				
	第三步	$y = 0.400w + 0.254x$	$t = 12.916^{***}$ $t = 8.204^{***}$				

续表

类别	步骤	标准化回归方程	回归系数检验	总效应	中介效应 有/无	中介效应 部分/完全	占总效应百分比(%)
经济	第一步	$y = 0.365x$	$t = 11.001^{***}$	0.365	有	部分	36.5
	第二步	$w = 0.388x$	$t = 11.815^{***}$				
	第三步	$y = 0.343w + 0.232x$	$t = 10.108^{***}$ $t = 6.845^{***}$				
管理	第一步	$y = 0.371x$	$t = 11.235^{***}$	0.371	有	部分	33.3
	第二步	$w = 0.332x$	$t = 9.901^{***}$				
	第三步	$y = 0.372w + 0.248x$	$t = 11.452^{***}$ $t = 7.630^{***}$				

注：*** 表示 $p < 0.001$，x 表示先前知识，w 表示学习方式，y 表示学习成绩。

（6）中介效应分析小结

总体：先前知识对学习成绩有极其显著的影响（$p < 0.001$），是部分地通过学习方式起作用（即学习方式起部分中介作用），对学习成绩也有极其显著的直接影响（$p < 0.001$）。

不同层次的高校：在三个不同层次高校中，先前知识对学习成绩都有极其显著的影响（$p < 0.001$），都是部分地通过学习方式起作用（即学习方式都起部分中介作用），对学习成绩也都有极其显著的直接影响（$p < 0.001$）。先前知识对学习成绩的总效应都大于0.33且小于0.38，直接效应都大于0.20且小于0.28，中介效应占总效应的比例都大于24%且小于39%，但大小略有差异。

不同地区的高校：在三个地区的高校中，先前知识对学习成绩都有极其显著的影响（$p < 0.001$），都是部分地通过学习方式起作用（即学习方式都起部分中介作用），对学习成绩也都有极其显著的直接影响（$p < 0.001$）。先前知识对学习成绩的总效应都大于0.31且小于0.41，直接效应都大于0.28且小于0.38，中介效应占总效应的比例都大于5.8%且小于8.7%，说明在不同地区高校中先前知识通过学习方式影响学习成绩的中介效应占总效应的比例较小，但三者之间大小略有差异。

不同学年：在本科生的四个学年中，先前知识对学习成绩都有极其显著的影响（$p<0.001$），都是部分地通过学习方式起作用（即学习方式都起部分中介作用），对学习成绩也都有极其显著的直接影响（$p<0.001$）。先前知识对学习成绩的总效应都大于0.31且小于0.40，直接效应都大于0.19且小于0.35，中介效应占总效应的比例都大于6%且小于38%，其中大一的比例只占6.7%，与其他三个学年相差悬殊，而大二、大三、大四三个学年比例均在30%以上，且这三者的大小略有差异。

不同科类：在五个科类中，先前知识对学习成绩都有极其显著的影响（$p<0.001$），都是部分地通过学习方式起作用（即学习方式都起部分中介作用），对学习成绩也都有极其显著的直接影响（$p<0.001$）。先前知识对学习成绩的总效应都大于0.25且小于0.40，直接效应都大于0.20且小于0.26，中介效应占总效应的比例都大于19%且小于37%，在不同科类中，文史哲类与其他四个科类相差悬殊，而其他四个科类总效应、直接效应及中介效应所占比例的大小略有差异。

2. 学习能力

第一，方差分析

不同层次的高校："985工程"高校、"211工程"高校、一般地方高校的学生在学习能力上的均值分别为3.483、3.443、3.407，从均值上看，学生的学习能力水平从"985工程"高校到"211工程"高校再到一般地方高校逐渐降低，方差分析结果显示，"985工程"高校、"211工程"高校、一般地方高校的学生在学习能力上有很显著的差异，$F(2,4048)=6.619$，$p<0.01$。

LSD事后检验结果显示，在学习能力上，"985工程"高校学生极其显著高于一般地方高校学生（$p<0.001$），"211工程"高校学生与"985工程"高校学生、一般地方高校学生没有显著差异。

不同地区的高校：东、中、西部地区高校的学生在学习能力上的均值分别为3.443、3.423、3.468，从均值上看，学生的学习能力水平从中部地区高校到东部地区高校再到西部地区高校逐渐升高。方差分析结果显示，东、中、西部地区高校的学生在学习能力上没有显著的差异，$F(2, 4048) = 2.271$，$p > 0.01$。

不同学年：大一、大二、大三、大四学生在学习能力上的均值分别为 3.477、3.383、3.402、3.521，从均值上看，学生的学习能力水平从大一到大二下降然后到大四逐渐上升。方差分析结果显示，大一、大二、大三、大四学生在学习能力上有极其显著的差异，$F(3, 4047) = 14.401$，$p < 0.001$。

LSD 事后检验结果显示，在学习能力上，大一学生极其显著高于大二学生（$p < 0.001$），大一学生很显著高于大三（$p < 0.01$），大四学生极其显著高于大二学生（$p < 0.001$），大四学生极其显著高于大三学生（$p < 0.001$），其他学年没有显著差异。

不同科类：文史哲类、法学类、理工类、经济类、管理类学生在学习能力上的均值分别为 3.463、3.443、3.470、3.347、3.497，从均值上看，学生的学习能力从经济类—法学类—文史哲类—理工类—管理类逐渐上升。方差分析结果显示，文史哲类、法学类、理工类、经济类、管理类学生在学习能力上有极其显著的差异，$F(4, 4046) = 9.097$，$p < 0.001$。

LSD 事后检验结果显示，在学习能力上，文史哲类、法学类、理工类学生极其显著高于经济类学生（$p < 0.001$），管理类学生显著高于经济类学生（$p < 0.05$），其他科类学生没有显著差异。

第二，中介效应检验

采用中介效应检验程序，检验学习能力对学习成绩的影响。

（1）在本科生中，采用中介效应检验程序，检验学习能力对学习成绩的影响。检验结果显示（见表 5 - 15），本科生的学习能力对学习成绩有极其显著的影响，学习能力对学习成绩的总效应为 0.374；学习方式的中介效应显著，并且是部分中介效应，学习能力对学习成绩的影响只是部分地通过学习方式起作用，中介效应占总效应的比例为 28.2%；学习能力对学习成绩影响除去通过学习方式的间接影响外（间接效应为 0.106），学习能力对学习成绩也有极其显著的直接影响，直接效应为 0.268。

表 5-15 本科生的学习能力对学习成绩影响检验表

类别	步骤	标准化回归方程	回归系数检验	总效应	中介效应 有/无	中介效应 部分/完全	占总效应百分比(%)
总体	第一步	$y = 0.374x$	$t = 25.624^{***}$	0.374	有	部分	28.2
	第二步	$w = 0.305x$	$t = 20.381^{***}$				
	第三步	$y = 0.346w + 0.268x$	$t = 24.217^{***}$ $t = 18.720^{***}$				

注：*** 表示 $p < 0.001$；x 表示学习能力，w 表示学习方式，y 表示学习成绩。

（2）在不同层次高校中，采用中介效应检验程序，分别检验学习能力对学习成绩的影响。结果显示（见表 5-16），在"985 工程"高校、"211 工程"高校、一般地方高校中，学习能力对学习成绩都有极其显著的影响，学习能力对学习成绩的总效应分别为 0.339、0.394、0.368，在三者之中"211 工程"高校的总效应最高，而"985 工程"高校则最低；在"985 工程"高校、"211 工程"高校、一般地方高校中，学习方式的中介效应都显著，并且都是部分中介效应，学习能力对学习成绩的影响都只是部分地通过学习方式起作用，中介效应占总效应的比例分别为 26.2%、30.2%、29.1%，在三者之中"211 工程"高校的比例最高，而"985 工程"高校则最低；在"985 工程"高校、"211 工程"高校、一般地方高校中，学习能力对学习成绩影响除去通过学习方式的间接影响外（间接效应分别为 0.089、0.119、0.107），学习能力对学习成绩也有极其显著的直接影响，直接效应分别为 0.250、0.275、0.261，在三者之中"211 工程"高校的直接效应最高，而"985 工程"高校则最低。

表 5-16 不同层次高校本科生的学习能力对学习成绩影响检验表

类别	步骤	标准化回归方程	回归系数检验	总效应	中介效应 有/无	中介效应 部分/完全	占总效应百分比(%)
985	第一步	$y = 0.339x$	$t = 13.275^{***}$	0.339	有	部分	26.2
	第二步	$w = 0.255x$	$t = 9.729^{***}$				
	第三步	$y = 0.348w + 0.250x$	$t = 14.106^{***}$ $t = 10.137^{***}$				

续表

类别	步骤	标准化回归方程	回归系数检验	总效应	中介效应 有/无	部分/完全	占总效应百分比(%)
211	第一步	$y = 0.394x$	$t = 15.615^{***}$	0.394	有	部分	30.2
	第二步	$w = 0.334x$	$t = 12.933^{***}$				
	第三步	$y = 0.356w + 0.275x$	$t = 14.276^{***}$ $t = 11.028^{***}$				
地方	第一步	$y = 0.368x$	$t = 14.594^{***}$	0.368	有	部分	29.1
	第二步	$w = 0.313x$	$t = 12.165^{***}$				
	第三步	$y = 0.342w + 0.261x$	$t = 13.718^{***}$ $t = 10.484^{***}$				

注：*** 表示 $p < 0.001$。x 表示学习能力，w 表示学习方式，y 表示学习成绩。

（3）在不同地区高校中，采用中介效应检验程序，分别检验学习能力对学习成绩的影响。结果显示（见表5-17），在东、中、西部地区高校中，学习能力对学习成绩都有极其显著的影响，学习能力对学习成绩的总效应分别为0.350、0.311、0.353，在三者之中西部地区高校的总效应最高，而中部地区高校则最低；在东、中、西部地区高校中，学习方式的中介效应都显著，并且都是部分中介效应，学习能力对学习成绩的影响都只是部分地通过学习方式起作用，中介效应占总效应的比例分别为8.2%、9.0%、8.4%，在三者之中中部地区高校的比例最高，而东部地区高校则最低；在东、中、西部地区高校中，学习能力对学习成绩影响除去通过学习方式的间接影响外（间接效应分别为0.029、0.028、0.030），学习能力对学习成绩也有极其显著的直接影响，直接效应分别为0.321、0.283、0.323，在三者中西部地区高校的直接效应最高，而中部地区高校则最低。

表5-17 不同地区高校本科生的学习能力对学习成绩影响检验表

类别	步骤	标准化回归方程	回归系数检验	总效应	中介效应 有/无	中介效应 部分/完全	占总效应百分比(%)
东部	第一步	$y = 0.350x$	$t = 13.837^{***}$	0.350	有	部分	8.2
	第二步	$w = 0.457x$	$t = 19.019^{***}$				
	第三步	$y = 0.063w + 0.321x$	$t = 1.993^{*}$ $t = 12.557^{***}$				
中部	第一步	$y = 0.311x$	$t = 11.971^{***}$	0.311	有	部分	9.0
	第二步	$w = 0.431x$	$t = 19.514^{***}$				
	第三步	$y = 0.065w + 0.283x$	$t = 2.089^{*}$ $t = 9.973^{***}$				
西部	第一步	$y = 0.353x$	$t = 13.806^{***}$	0.353	有	部分	8.4
	第二步	$w = 0.325x$	$t = 12.556^{***}$				
	第三步	$y = 0.091w + 0.323x$	$t = 3.392^{***}$ $t = 11.524^{***}$				

注：*** 表示 $p < 0.001$，* 表示 $p < 0.05$；x 表示学习能力，w 表示学习方式，y 表示学习成绩。

（4）在不同学年中，采用中介效应检验程序，分别检验学习能力对学习成绩的影响。结果显示（见表5-18），在大一、大二、大三、大四的四个学年中，学习能力对学习成绩都有极其显著的影响，学习能力对学习成绩的总效应分别为0.368、0.368、0.339、0.398，呈现从大一到大三逐渐下降然后到大四上升；在大一、大二、大三、大四的四个学年中，学习方式的中介效应都显著，并且都是部分中介效应，学习能力对学习成绩的影响都只是部分地通过学习方式起作用，中介效应占总效应的比例分别为18.7%、30.6%、25.9%、32.9%，在四个学年当中，大四所占比例最高，大一则最低；在大一、大二、大三、大四的四个学年中，学习能力对学习成绩影响除去通过学习方式的间接影响外（间接效应分别为0.069，0.113，0.088，0.131），学习能力对学习成绩也有极其显著的直接影响，直接效应分别为0.299、0.255、0.251、0.267，呈现从大一到大三有所下降再直到大四上升。

表 5-18　不同学年本科生的学习能力对学习成绩影响检验表

类别	步骤	标准化回归方程	回归系数检验	总效应	中介效应 有/无	中介效应 部分/完全	占总效应百分比(%)
大一	第一步	$y = 0.368x$	$t = 12.738^{***}$	0.368	有	部分	18.7
	第二步	$w = 0.499x$	$t = 18.503^{***}$				
	第三步	$y = 0.138w + 0.299x$	$t = 1.992^{*}$ $t = 10.930^{***}$				
大二	第一步	$y = 0.368x$	$t = 12.634^{***}$	0.368	有	部分	30.6
	第二步	$w = 0.329x$	$t = 11.123^{***}$				
	第三步	$y = 0.342w + 0.255x$	$t = 11.818^{***}$ $t = 8.833^{***}$				
大三	第一步	$y = 0.339x$	$t = 11.609^{***}$	0.339	有	部分	25.9
	第二步	$w = 0.264x$	$t = 8.831^{***}$				
	第三步	$y = 0.332w + 0.251x$	$t = 11.677^{***}$ $t = 8.818^{***}$				
大四	第一步	$y = 0.398x$	$t = 13.352^{***}$	0.398	有	部分	32.9
	第二步	$w = 0.349x$	$t = 11.470^{***}$				
	第三步	$y = 0.375w + 0.267x$	$t = 12.774^{***}$ $t = 9.083^{***}$				

注：*** 表示 $p < 0.001$，* 表示 $p < 0.05$。x 表示学习能力，w 表示学习方式，y 表示学习成绩。

（5）在不同科类中，采用中介效应检验程序，分别检验学习能力对学习成绩的影响。结果显示（见表 5-19），在文史哲、法学、理工、经济、管理五个科类中，学习能力对学习成绩都有极其显著的影响，学习能力对学习成绩的总效应分别为 0.267、0.345、0.453、0.402、0.388，按总效应从低到高呈现由文史哲类—法学类—管理类—经济类—理工类逐渐上升；在文史哲、法学、理工、经济、管理五个科类中，学习方式的中介效应都显著，并且都是部分中介效应，学习能力对学习成绩的影响都只是部分地通过学习方式起作用，中介效应占总效应的比例分别为 17.4%、23.9%、32.0%、31.2%、28.8%，按所占比例从低到高呈现由文史哲类—法学类—管理类—经济类—理工类逐渐上升；在文史哲、法学、理工、经济、管理五个科类中，学习能力对学习成绩影响除去通过学习方式的间接影响外（间接效应分别为 0.046、0.083、0.145、0.126、0.112），学习能力对学习成绩也有极其显著的直接影响，直接效应分别为 0.221、0.262、0.308、0.276、0.276，按直接效应从低到高呈现由文史哲类—法学类—经济类、管理类—理工类逐渐上升。

表 5-19　不同科类本科生的学习能力对学习成绩影响检验表

类别	步骤	标准化回归方程	回归系数检验	总效应	中介效应 有/无	中介效应 部分/完全	占总效应百分比(%)
文史	第一步	$y = 0.267x$	$t = 7.837^{***}$	0.267	有	部分	17.4
	第二步	$w = 0.178x$	$t = 5.106^{***}$				
	第三步	$y = 0.261w + 0.221x$	$t = 7.826^{***}$ $t = 6.608^{***}$				
法学	第一步	$y = 0.345x$	$t = 10.519^{***}$	0.345	有	部分	23.9
	第二步	$w = 0.223x$	$t = 6.553^{***}$				
	第三步	$y = 0.370w + 0.262x$	$t = 11.905^{***}$ $t = 8.442^{***}$				
理工	第一步	$y = 0.453x$	$t = 14.764^{***}$	0.453	有	部分	32.0
	第二步	$w = 0.390x$	$t = 12.321^{***}$				
	第三步	$y = 0.372w + 0.308x$	$t = 12.075^{***}$ $t = 10.002^{***}$				
经济	第一步	$y = 0.402x$	$t = 12.295^{***}$	0.402	有	部分	31.2
	第二步	$w = 0.384x$	$t = 11.651^{***}$				
	第三步	$y = 0.327w + 0.276x$	$t = 9.785^{***}$ $t = 8.264^{***}$				
管理	第一步	$y = 0.388x$	$t = 11.822^{***}$	0.388	有	部分	28.8
	第二步	$w = 0.301x$	$t = 8.870^{***}$				
	第三步	$y = 0.371w + 0.276x$	$t = 11.672^{***}$ $t = 8.687^{***}$				

注：*** 表示 $p < 0.001$；x 表示学习能力，w 表示学习方式，y 表示学习成绩。

(6) 中介效应分析小结

总体：学习能力对学习成绩有极其显著的影响（$p < 0.001$），是部分地通过学习方式起作用（即学习方式起部分中介作用），对学习成绩也有极其显著的直接影响（$p < 0.001$）。

不同层次的高校：在三个层次的高校中，学习能力对学习成绩都有极其显著的影响（$p<0.001$），都是部分地通过学习方式起作用（即学习方式都起部分中介作用），对学习成绩也都有极其显著的直接影响（$p<0.001$）。学习能力对学习成绩的总效应都大于 0.33 且小于 0.40，直接效应都大于 0.25 且小于 0.28，中介效应占总效应的比例都大于 26% 且小于 31%，但大小略有差异。

不同地区的高校：在三个地区的高校中，学习能力对学习成绩都有极其显著的影响（$p<0.001$），都是部分地通过学习方式起作用（即学习方式都起部分中介作用），对学习成绩也都有极其显著的直接影响（$p<0.001$）。学习能力对学习成绩的总效应都大于 0.31 且小于 0.36，直接效应都大于 0.28 且小于 0.33，中介效应占总效应的比例都大于 8.2% 且小于 9.0%，说明在不同地区高校中学习能力通过学习方式影响学习成绩的中介效应占总效应的比例不大，且大小略有差异。

不同学年：在本科生的四个学年中，先前知识对学习成绩都有极其显著的影响（$p<0.001$），都是部分地通过学习方式起作用（即学习方式都起部分中介作用），对学习成绩也都有极其显著的直接影响（$p<0.001$）。先前知识对学习成绩的总效应都大于 0.33 且小于 0.40，直接效应都大于 0.25 且小于 0.30，中介效应占总效应的比例都大于 18% 且小于 33%，其中大一的比例只占 18.7%，与其他三个学年相差较大，而大二、大三、大四三个学年比例均在 25% 以上，但大小略有差异。

不同科类：在五个科类中，学习能力对学习成绩都有极其显著的影响（$p<0.001$），都是部分地通过学习方式起作用（即学习方式都起部分中介作用），对学习成绩也都有极其显著的直接影响（$p<0.001$）。学习能力对学习成绩的总效应都大于 0.26 且小于 0.46，直接效应都大于 0.22 且小于 0.31，中介效应占总效应的比例都大于 17% 且小于 32%，在不同科类中，文史哲类与其他四个科类相差较大，其他四个科类总效应、直接效应及中介效应所占比例的大小略有差异。

3. 学习观念

第一，方差分析

不同层次的高校："985 工程"高校、"211 工程"高校、一般地方高校的学生在学习观念上的均值分别为 3.494、3.414、3.394，从均值上看，学生在学习观念水平上从"985 工程"高校到"211 工程"高校再到一般地方高校逐渐降低，方差分析结果显示，"985 工程"高校、"211 工程"高校、一般地方高校的学生在学习观念上有极其显著的差异，$F(2, 4048) = 12.457$，$p < 0.001$。

LSD 事后检验结果显示，在学习观念上，"985 工程"高校的学生极其显著高于"211 工程"高校、一般地方高校的学生（$p < 0.001$），"211 工程"高校的学生与一般地方高校的学生没有显著差异。

不同地区的高校：东、中、西部地区高校的学生在学习观念上的均值分别为 3.403、3.445、3.454，从均值上看，学生在学习观念水平上，西部地区高校最高，东部地区高校最低。方差分析结果显示，东、中、西部地区高校的学生在学习观念上有显著的差异，$F(2, 4048) = 3.278$，$p < 0.05$。

LSD 事后检验结果显示，在学习观念上，中、西部地区高校的学生显著高于东部地区高校学生（$p < 0.05$），中部地区高校的学生与西部地区高校的学生没有显著差异。

不同学年：大一、大二、大三、大四的学生在学习观念上的均值分别为 3.492、3.412、3.435、3.439，从均值上看，学生在学习观念上从大一到大二下降然后直到大四上升。方差分析结果显示，大一、大二、大三、大四的学生在学习观念上有极其显著的差异，$F(3, 4047) = 6.135$，$p < 0.001$。

LSD 事后检验结果显示，在学习观念上，大一学生极其显著高于大二学生（$p < 0.001$），大一学生显著高于大三学生（$p < 0.05$），其他学年没有显著差异。

不同科类：文史哲类、法学类、理工类、经济类、管理类的学生在学习观念上的均值分别为 3.420、3.445、3.388、3.395、3.526，从均值上看，学生在学习观念上从经济类—文史哲类—理工类—法学类—管理类逐步上升。方差分析结果显示，文史哲类、法学类、理工类、经济类、管理类的学生在学习观念上有极其显著的差异，$F(4, 4046) = 8.271$，$p < 0.001$。

LSD事后检验结果显示，在学习观念上，管理类的学生极其显著高于文史哲类、理工类、经济类的学生（$p < 0.001$），管理类的学生很显著高于法学类的学生（$p < 0.01$），法学类的学生显著高于理工类的学生（$p < 0.05$），其他科类的学生没有显著差异。

第二，中介效应检验

采用中介效应检验程序，检验学习观念对学习成绩的影响。

（1）在本科生中，采用中介效应检验程序，检验学习观念对学习成绩的影响。结果显示（见表5-20），本科生的学习观念对学习成绩有极其显著的影响，学习观念对学习成绩的总效应为0.244；学习方式的中介效应显著，并且是部分中介效应，学习观念对学习成绩的影响只是部分地通过学习方式起作用，中介效应占总效应的比例为66.9%；学习观念对学习成绩影响除去通过学习方式的间接影响外（间接效应为0.163），学习观念对学习成绩也有极其显著的直接影响，直接效应为0.081。

表5-20 本科生的学习观念对学习成绩影响检验表

类别	步骤	标准化回归方程	回归系数检验	总效应	中介效应 有/无	中介效应 部分/完全	中介效应 占总效应百分比(%)
总体	第一步	$y = 0.244x$	$t = 15.994***$	0.244	有	部分	66.9
	第二步	$w = 0.413x$	$t = 28.877***$				
	第三步	$y = 0.395w + 0.081x$	$t = 25.402***$ $t = 5.183***$				

注：*** 表示 $p < 0.001$；x表示学习观念，w表示学习方式，y表示学习成绩。

（2）在不同层次的高校中，采用中介效应检验程序，分别检验学习观念对学习成绩的影响。结果显示（见表5-21），在"985工程"高校、"211工程"高校、一般地方高校中，学习观念对学习成绩都有极其显著的影响，学习观念对学习成绩的总效应分别为0.241、0.284、0.210，在三者之中"211工程"高校的总效应最高，而一般地方高校则最低；在"985工程"高校、"211工程"高校、一般地方高校中，学习方式的中介效应都显著，并且都是部分中介效应，学习观念对学习成绩的影响都只是部分地通过学习方式起作用，中介效应占总效应的比例分别为64.8%、62.4%、73.9%，在三者之中一般地方高校的比例最高，而"211工程"高校则最低；在"985工程"高校、"211工程"高校、一般地方高校中，学习观念对学习成绩影响除去通过学习方式的间接影响外（间接效应分别为0.156、0.177、0.156），学习观念对学习成绩也有极其显著的直接影响，直接效应分别为0.085、0.107、0.054，在三者之中"211工程"高校的直接效应最高，而一般地方高校则最低。

表5-21 不同层次高校本科生的学习观念对学习成绩影响检验表

类别	步骤	标准化回归方程	回归系数检验	总效应	中介效应 有/无	中介效应 部分/完全	占总效应百分比(%)
985	第一步	$y = 0.241x$	$t = 9.157***$	0.241	有	部分	64.8
	第二步	$w = 0.414x$	$t = 16.738***$				
	第三步	$y = 0.377w + 0.085x$	$t = 13.907***$ $t = 3.153***$				
211	第一步	$y = 0.284x$	$t = 10.805***$	0.284	有	部分	62.4
	第二步	$w = 0.443x$	$t = 18.031***$				
	第三步	$y = 0.400w + 0.107x$	$t = 14.708***$ $t = 3.922***$				
地方	第一步	$y = 0.210x$	$t = 7.902***$	0.210	有	部分	73.9
	第二步	$w = 0.386x$	$t = 15.418***$				
	第三步	$y = 0.402w + 0.054x$	$t = 15.125***$ $t = 2.041*$				

注：*** 表示 $p < 0.001$，* 表示 $p < 0.05$；x 表示学习观念，w 表示学习方式，y 表示学习成绩。

（3）在不同地区的高校中，采用中介效应检验程序，分别检验学习观念对学习成绩的影响。结果显示（见表5-22），在东、中、西部地区高校中，学习观念对学习成绩都有极其显著的影响，学习观念对学习成绩的总效应分别为0.221、0.234、0.209，在三者之中中部地区高校的总效应最高，而西部地区高校则最低；在东、中、西部地区高校中，学习方式的中介效应都显著，并且都是部分中介效应，学习观念对学习成绩的影响都只是部分地通过学习方式起作用，中介效应占总效应的比例分别为29.7%、42.7%、32.6%，在三者之中中部地区高校的比例最高，而东部地区高校则最低；在东、中、西部地区高校中，学习观念对学习成绩影响除去通过学习方式的间接影响外（间接效应分别为0.066、0.100、0.068），学习观念对学习成绩也有极其显著的直接影响，直接效应分别为0.155、0.134、0.141，在三者中东部地区高校的直接效应最高，而中部地区高校则最低。

表5-22 不同地区高校本科生的学习观念对学习成绩影响检验表

类别	步骤	标准化回归方程	回归系数检验	总效应	中介效应 有/无	中介效应 部分/完全	中介效应 占总效应百分比(%)
东部	第一步	$y = 0.221x$	$t = 7.837^{***}$	0.221	有	部分	29.7
东部	第二步	$w = 0.382x$	$t = 15.312^{***}$	0.221	有	部分	29.7
东部	第三步	$y = 0.172w + 0.155x$	$t = 3.545^{***}$ $t = 5.157^{***}$	0.221	有	部分	29.7
中部	第一步	$y = 0.234x$	$t = 8.671^{***}$	0.234	有	部分	42.7
中部	第二步	$w = 0.460x$	$t = 18.918^{***}$	0.234	有	部分	42.7
中部	第三步	$y = 0.217w + 0.134x$	$t = 7.173^{***}$ $t = 4.592^{***}$	0.234	有	部分	42.7
西部	第一步	$y = 0.209x$	$t = 13.806^{***}$	0.209	有	部分	32.6
西部	第二步	$w = 0.387x$	$t = 15.362^{***}$	0.209	有	部分	32.6
西部	第三步	$y = 0.176w + 0.141x$	$t = 5.567^{**}$ $t = 3.740^{***}$	0.209	有	部分	32.6

注：*** 表示 $p<0.001$。x 表示学习观念，w 表示学习方式，y 表示学习成绩。

（4）在不同学年中，采用中介效应检验程序，分别检验学习观念对学习成绩的影响。结果显示（见表5-23），在大一、大二、大三、大四的四个学年中，学习观念对学习成绩都有极其显著的影响，学习观念对学习成绩的总效应分别为0.202、0.223、0.215、0.314，呈现从大一到大二上升到大三下降然后到大四上升；在大一、大二、大三、大四的四个学年中，学习方式的中介效应都显著，并且都是部分中介效应，学习观念对学习成绩的影响都只是部分地通过学习方式起作用，中介效应占总效应的比例分别为50.2%、72.8%、57.0%、62.2%，在四个学年当中，大二所占比例最高，大一则最低；在大一、大二、大三、大四的四个学年中，学习观念对学习成绩影响除去通过学习方式的间接影响外（间接效应分别为0.102、0.162、0.123、0.196），学习观念对学习成绩也有极其显著的直接影响，直接效应分别为0.100、0.061、0.092、0.118，呈现从大一到大二下降然后到大四上升。

表5-23　不同学年本科生的学习观念对学习成绩影响检验表

类别	步骤	标准化回归方程	回归系数检验	总效应	中介效应 有/无	中介效应 部分/完全	中介效应 占总效应百分比(%)
大一	第一步	$y = 0.202x$	$t = 6.985^{***}$	0.202	有	部分	50.2
大一	第二步	$w = 0.301x$	$t = 10.513^{***}$	0.202	有	部分	50.2
大一	第三步	$y = 0.337w + 0.100x$	$t = 12.023^{***}$ $t = 2.934^{***}$	0.202	有	部分	50.2
大二	第一步	$y = 0.223x$	$t = 7.305^{***}$	0.223	有	部分	72.8
大二	第二步	$w = 0.405x$	$t = 14.155^{***}$	0.223	有	部分	72.8
大二	第三步	$y = 0.401w + 0.061x$	$t = 12.971^{***}$ $t = 1.984^{*}$	0.223	有	部分	72.8
大三	第一步	$y = 0.215x$	$t = 7.085^{***}$	0.215	有	部分	57.0
大三	第二步	$w = 0.333x$	$t = 11.401^{***}$	0.215	有	部分	57.0
大三	第三步	$y = 0.368w + 0.092x$	$t = 12.245^{***}$ $t = 3.059^{***}$	0.215	有	部分	57.0
大四	第一步	$y = 0.314x$	$t = 10.179^{***}$	0.314	有	部分	62.2
大四	第二步	$w = 0.474x$	$t = 16.590^{***}$	0.314	有	部分	62.2
大四	第三步	$y = 0.412w + 0.118x$	$t = 12.734^{***}$ $t = 3.656^{***}$	0.314	有	部分	62.2

注：*** 表示 $p < 0.001$，* 表示 $p < 0.05$；x 表示学习观念，w 表示学习方式，y 表示学习成绩。

（5）在不同科类中，采用中介效应检验程序，分别检验学习观念对学习成绩的影响。结果显示（见表5-24），在文史哲、法学、理工、经济、管理五个科类中，学习观念对学习成绩都有极其显著的影响，学习观念对学习成绩的总效应分别为0.188、0.214、0.320、

0.257、0.220，按总效应从低到高呈现由文史哲类—法学类—管理类—经济类—理工类逐步上升；在文史哲、法学、理工、经济、管理五个科类中，学习方式的中介效应都显著，并且都是部分中介效应，学习观念对学习成绩的影响都只是部分地通过学习方式起作用，中介效应占总效应的比例分别为 49.7%、63.7%、63.5%、71.6%、69.3%，按所占比例从低到高呈现由文史哲类—理工类—法学类—管理类—经济类逐步上升；在文史哲、法学、理工、经济、管理五个科类中，学习观念对学习成绩影响除去通过学习方式的间接影响外（间接效应分别为 0.094、0.136、0.204、0.184、0.153），学习观念对学习成绩也有极其显著的直接影响，直接效应分别为 0.094、0.078、0.116、0.073、0.067，按直接效应从低到高呈现由管理类—经济类—法学类—文史哲类—理工类逐渐上升。

表 5-24　不同科类本科生的学习观念对学习成绩影响检验表

类别	步骤	标准化回归方程	回归系数检验	总效应	中介效应 有/无	中介效应 部分/完全	中介效应 占总效应百分比(%)
文史	第一步	$y = 0.188x$	$t = 5.416***$	0.188	有	部分	49.7
	第二步	$w = 0.350x$	$t = 10.590***$				
	第三步	$y = 0.267w + 0.094x$	$t = 7.454***$ $t = 2.630**$				
法学	第一步	$y = 0.214x$	$t = 6.281***$	0.214	有	部分	63.7
	第二步	$w = 0.339x$	$t = 10.322***$				
	第三步	$y = 0.402w + 0.078x$	$t = 12.014***$ $t = 2.329*$				
理工	第一步	$y = 0.320x$	$t = 9.817***$	0.320	有	部分	63.5
	第二步	$w = 0.465x$	$t = 15.292***$				
	第三步	$y = 0.437w + 0.116x$	$t = 13.015***$ $t = 3.458***$				
经济	第一步	$y = 0.257x$	$t = 7.458***$	0.257	有	部分	71.6
	第二步	$w = 0.461x$	$t = 14.553***$				
	第三步	$y = 0.399w + 0.073x$	$t = 11.043***$ $t = 2.023*$				

续表

类别	步骤	标准化回归方程	回归系数检验	总效应	中介效应 有/无	中介效应 部分/完全	中介效应 占总效应百分比(%)
管理	第一步	$y=0.220x$	$t=6.333^{***}$	0.220	有	部分	69.3
	第二步	$w=0.419x$	$t=12.959^{***}$				
	第三步	$y=0.364w+0.067x$	$t=11.574^{***}$ $t=2.213^{*}$				

注：*** 表示 $p<0.001$，** 表示 $p<0.01$，* 表示 $p<0.05$；x 表示学习观念，w 表示学习方式，y 表示学习成绩。

(6) 中介效应分析小结

总体：学习观念对学习成绩有极其显著的影响（$p<0.001$），是部分地通过学习方式起作用（即学习方式起部分中介作用），对学习成绩也有极其显著的直接影响（$p<0.001$）。

不同层次的高校：在三个层次的高校中，学习观念对学习成绩都有极其显著的影响（$p<0.001$），都是部分地通过学习方式起作用（即学习方式都起部分中介作用），对学习成绩也都有极其显著的直接影响（$p<0.001$）。学习观念对学习成绩的总效应都大于0.21且小于0.29，直接效应都大于0.05且小于0.11，中介效应占总效应的比例都大于62%且小于74%，说明不同层次高校本科生的学习观念通过学习方式对学习成绩中介效应占总效应的比例较大，但大小略有差异。

不同地区的高校：在三个地区的高校中，学习观念对学习成绩都有极其显著的影响（$p<0.001$），都是部分地通过学习方式起作用（即学习方式都起部分中介作用），对学习成绩也都有极其显著的直接影响（$p<0.001$）。学习观念对学习成绩的总效应都大于0.20且小于0.24，直接效应都大于0.13且小于0.16，中介效应占总效应的比例都大于29%且小于43%，但大小略有差异。

不同学年：在本科生的四个学年中，学习观念对学习成绩都有极其显著的影响（$p<0.001$），都是部分地通过学习方式起作用（即学习方式都起部分中介作用），对学习成绩也都有极其显著的直接影响

（$p<0.001$）。学习观念对学习成绩的总效应都大于 0.20 且小于 0.32，直接效应都大于 0.06 小于 0.12，中介效应占总效应的比例都大于 50% 且小于 73%，说明在大学四年中本科生的学习观念通过学习方式影响学习成绩的中介效应占总效应的比例较大，但四个学年的比例大小略有差异。

不同科类：在五个科类中，学习观念对学习成绩都有极其显著的影响（$p<0.001$），都是部分地通过学习方式起作用（即学习方式都起部分中介作用），对学习成绩也都有极其显著的直接影响（$p<0.001$）。学习观念对学习成绩的总效应都大于 0.18 且小于 0.32，直接效应都大于 0.06 且小于 0.12，中介效应占总效应的比例都大于 49% 且小于 72%，学习观念通过学习方式影响学习成绩的中介效应占总效应的比例较大，但在五个不同科类中，文史哲类与其他四个科类相差较大，中介效应占总效应的比例只是 49.7%，其他四个科类总效应、直接效应及中介效应所占比例都在 63% 以上，大小略有差异。

（二）本科生学习过程中的教师主导因素

在大学本科生学习过程中，教师是其学习的主导因素，其作用发挥的好坏，直接影响了本科生学习成果。对教师主导因素主要从以下两个方面进行分析：

1. 教学

第一，方差分析

不同层次的高校："985 工程"高校、"211 工程"高校、一般地方高校在教学上的均值分别为 3.232、3.293、3.181，从均值上看，教学水平"211 工程"高校最高，一般地方高校最低，方差分析结果显示，"985 工程"高校、"211 工程"高校、一般地方高校在教学上有极其显著差异，$F(2,4048)=12.571$，$p<0.001$。

LSD 事后检验结果显示，在教学上，"211 工程"高校极其显著高于一般地方高校（$p<0.001$），"211 工程"高校很显著高于"985 工程"（$p<0.01$），"985 工程"高校显著高于一般地方高校（$p<0.05$）。

不同地区的高校：东、中、西部地区高校的教学的均值分别为3.141、3.130、3.272，从均值上看，在教学水平上，西部地区高校最高，中部地区高校最低。方差分析结果显示，东、中、西部地区高校在教学上有极其显著的差异，$F(2, 4048) = 16.550$，$p < 0.001$。

LSD事后检验结果显示，在教学上，西部地区高校极其显著高于东、中部地区高校（$p < 0.001$），而东部地区高校与中部地区高校没有显著差异。

不同学年：大一、大二、大三、大四在教学上的均值分别为3.147、3.145、3.181、3.255，从均值上看，教学水平从大一到大二下降然后到大四逐渐上升。方差分析结果显示，大一、大二、大三、大四在教学上有极其显著的差异，$F(3, 4047) = 8.375$，$p < 0.001$。

LSD事后检验结果显示，在教学上，大四很显著高于大一、大二（$p < 0.01$），大四显著高于大三（$p < 0.05$），其他学年没有显著差异。

不同科类：文史哲类、法学类、理工类、经济类、管理类在教学上的均值分别为3.185、3.237、3.257、3.093、3.124，从均值上看，在教学水平上从经济类—管理类—文史哲类—法学类—理工类逐渐上升。方差分析结果显示，文史哲类、法学类、理工类、经济类、管理类在教学上有极其显著的差异，$F(4, 4046) = 7.876$，$p < 0.001$。

LSD事后检验结果显示，在教学上，理工类显著高于文史哲类（$p < 0.05$），文史哲类显著高于经济类（$p < 0.05$），法学类显著高于经济类（$p < 0.05$），理工类极其显著高于经济类、管理类（$p < 0.001$），法学类很显著高于管理类（$p < 0.01$），法学类显著高于理工类（$p < 0.05$），其他科类没有显著差异。

第二，中介效应检验

采用中介效应检验程序，检验教学对学习成绩的影响。

（1）在本科生中，采用中介效应检验程序，检验教学对学习成绩的影响。结果显示（见表5-25），对本科生来说，教学对学习成绩有极其显著的影响，教学对学习成绩的总效应为 0.325；学习方式的中介效应显著，并且是部分中介效应，教学对学习成绩的影响只是部分地通过学习方式起作用，中介效应占总效应的比例为 26.2%；教学对学习成绩影响除去通过学习方式的间接影响外（间接效应为 0.085），教学对学习成绩也有极其显著的直接影响，直接效应为 0.240。

表 5-25　　　　　本科生的教学对学习成绩影响检验表

类别	步骤	标准化回归方程	回归系数检验	总效应	中介效应 有/无	部分/完全	占总效应百分比(%)
总体	第一步	$y = 0.325x$	$t = 21.850^{***}$	0.325	有	部分	26.2
	第二步	$w = 0.228x$	$t = 14.894^{***}$				
	第三步	$y = 0.374w + 0.240x$	$t = 23.366^{***}$ $t = 10.749^{***}$				

注：*** 表示 $p < 0.001$；x 表示教学，w 表示学习方式，y 表示学习成绩。

（2）在不同层次高校中，采用中介效应检验程序，分别检验教学对学习成绩的影响。结果显示（见表 5-26），在"985 工程"高校、"211 工程"高校、一般地方高校中，教学对学习成绩都有极其显著的影响，教学对学习成绩的总效应分别为 0.342、0.322、0.312，在三者之中"985 工程"高校的总效应最高，而一般地方高校则最低；在"985 工程"高校、"211 工程"高校、一般地方高校中，学习方式的中介效应都显著，并且都是部分中介效应，教学对学习成绩的影响都只是部分地通过学习方式起作用，中介效应占总效应的比例分别为 29.1%、16.0%、32.5%，在三者之中一般地方高校的比例最高，而"985 工程"高校则最低；在"985 工程"高校、"211 工程"高校、一般地方高校中，教学对学习成绩影响除去通过学习方式的间接影响外（间接效应分别为 0.100、0.051、0.102），教学对学习成绩也有极其显著的直接影响，直接效应分别为 0.242、0.271、0.210，在三者之中"211 工程"高校的直接效应最高，而一般地方高校则最低。

表 5 – 26　不同层次高校本科生的教学对学习成绩影响检验表

类别	步骤	标准化回归方程	回归系数检验	总效应	中介效应 有/无	中介效应 部分/完全	占总效应百分比(%)
985	第一步	$y=0.342x$	$t=13.384^{***}$	0.342	有	部分	29.1
	第二步	$w=0.266x$	$t=10.156^{***}$				
	第三步	$y=0.374w+0.242x$	$t=15.303^{***}$ $t=9.899^{***}$				
211	第一步	$y=0.322x$	$t=12.404^{***}$	0.322	有	部分	16.0
	第二步	$w=0.166x$	$t=6.145^{***}$				
	第三步	$y=0.310w+0.271x$	$t=12.421^{***}$ $t=10.853^{***}$				
地方	第一步	$y=0.312x$	$t=12.151^{***}$	0.312	有	部分	32.5
	第二步	$w=0.240x$	$t=9.110^{***}$				
	第三步	$y=0.423w+0.210x$	$t=17.649^{***}$ $t=8.840^{***}$				

注：*** 表示 $p<0.001$；x 表示教学，w 表示学习方式，y 表示学习成绩。

（3）在不同地区高校中，采用中介效应检验程序，分别检验教学对学习成绩的影响。结果显示（见表 5 – 27），在东、中、西部地区高校中，教学对学习成绩都有极其显著的影响，教学对学习成绩的总效应分别为 0.294、0.335、0.355，在三者之中西部地区高校的总效应最高，而东部地区高校则最低；在东、中、西部地区高校中，学习方式的中介效应都显著，并且都是部分中介效应，教学对学习成绩的影响都只是部分地通过学习方式起作用，中介效应占总效应的比例分别为 29.7%、31.5%、17.9%，在三者之中中部地区高校的比例最高，而西部地区高校则最低；在东、中、西部地区高校中，教学对学习成绩影响除去通过学习方式的间接影响外（间接效应分别为 0.087、0.105、0.064），教学对学习成绩也有极其显著的直接影响，直接效应分别为 0.207、0.230、0.291，在三者之中西部地区高校的直接效应最高，而东部地区高校则最低。

表 5-27　不同地区高校的本科生的教学对学习成绩影响检验表

类别	步骤	标准化回归方程	回归系数检验	总效应	中介效应 有/无	中介效应 部分/完全	占总效应百分比(%)
东部	第一步	$y = 0.294x$	$t = 11.403^{***}$	0.294	有	部分	29.7
	第二步	$w = 0.210x$	$t = 7.958^{***}$				
	第三步	$y = 0.416w + 0.207x$	$t = 17.409^{**}$ $t = 8.660^{***}$				
中部	第一步	$y = 0.335x$	$t = 13.012^{***}$	0.335	有	部分	31.5
	第二步	$w = 0.282x$	$t = 10.739^{***}$				
	第三步	$y = 0.374w + 0.230x$	$t = 15.039^{***}$ $t = 9.255^{***}$				
西部	第一步	$y = 0.355x$	$t = 13.882^{***}$	0.355	有	部分	17.9
	第二步	$w = 0.201x$	$t = 7.514^{***}$				
	第三步	$y = 0.316w + 0.291x$	$t = 12.827^{***}$ $t = 11.822^{***}$				

注：*** 表示 $p < 0.001$；x 表示教学，w 表示学习方式，y 表示学习成绩。

（4）在不同学年中，采用中介效应检验程序，分别检验教学对学习成绩的影响。结果显示（见表 5-28），在大一、大二、大三、大四的四个学年中，教学对学习成绩都有极其显著的影响，教学对学习成绩的总效应分别为 0.317、0.324、0.390、0.325，呈现从大一到大三逐步上升然后到大四下降；在大一、大二、大三、大四的四个学年中，学习方式的中介效应都显著，并且都是部分中介效应，教学对学习成绩的影响都只是部分地通过学习方式起作用，中介效应占总效应的比例分别为 24.4%、26.2%、27.6%、26.7%，在四个学年当中，大三所占比例最高，大一则最低；在大一、大二、大三、大四的四个学年中，教学对学习成绩影响除去通过学习方式的间接影响外（间接效应分别为 0.077、0.085、0.107、0.087），教学对学习成绩也有极其显著的直接影响，直接效应分别为 0.240、0.239、0.283、0.238，呈现从大一到大二有所下降到大三上升再到大四下降。

表 5-28　不同学年本科生的教学对学习成绩影响检验表

类别	步骤	标准化回归方程	回归系数检验	总效应	中介效应 有/无	部分/完全	占总效应百分比(%)
大一	第一步	$y = 0.317x$	$t = 10.751^{***}$	0.317	有	部分	24.4
	第二步	$w = 0.207x$	$t = 6.806^{**}$				
	第三步	$y = 0.373w + 0.240x$	$t = 13.391^{***}$ $t = 8.616^{***}$				
大二	第一步	$y = 0.324x$	$t = 21.850^{***}$	0.324	有	部分	26.2
	第二步	$w = 0.228x$	$t = 14.894^{***}$				
	第三步	$y = 0.373w + 0.239x$	$t = 26.509^{***}$ $t = 17.004^{***}$				
大三	第一步	$y = 0.390x$	$t = 13.659^{***}$	0.390	有	部分	27.6
	第二步	$w = 0.259x$	$t = 8.636^{***}$				
	第三步	$y = 0.416w + 0.283x$	$t = 15.627^{***}$ $t = 10.613^{***}$				
大四	第一步	$y = 0.325x$	$t = 21.850^{***}$	0.325	有	部分	26.7
	第二步	$w = 0.231x$	$t = 14.894^{***}$				
	第三步	$y = 0.376w + 0.238x$	$t = 26.509^{***}$ $t = 17.004^{***}$				

注：*** 表示 $p < 0.001$，** 表示 $p < 0.01$；x 表示教学，w 表示学习方式，y 表示学习成绩。

（5）在不同科类中，采用中介效应检验程序，分别检验教学对学习成绩的影响。结果显示（见表 5-29），在文史哲、法学、理工、经济、管理五个科类中，教学对学习成绩都有极其显著的影响，教学对学习成绩的总效应分别为 0.322、0.352、0.362、0.327、0.329，按总效应从低到高呈现由文史哲类—经济类—管理类—法学类—理工类逐渐上升；在文史哲、法学、理工、经济、管理五个科类中，学习方式的中介效应都显著，并且都是部分中介效应，教学对学习成绩的影响都只是部分地通过学习方式起作用，中介效应占总效应的比例分别为 28.3%、24.5%、32.9%、26.5%、25.5%，按所占比例从低到高呈现由法学类—管理类—经济类—文史哲类—理工类逐渐上升；在文史哲、法学、理工、经济、管理五个科类中，教学对学习成绩影响除去通过学习方式的间接影响外（间接效应分别为 0.090、0.086、0.066、0.119、

0.084），教学对学习成绩也有极其显著的直接影响，直接效应分别为0.232、0.266、0.243、0.240、0.245，按直接效应从低到高呈现由文史哲类—经济类—理工类—管理类—法学类逐渐上升。

表5-29　　不同科类本科生的教学对学习成绩影响检验表

类别	步骤	标准化回归方程	回归系数检验	总效应	中介效应 有/无	中介效应 部分/完全	占总效应百分比(%)
文史	第一步	$y = 0.322x$	$t = 9.642^{***}$	0.322	有	部分	28.3
	第二步	$w = 0.290x$	$t = 8.561^{***}$				
	第三步	$y = 0.314w + 0.232x$	$t = 9.477^{***}$ $t = 6.983^{***}$				
法学	第一步	$y = 0.352x$	$t = 10.776^{***}$	0.352	有	部分	24.5
	第二步	$w = 0.221x$	$t = 6.476^{***}$				
	第三步	$y = 0.390w + 0.266x$	$t = 12.729^{***}$ $t = 8.688^{***}$				
理工	第一步	$y = 0.362x$	$t = 8.779^{***}$	0.362	有	部分	32.9
	第二步	$w = 0.314x$	$t = 11.176^{***}$				
	第三步	$y = 0.379w + 0.243x$	$t = 12.294^{***}$ $t = 7.225^{***}$				
经济	第一步	$y = 0.327x$	$t = 9.703^{***}$	0.327	有	部分	26.5
	第二步	$w = 0.229x$	$t = 6.603^{***}$				
	第三步	$y = 0.379w + 0.240x$	$t = 11.893^{***}$ $t = 7.528^{***}$				
管理	第一步	$y = 0.329x$	$t = 9.771^{***}$	0.329	有	部分	25.5
	第二步	$w = 0.214x$	$t = 6.150^{***}$				
	第三步	$y = 0.392w + 0.245x$	$t = 12.447^{***}$ $t = 7.772^{***}$				

注：*** 表示 $p < 0.001$；x 表示教学，w 表示学习方式，y 表示学习成绩。

（6）中介效应分析小结

总体：教学对学习成绩有极其显著的影响（$p < 0.001$），是部分地通过学习方式起作用（即学习方式起部分中介作用），对学习成绩也有极其显著的直接影响（$p < 0.001$）。

不同层次的高校：在三个层次的高校中，教学对学习成绩都有极其显著的影响（$p < 0.001$），都是部分地通过学习方式起作用（即学

习方式都起部分中介作用),对学习成绩也都有极其显著的直接影响($p<0.001$)。教学对学习成绩的总效应都大于0.31且小于0.35,直接效应都大于0.21且小于0.28,中介效应占总效应的比例都大于16%且小于33%,而大小略有差异。

不同地区的高校:在三个地区的高校中,教学对学习成绩都有极其显著的影响($p<0.001$),都是部分地通过学习方式起作用(即学习方式都起部分中介作用),对学习成绩也都有极其显著的直接影响($p<0.001$)。教学对学习成绩的总效应都大于0.29且小于0.36,直接效应都大于0.20且小于0.30,中介效应占总效应的比例都大于17%且小于32%,但大小略有差异。

不同学年:在本科生的四个学年中,教学对学习成绩都有极其显著的影响($p<0.001$),都是部分地通过学习方式起作用(即学习方式都起部分中介作用),对学习成绩也都有极其显著的直接影响($p<0.001$)。教学对学习成绩的总效应都大于0.31且小于0.39,直接效应都大于0.23且小于0.40,中介效应占总效应的比例都大于24%且小于28%,但四个学年的比例大小相差不大。

不同科类:在五个科类中,教学对学习成绩都有极其显著的影响($p<0.001$),都是部分地通过学习方式起作用(即学习方式都起部分中介作用),对学习成绩也都有极其显著的直接影响($p<0.001$)。教学对学习成绩的总效应都大于0.32且小于0.37,直接效应都大于0.23且小于0.27,中介效应占总效应的比例都大于24%且小于33%,教学通过学习方式影响学习成绩的中介效应占总效应的比例不大,且在不同科类中,大小略有差异。

2. 师生关系

第一,方差分析

不同层次的高校:"985工程"高校、"211工程"高校、一般地方高校在师生关系上的均值分别为3.423、3.436、3.471,从均值上看,在师生关系上从"985工程"高校到"211"工程高校再到一般地方高校逐渐降低,方差分析结果显示,"985工程"高校、"211工程"高校、一般地方高校在师生关系上没有显著的差异,

$F(2, 4048) = 1.652$, $p > 0.05$。

不同地区的高校：东、中、西部地区高校在师生关系上的均值分别为 3.525、3.364、3.439，从均值上看，在师生关系上中部地区高校最低，东部地区高校最高。方差分析结果显示，东、中、西部地区高校在师生关系上有极其显著的差异，$F(2, 4048) = 17.860$，$p < 0.001$。

LSD 事后检验结果显示，在师生关系，东部地区高校极其显著高于中部地区高校（$p < 0.001$），东部地区高校很显著高于西部地区高校（$p < 0.01$），西部地区高校很显著高于中部地区高校（$p < 0.01$）。

不同学年：大一、大二、大三、大四在师生关系上的均值分别为 3.420、3.450、3.493、3.408，从均值上看，师生关系水平随着学年的升高而增加，但到了大四骤然下降。方差分析结果显示，大一、大二、大三、大四在师生关系上有极其显著的差异，$F(3, 4047) = 15.450$，$p < 0.001$。

LSD 事后检验结果显示，在师生关系上，大三显著高于大一（$p < 0.05$），大三很显著高于大四（$p < 0.01$），其他学年没有差异。

不同科类：文史哲类、法学类、理工类、经济类、管理类在师生关系上的均值分别为 3.345、3.510、3.502、3.451、3.404，从均值上看，在师生关系上从文史哲类—管理类—经济类—理工类—法学类逐渐上升。方差分析结果显示，文史哲类、法学类、理工类、经济类、管理类在师生关系上有极其显著的差异，$F(4, 4046) = 7.985$，$p < 0.001$。

LSD 事后检验结果显示，在师生关系上，法学类、理工类极其显著高于文史哲类（$p < 0.001$），经济类很显著高于文史哲类（$p < 0.01$），法学类很显著高于管理类（$p < 0.01$），理工类很显著高于管理类（$p < 0.01$），其他科类没有显著差异。

第二，中介效应检验

采用中介效应检验程序，检验师生关系对学习成绩的影响。

（1）在本科生中，采用中介效应检验程序，检验师生关系对学习成绩的影响。结果显示（见表 5-30），本科生的师生关系对学习成绩有极其显著的影响，师生关系对学习成绩的总效应为 0.288；学习方式的中介效应显著，并且是部分中介效应，师生关系对学习成绩的影响只是部分地通过学习方式起作用，中介效应占总效应的比例为 50.0%；师生关系对学习成绩影响除去通过学习方式的间接影响外（间接效应为 0.144），师生关系对学习成绩也有极其显著的直接影响，直接效应为 0.144。

表 5-30　　　　本科生的师生关系对学习成绩影响检验表

类别	步骤	标准化回归方程	回归系数检验	总效应	中介效应 有/无	中介效应 部分/完全	占总效应百分比(%)
总体	第一步	$y = 0.288x$	$t = 18.428^{***}$	0.288	有	部分	50.0
	第二步	$w = 0.387x$	$t = 26.737^{***}$				
	第三步	$y = 0.372w + 0.144x$	$t = 24.436^{***}$ $t = 9.456^{***}$				

注：*** 表示 $p < 0.001$。x 表示师生关系，w 表示学习方式，y 表示学习成绩。

（2）在不同层次高校中，采用中介效应检验程序，分别检验师生关系对学习成绩的影响。结果显示（见表 5-31），在"985 工程"高校、"211 工程"高校、一般地方高校中，师生关系对学习成绩都有极其显著的影响，师生关系对学习成绩的总效应分别为 0.266、0.311、0.288，在三者之中"211 工程"高校的总效应最高，而"985 工程"高校则最低；在"985 工程"高校、"211 工程"高校、一般地方高校中，学习方式的中介效应都显著，并且都是部分中介效应，师生关系对学习成绩的影响都只是部分地通过学习方式起作用，中介效应占总效应的比例分别为 44.6%、53.6%、51.0%，在三者之中"211 工程"高校的比例最高，而"985 工程"高校则最低；在"985 工程"高校、"211 工程"高校、一般地方高校中，师生关系对学习成绩影响除去通过学习方式的间接影响外（间接效应分别为 0.119、0.167、0.146），师生关系对学习成绩也有极其显著的直接影响，直接效应分别为 0.147、0.144、0.142，在三者之中"985 工程"高校的直接效应最高，而一般地方高校则最低。

表5-31 不同层次高校本科生的师生关系对学习成绩影响检验表

类别	步骤	标准化回归方程	回归系数检验	总效应	中介效应 有/无	部分/完全	占总效应百分比(%)
985	第一步	$y = 0.266x$	$t = 10.170^{***}$	0.266	有	部分	44.6
	第二步	$w = 0.326x$	$t = 12.716^{***}$				
	第三步	$y = 0.364w + 0.147x$	$t = 14.065^{***}$ $t = 5.696^{***}$				
211	第一步	$y = 0.311x$	$t = 11.932^{***}$	0.311	有	部分	53.6
	第二步	$w = 0.433x$	$t = 17.524^{***}$				
	第三步	$y = 0.385w + 0.144x$	$t = 14.299^{***}$ $t = 5.355^{***}$				
地方	第一步	$y = 0.288x$	$t = 11.105^{***}$	0.288	有	部分	51.0
	第二步	$w = 0.400x$	$t = 16.109^{***}$				
	第三步	$y = 0.367w + 0.142x$	$t = 13.809^{***}$ $t = 5.334^{***}$				

注：*** 表示 $p < 0.001$；x 表示师生关系，w 表示学习方式，y 表示学习成绩。

（3）在不同地区高校中，采用中介效应检验程序，分别检验师生关系对学习成绩的影响。结果显示（见表5-32），在东、中、西部地区高校中，师生关系对学习成绩都有极其显著的影响，师生关系对学习成绩的总效应分别为0.279、0.241、0.319，在三者之中西部地区高校的总效应最高，而中部地区高校则最低；在东、中、西部地区高校中，学习方式的中介效应都显著，并且都是部分中介效应，师生关系对学习成绩的影响都只是部分地通过学习方式起作用，中介效应占总效应的比例分别为7.2%、12.7%、6.5%，在三者之中中部地区高校的比例最高，而西部地区高校则最低；在东、中、西部地区高校中，师生关系对学习成绩影响除去通过学习方式的间接影响外（间接效应分别为0.020、0.031、0.021），师生关系对学习成绩也有极其显著的直接影响，直接效应分别为0.259、0.210、0.298，在三者中西部地区高校的直接效应最高，而中部地区高校则最低。

表5-32 不同地区高校本科生的师生关系对学习成绩影响检验表

类别	步骤	标准化回归方程	回归系数检验	总效应	中介效应 有/无	中介效应 部分/完全	占总效应百分比(%)
总体	第一步	$y = 0.279x$	$t = 10.765^{***}$	0.279	有	部分	7.2
	第二步	$w = 0.340x$	$t = 13.423^{***}$				
	第三步	$y = 0.059w + 0.259x$	$t = 2.155^{*}$ $t = 9.402^{***}$				
中部	第一步	$y = 0.241x$	$t = 9.077^{***}$	0.241	有	部分	12.7
	第二步	$w = 0.249x$	$t = 9.401^{***}$				
	第三步	$y = 0.123w + 0.210x$	$t = 4.515^{***}$ $t = 7.730^{***}$				
西部	第一步	$y = 0.319x$	$t = 12.289^{***}$	0.319	有	部分	6.5
	第二步	$w = 0.137x$	$t = 3.951^{***}$				
	第三步	$y = 0.152w + 0.298x$	$t = 2.270^{*}$ $t = 9.597^{***}$				

注：*** 表示 $p < 0.001$，* 表示 $p < 0.05$；x 表示师生关系，w 表示学习方式，y 表示学习成绩。

（4）在不同学年高校中，采用中介效应检验程序，分别检验师生关系对学习成绩的影响。结果显示（见表5-33），在大一、大二、大三、大四的四个学年中，师生关系对学习成绩都有极其显著的影响，师生关系对学习成绩的总效应分别为0.238、0.286、0.312、0.298，呈现从大一到大三逐渐上升然后到大四下降；在大一、大二、大三、大四的四个学年中，学习方式的中介效应都显著，并且都是部分中介效应，师生关系对学习成绩的影响都只是部分地通过学习方式起作用，中介效应占总效应的比例分别为15.3%、50.7%、40.4%、59.5%，在四个学年当中，大四所占比例最高，大一则最低；在大一、大二、大三、大四的四个学年中，师生关系对学习成绩影响除去通过学习方式的间接影响外（间接效应分别为0.036、0.145、0.125、0.177），师生关系对学习成绩也有极其显著的直接影响，直接效应分别为0.202、0.141、0.187、0.121，呈现从大一到大二有所下降再到大三上升到大四下降。

表5-33　不同学年本科生的师生关系对学习成绩影响检验表

类别	步骤	标准化回归方程	回归系数检验	总效应	中介效应 有/无	中介效应 部分/完全	占总效应百分比(%)
大一	第一步	$y = 0.238x$	$t = 7.877^{***}$	0.238	有	部分	15.3
	第二步	$w = 0.269x$	$t = 8.969^{**}$				
	第三步	$y = 0.135w + 0.202x$	$t = 4.334^{***}$ $t = 6.487^{***}$				
大二	第一步	$y = 0.286x$	$t = 9.556^{***}$	0.286	有	部分	50.7
	第二步	$w = 0.392x$	$t = 13.639^{***}$				
	第三步	$y = 0.370w + 0.141x$	$t = 12.144^{***}$ $t = 4.633^{***}$				
大三	第一步	$y = 0.312x$	$t = 10.603^{***}$	0.312	有	部分	40.4
	第二步	$w = 0.385x$	$t = 13.447^{***}$				
	第三步	$y = 0.327w + 0.187x$	$t = 10.790^{***}$ $t = 6.161^{***}$				
大四	第一步	$y = 0.298x$	$t = 9.626^{***}$	0.298	有	部分	59.5
	第二步	$w = 0.425x$	$t = 14.484^{***}$				
	第三步	$y = 0.417w + 0.121x$	$t = 13.247^{***}$ $t = 3.842^{***}$				

注：*** 表示 $p < 0.001$；x 表示师生关系，w 表示学习方式，y 表示学习成绩。

（5）在不同科类中，采用中介效应检验程序，分别检验师生关系对学习成绩的影响。结果显示（见表5-34），在文史哲、法学、理工、经济、管理五个科类中，师生关系对学习成绩都有极其显著的影响，师生关系对学习成绩的总效应分别为0.175、0.269、0.359、0.340、0.285，按总效应从低到高呈现由文史哲类—法学类—管理类—经济类—理工类逐步上升；在文史哲、法学、理工、经济、管理五个科类中，学习方式的中介效应都显著，并且都是部分中介效应，师生关系对学习成绩的影响都只是部分地通过学习方式起作用，中介效应占总效应的比例分别为42.0%、43.7%、56.6%、47.0%、52.4%，按所占比例从低到高呈现由文史哲类—法学类—管理类—理工类—经济类逐渐上升；在文史哲、法学、理工、经济、管理五个科类中，师生关系对学习成绩影响除去通过学习方式的间接影响外（间接效应分别为0.074、0.118、0.203、0.160、0.149），师生关系对学习成绩也有极其显著的直接影响,直接效应分别为 0.101、0.151、0.156、0.180、0.136,按直接效应从低到高呈现由文史哲类—管理类—法学类—理工类—经济类逐步上升。

表 5-34　不同科类本科生的师生关系对学习成绩影响检验表

类别	步骤	标准化回归方程	回归系数检验	总效应	中介效应 有/无	中介效应 部分/完全	占总效应百分比(%)
文史	第一步	$y = 0.175x$	$t = 5.026$***	0.175	有	部分	42.0
	第二步	$w = 0.269x$	$t = 7.907$***				
	第三步	$y = 0.273w + 0.101x$	$t = 7.838$*** $t = 2.911$**				
法学	第一步	$y = 0.269x$	$t = 7.978$***	0.269	有	部分	43.7
	第二步	$w = 0.308x$	$t = 9.264$***				
	第三步	$y = 0.382w + 0.151x$	$t = 11.657$*** $t = 4.601$***				
理工	第一步	$y = 0.359x$	$t = 11.203$***	0.359	有	部分	56.6
	第二步	$w = 0.490x$	$t = 16.370$***				
	第三步	$y = 0.415w + 0.156x$	$t = 12.224$*** $t = 4.589$***				
经济	第一步	$y = 0.340x$	$t = 10.123$***	0.340	有	部分	47.0
	第二步	$w = 0.455x$	$t = 14.309$***				
	第三步	$y = 0.351w + 0.180x$	$t = 9.879$*** $t = 5.064$***				
管理	第一步	$y = 0.285x$	$t = 8.364$***	0.285	有	部分	52.4
	第二步	$w = 0.370x$	$t = 11.195$***				
	第三步	$y = 0.404w + 0.136x$	$t = 11.944$*** $t = 4.017$***				

注:*** 表示 $p < 0.001$, ** 表示 $p < 0.01$; x 表示师生关系, w 表示学习方式, y 表示学习成绩。

(6) 中介效应分析小结

总体:师生关系对学习成绩有极其显著的影响($p < 0.001$),是部分地通过学习方式起作用(即学习方式起部分中介作用),对学习成绩也有极其显著的直接影响($p < 0.001$)。

不同层次的高校:在三个层次的高校中,师生关系对学习成绩都有极其显著的影响（$p<0.001$），都是部分地通过学习方式起作用（即学习方式都起部分中介作用），对学习成绩也都有极其显著的直接影响（$p<0.001$）。师生关系对学习成绩的总效应都大于 0.26 且小于 0.32，直接效应都大于 0.14 且小于 0.15，中介效应占总效应的比例都大于 44% 且小于 54%，师生关系通过学习方式影响学习成绩的中介效应占总效应的比例较大，且大小略有差异。

不同地区的高校：在三个地区的高校中，师生关系对学习成绩都有极其显著的影响（$p<0.001$），都是部分地通过学习方式起作用（即学习方式都起部分中介作用），对学习成绩也都有极其显著的直接影响（$p<0.001$）。教学对学习成绩的总效应都大于 0.24 且小于 0.32，直接效应都大于 0.21 且小于 0.30，中介效应占总效应的比例都大于 6% 且小于 12%，师生关系通过学习方式影响学习成绩的中介效应占总效应的比例较小，且之间大小略有差异。

不同学年：在本科生的四个学年中，师生关系对学习成绩都有极其显著的影响（$p<0.001$），都是部分地通过学习方式起作用（即学习方式都起部分中介作用），对学习成绩也都有极其显著的直接影响（$p<0.001$）。师生关系对学习成绩的总效应都大于 0.23 且小于 0.32，直接效应都大于 0.12 且小于 0.21，中介效应占总效应的比例都大于 15% 且小于 60%，其中大一的比例只占 15.3%，与其他三个学年相差较大，而大二、大三、大四三个学年比例均在 40% 以上，但大小略有差异。

不同科类：在五个科类中，师生关系对学习成绩都有极其显著的影响（$p<0.001$），都是部分地通过学习方式起作用（即学习方式都起部分中介作用），对学习成绩也都有极其显著的直接影响（$p<0.001$）。师生关系对学习成绩的总效应都大于 0.17 且小于 0.34，直接效应都大于 0.10 且小于 0.18，中介效应占总效应的比例都大于 42% 且小于 57%，师生关系通过学习方式影响学习成绩的中介效应占总效应的比例接近一半，但在不同科类中，大小略有差异。

(三) 本科生学习过程中的学习环境

学习环境是本科生学习中所必不可少的客观条件之一，它虽然不

能对本科生的学习过程产生决定性作用,但是它可以影响本科生学习过程。对学习环境主要从以下三个方面进行分析:

1. 学习设施

第一,方差分析

不同层次的高校:"985工程"高校、"211工程"高校、一般地方高校在学习设施上的均值分别为3.455、3.410、3.354,从均值上看,在学习设施上从"985工程"高校到"211工程"高校再到一般地方高校逐渐降低,方差分析结果显示,"985工程"高校、"211工程"高校、一般地方高校在学习设施上有极其显著的差异,$F(2, 4048) = 6.989$, $p < 0.001$。

LSD事后检验结果显示,在学习设施上,"985工程"高校、"211工程"高校极其显著高于一般地方高校($p < 0.001$),"985工程"高校与"211工程"高校没有显著差异。

不同地区的高校:东、中、西部地区高校在学习设施上的均值分别为3.464、3.443、3.241,从均值上看,在学习设施上,东部地区高校最高,西部地区高校最低。方差分析结果显示,东、中、西部地区高校在学习设施上有极其显著的差异,$F(2, 4048) = 25.371$, $p < 0.001$。

LSD事后检验结果显示,在学习设施上,东、中部地区高校极其显著高于西部地区高校($p < 0.001$),东部地区高校与中部地区高校没有显著差异。

不同学年:大一、大二、大三、大四在学习设施上的均值分别为3.485、3.375、3.316、3.382,从均值上看,在学习设施水平上大一到大二下降然后直到大四上升。方差分析结果显示,大一、大二、大三、大四在学习设施上有极其显著的差异,$F(3, 4047) = 7.652$, $p < 0.001$。

LSD事后检验结果显示,在学习设施上,大一很显著高于大二、大四($p < 0.01$),大一极其显著高于大三($p < 0.001$),其他学年没有显著差异。

不同科类:文史哲类、法学类、理工类、经济类、管理类在学习设施上的均值分别为3.395、3.399、3.416、3.307、3.429,从均值上看,在学习设施上从经济类—文史哲类—法学类—理工类—管理类逐渐上升。方差分析结果显示,文史哲类、法学类、理工类、经济类、管理类在学习设施上有显著的差异,$F(4, 4046) = 2.756$,$p < 0.05$。

LSD事后检验结果显示,在学习设施上,文史哲类、法学类显著高于经济类($p < 0.05$),理工类、管理类很显著高于经济类($p < 0.01$),其他科类没有显著差异。

第二,中介效应检验

采用中介效应检验程序,检验学习设施对学习成绩的影响。

(1)在本科生中,采用中介效应检验程序,检验学习设施对学习成绩的影响。结果显示(见表5-35),对本科生而言,学习设施对学习成绩有极其显著的影响,学习设施对学习成绩的总效应为0.172;学习方式的中介效应显著,并且是部分中介效应,学习设施对学习成绩的影响只是部分地通过学习方式起作用,中介效应占总效应的比例为46.7%;学习设施对学习成绩影响除去通过学习方式的间接影响外(间接效应为0.106),学习设施对学习成绩也有极其显著的直接影响,直接效应为0.091。

表5-35　　　本科生的学习设施对学习成绩影响检验表

类别	步骤	标准化回归方程	回归系数检验	总效应	中介效应 有/无	中介效应 部分/完全	中介效应 占总效应百分比(%)
总体	第一步	$y = 0.172x$	$t = 11.090^{***}$	0.172	有	部分	46.7
	第二步	$w = 0.196x$	$t = 12.724^{***}$				
	第三步	$y = 0.410w + 0.081x$	$t = 28.467^{***}$ $t = 6.331^{***}$				

注:*** 表示$p < 0.001$;x表示学习设施,w表示学习方式,y表示学习成绩。

(2)在不同层次高校中,采用中介效应检验程序,分别检验学习设施对学习成绩的影响。结果显示(见表5-36),在"985工程"高校、"211工程"高校、一般地方高校中,学习设施对学习成绩都有极其显著的影响，学习设施对学习成绩的总效应分别为 0.148、0.170、0.203，在三者之中一般地方高校的总效应最高，而"985 工程"高校则最低；在"985 工程"高校、"211 工程"高校、一般地方高校中，学习方式的中介效应都显著，并且都是部分中介效应，学习设施对学习成绩的影响都只是部分地通过学习方式起作用，中介效应占总效应的比例分别为 43.8%、45.9%、48.2%，在三者之中一般地方高校的比例最高，而"985 工程"高校则最低；在"985 工程"高校、"211 工程"高校、一般地方高校中，学习设施对学习成绩影响除去通过学习方式的间接影响外（间接效应分别为 0.065、0.078、0.098），学习设施对学习成绩也有极其显著的直接影响，直接效应分别为 0.083、0.092、0.105，在三者之中一般地方高校的直接效应最高，而"985 工程"高校则最低。

表 5-36　不同层次高校本科生的学习设施对学习成绩影响检验表

类别	步骤	标准化回归方程	回归系数检验	总效应	中介效应 有/无	部分/完全	占总效应百分比(%)
985	第一步	$y = 0.148x$	$t = 5.529^{***}$	0.148	有	部分	43.8
	第二步	$w = 0.163x$	$t = 6.089^{***}$				
	第三步	$y = 0.398w + 0.083x$	$t = 15.948^{***}$ $t = 3.341^{***}$				
211	第一步	$y = 0.170x$	$t = 6.296^{***}$	0.170	有	部分	45.9
	第二步	$w = 0.181x$	$t = 6.714^{***}$				
	第三步	$y = 0.431w + 0.092x$	$t = 17.361^{***}$ $t = 3.712^{***}$				
地方	第一步	$y = 0.203x$	$t = 7.641^{***}$	0.203	有	部分	48.2
	第二步	$w = 0.246x$	$t = 9.353^{***}$				
	第三步	$y = 0.398w + 0.105x$	$t = 15.773^{***}$ $t = 4.174^{***}$				

注：*** 表示 $p < 0.001$；x 表示学习设施，w 表示学习方式，y 表示学习成绩。

（3）在不同地区高校中，采用中介效应检验程序，分别检验学习设施对学习成绩的影响。结果显示（见表 5-37），在东、中、西部地区高校中，学习设施对学习成绩都有极其显著的影响，学习设施对学习成绩的总效应分别为0.124、0.176、0.165,在三者之中中部地区高校的总效应最高,而东部地区高校则最低;在东、中、西部地区高校中,学习方式的中介效应都显著,并且都是部分中介效应,学习设施对学习成绩的影响都只是部分地通过学习方式起作用,中介效应占总效应的比例分别为23.7%、14.1%、15.4%,在三者之中东部地区高校的比例最高,而西部地区高校则最低;在东、中、西部地区高校中,学习设施对学习成绩影响除去通过学习方式的间接影响外(间接效应分别为0.030、0.025、0.025),学习设施对学习成绩也有极其显著的直接影响,直接效应分别为0.094、0.151、0.140,在三者中中部地区高校的直接效应最高,而东部地区高校则最低。

表5-37 不同地区高校本科生的学习设施对学习成绩影响检验表

类别	步骤	标准化回归方程	回归系数检验	总效应	中介效应 有/无	部分/完全	占总效应百分比(%)
东部	第一步	$y=0.124x$	$t=4.621^{***}$	0.124	有	部分	23.7
	第二步	$w=0.235x$	$t=8.975^{***}$				
	第三步	$y=0.125w+0.094x$	$t=4.579^{***}$ $t=3.446^{***}$				
中部	第一步	$y=0.176x$	$t=6.527^{***}$	0.176	有	部分	14.1
	第二步	$w=0.166x$	$t=6.132^{***}$				
	第三步	$y=0.150w+0.151x$	$t=5.567^{***}$ $t=5.587^{***}$				
西部	第一步	$y=0.165x$	$t=6.117^{***}$	0.165	有	部分	15.4
	第二步	$w=0.156x$	$t=5.784^{***}$				
	第三步	$y=0.163w+0.140x$	$t=2.070^{*}$ $t=4.697^{***}$				

注:*** 表示 $p<0.001$,* 表示 $p<0.05$;x 表示学习设施,w 表示学习方式,y 表示学习成绩。

(4)在不同学年中,采用中介效应检验程序,分别检验学习设施对学习成绩的影响。结果显示(见表5-38),在大一、大二、大三、大四的四个学年中,学习设施对学习成绩都有极其显著的影响,学习设施对学习成绩的总效应分别为0.148、0.145、0.194、0.207,呈现从大一到大二下降然后直到大四逐步上升;在大一、大二、大三、大四的四个学年中，学习方式的中介效应都显著，并且都是部分中介效应，学习设施对学习成绩的影响都只是部分地通过学习方式起作用，中介效应占总效应的比例分别为 34.2%、59.3%、40.5%、56.0%，在四个学年当中，大二所占比例最高，大一则最低；在大一、大二、大三、大四的四个学年中，学习设施对学习成绩影响除去通过学习方式的间接影响外（间接效应分别为 0.050、0.086、0.078、0.116），学习设施对学习成绩也有极其显著的直接影响，直接效应分别为 0.098、0.059、0.116、0.091，呈现从大一到大二有所下降到大三上升再到大四下降。

表 5-38　不同学年本科生的学习设施对学习成绩影响检验表

类别	步骤	标准化回归方程	回归系数检验	总效应	中介效应 有/无	中介效应 部分/完全	占总效应百分比(%)
大一	第一步	$y = 0.148x$	$t = 4.823^{***}$	0.148	有	部分	34.2
	第二步	$w = 0.320x$	$t = 10.864^{***}$				
	第三步	$y = 0.158w + 0.098x$	$t = 4.909^{***}$ $t = 3.048^{**}$				
大二	第一步	$y = 0.145x$	$t = 4.677^{***}$	0.145	有	部分	59.3
	第二步	$w = 0.214x$	$t = 6.989^{***}$				
	第三步	$y = 0.402w + 0.059x$	$t = 12.971^{***}$ $t = 1.991^{*}$				
大三	第一步	$y = 0.194x$	$t = 6.390^{***}$	0.194	有	部分	40.5
	第二步	$w = 0.210x$	$t = 6.935^{***}$				
	第三步	$y = 0.374w + 0.116x$	$t = 12.957^{***}$ $t = 4.004^{***}$				
大四	第一步	$y = 0.207x$	$t = 6.529^{***}$	0.207	有	部分	56.0
	第二步	$w = 0.261x$	$t = 8.335^{***}$				
	第三步	$y = 0.444w + 0.091x$	$t = 15.024^{***}$ $t = 3.085^{**}$				

注：*** 表示 $p < 0.001$，** 表示 $p < 0.01$，* 表示 $p < 0.05$；x 表示学习设施，w 表示学习方式，y 表示学习成绩。

（5）在不同科类中，采用中介效应检验程序，分别检验学习设施对学习成绩的影响。结果显示（见表 5-39），在文史哲、法学、理工、经济、管理五个科类中,学习设施对学习成绩都有极其显著的影响,学习设施对学习成绩的总效应分别为 0.104、0.169、0.254、0.157、0.159,按总效应从低到高呈现由文史哲类—经济类—管理类—法学类—理工类逐渐上升;在文史哲、法学、理工、经济、管理五个科类中,学习方式的中介效应都显著,并且都是部分中介效应,学习设施对学习成绩的影响都只是部分地通过学习方式起作用,中介效应占总效应的比例分别为 35.5%、37.1%、39.8%、59.1%、51.7%,按所占比例从低到高呈现由文史哲类—法学类—理工类—管理类—经济类逐渐上升;在文史哲、法学、理工、经济、管理五个科类中,学习设施对学习成绩影响除去通过学习方式的间接影响外(间接效应分别为 0.037、0.062、0.101、0.093、0.082),学习设施对学习成绩也有极其显著的直接影响,直接效应分别为 0.067、0.107、0.153、0.064、0.077,按直接效应从低到高呈现由经济类—文史哲类—管理类—法学类—理工类逐渐上升。

表 5-39 不同科类的本科生的学习设施对学习成绩影响检验表

类别	步骤	标准化回归方程	回归系数检验	总效应	中介效应 有/无	部分/完全	占总效应百分比(%)
文史	第一步	$y = 0.104x$	$t = 2.969^{***}$	0.104	有	部分	35.5
	第二步	$w = 0.147x$	$t = 4.196^{***}$				
	第三步	$y = 0.251w + 0.067x$	$t = 8.361^{***}$ $t = 1.986^{*}$				
法学	第一步	$y = 0.169x$	$t = 4.912^{***}$	0.169	有	部分	37.1
	第二步	$w = 0.152x$	$t = 4.398^{***}$				
	第三步	$y = 0.412w + 0.107x$	$t = 12.992^{***}$ $t = 3.356^{***}$				
理工	第一步	$y = 0.254x$	$t = 7.642^{***}$	0.254	有	部分	39.8
	第二步	$w = 0.221x$	$t = 6.589^{***}$				
	第三步	$y = 0.458w + 0.153x$	$t = 15.125^{***}$ $t = 5.055^{***}$				

续表

类别	步骤	标准化回归方程	回归系数检验	总效应	中介效应 有/无	中介效应 部分/完全	占总效应百分比(%)
经济	第一步	$y = 0.157x$	$t = 4.467^{***}$	0.157	有	部分	59.1
	第二步	$w = 0.259x$	$t = 7.506^{***}$				
	第三步	$y = 0.358w + 0.064x$	$t = 12.639^{***}$ $t = 1.982^{*}$				
管理	第一步	$y = 0.159x$	$t = 4.531^{***}$	0.159	有	部分	51.7
	第二步	$w = 0.187x$	$t = 5.360^{***}$				
	第三步	$y = 0.440w + 0.077x$	$t = 13.663^{***}$ $t = 2.386^{*}$				

注：*** 表示 $p < 0.001$，* 表示 $p < 0.05$；x 表示学习设施，w 表示学习方式，y 表示学习成绩。

（6）中介效应小结

总体：学习设施对学习成绩有极其显著的影响（$p < 0.001$），是部分地通过学习方式起作用（即学习方式起部分中介作用），对学习成绩也有极其显著的直接影响（$p < 0.001$）。

不同层次的高校：在三个层次的高校中，学习设施对学习成绩都有极其显著的影响（$p < 0.001$），都是部分地通过学习方式起作用（即学习方式都起部分中介作用），对学习成绩也都有极其显著的直接影响（$p < 0.001$）。学习设施对学习成绩的总效应都大于0.14且小于0.21，直接效应都大于0.08且小于0.11，中介效应占总效应的比例都大于43%且小于49%，学习设施通过学习方式影响学习成绩的中介效应占总效应的比例较大，接近一半，但大小略有差异。

不同地区的高校：在三个地区的高校中，学习设施对学习成绩都有极其显著的影响（$p < 0.001$），都是部分地通过学习方式起作用（即学习方式都起部分中介作用），对学习成绩也都有极其显著的直接影响（$p < 0.001$）。学习设施对学习成绩的总效应都大于0.12且小于0.18，直接效应都大于0.09且小于0.16，中介效应占总效应的比例都大于14%且小于24%，学习设施通过学习方式影响学习成绩的中介效应占总效应的比例较小且大小略有差异。

不同学年：在本科生的四个学年中，学习设施对学习成绩都有极其显著的影响（$p<0.001$），都是部分地通过学习方式起作用（即学习方式都起部分中介作用），对学习成绩也都有极其显著的直接影响（$p<0.001$）。学习设施对学习成绩的总效应都大于 0.14 且小于 0.21，直接效应都大于 0.05 且小于 0.12，中介效应占总效应的比例都大于 34% 且小于 60%，其中大一的比例只占 34.2%，与其他三个学年相差较大，而大二、大三、大四三个学年比例均在 40% 以上，但大小略有差异。

不同科类：在五个科类中，学习设施对学习成绩都有极其显著的影响（$p<0.001$），都是部分地通过学习方式起作用（即学习方式都起部分中介作用），对学习成绩也都有极其显著的直接影响（$p<0.001$）。学习设施对学习成绩的总效应都大于 0.10 且小于 0.26，直接效应都大于 0.06 且小于 0.16，中介效应占总效应的比例都大于 35% 且小于 60%，学习设施通过学习方式影响学习成绩的中介效应占总效应的比例都在 1/3 以上，但在不同科类中，大小略有差异。

2. 学风

第一，方差分析

不同层次的高校："985 工程"高校、"211 工程"高校、一般地方高校在学风上的均值分别为 3.062、3.000、3.056，从均值上看，在学风上，"985 工程"高校最高，"211 工程"高校最低，方差分析结果显示，"985 工程"高校、"211 工程"高校、一般地方高校在学风上有显著的差异，$F(2, 4048) = 3.883$，$p<0.05$。

LSD 事后检验结果显示，在学风上，"985 工程高校"很显著高于"211 工程"高校（$p<0.01$），一般地方高校显著高于"211 工程"高校（$p<0.05$），"985 工程"高校、一般地方高校没有显著差异。

不同地区的高校：东、中、西部地区高校在学风上的均值分别为 2.960、3.008、3.152，从均值上看，在学风上，从东部地区高校到中部地区高校再到西部地区高校逐渐上升。方差分析结果显示，东、中、西部地区高校在学风上有极其显著的差异，$F(2, 4048) = 28.809$，$p < 0.001$。

LSD 事后检验结果显示，在学风上，西部地区高校极其显著高于东、中部地区高校（$p < 0.001$），东部地区高校与中部地区高校没有显著差异。

不同学年：大一、大二、大三、大四在学风上的均值分别为 3.044、2.941、3.064、3.113，从均值上看，学风从大一到大二下降然后直到大四上升。方差分析结果显示，大一、大二、大三、大四在学风上有极其显著的差异，$F(3, 4047) = 11.174$，$p < 0.001$。

LSD 事后检验结果显示，在学风上，大一很显著高于大二（$p < 0.01$），大四显著高于大一（$p < 0.05$），大三、大四极其显著高于大二（$p < 0.001$），其他学年没有显著差异。

不同科类：文史哲类、法学类、理工类、经济类、管理类在学风上的均值分别为 3.001、3.048、3.099、3.011、3.033，从均值上看，在学风上从文史哲类—经济类—管理类—法学类—理工类逐渐上升。方差分析结果显示，文史哲类、法学类、理工类、经济类、管理类在学风上有显著的差异，$F(4, 4046) = 2.652$，$p < 0.05$。

LSD 事后检验结果显示，在学风上理工类很显著高于文史哲类、经济类（$p < 0.01$），其他科类没有显著差异。

第二，中介效应检验

采用中介效应检验程序，检验学风对学习成绩的影响。

（1）在本科生中，采用中介效应检验程序，检验学风对学习成绩的影响。结果显示（见表 5-40），对本科生而言，学风对学习成绩有极其显著的影响，学风对学习成绩的总效应为 0.278；学习方式的中介效应显著，并且是部分中介效应，学风对学习成绩的影响只是部分地通过学习方式起作用，中介效应占总效应的比例为 60.1%；学风对学习成绩影响除去通过学习方式的间接影响外（间接效应为 0.167），学风对学习成绩也有极其显著的直接影响，直接效应为 0.111。

表 5-40　　　　　本科生的学风对学习成绩影响检验

类别	步骤	标准化回归方程	回归系数检验	总效应	中介效应 有/无	部分/完全	占总效应百分比(%)
总体	第一步	$y = 0.278x$	$t = 18.428***$	0.278	有	部分	60.1
	第二步	$w = 0.441x$	$t = 31.284***$				
	第三步	$y = 0.379w + 0.111x$	$t = 24.112***$ $t = 7.045***$				

注：*** 表示 $p < 0.001$；x 表示学风，w 表示学习方式，y 表示学习成绩。

（2）在不同层次的高校中，采用中介效应检验程序，分别检验学风对学习成绩的影响。结果显示（见表 5-41），在"985 工程"高校、"211 工程"高校、一般地方高校中，学风对学习成绩都有极其显著的影响，学风对学习成绩的总效应分别为 0.216、0.311、0.307，在三者之中"211 工程"高校的总效应最高，而"985 工程"高校则最低；在"985 工程"高校、"211 工程"高校、一般地方高校中，学习方式的中介效应都显著，并且都是部分中介效应，学风对学习成绩的影响都只是部分地通过学习方式起作用，中介效应占总效应的比例分别为 62.6%、61.9%、55.2%，在三者之中"985 工程"高校的比例最高，而一般地方高校则最低；在"985 工程"高校、"211 工程"高校、一般地方高校中，学风对学习成绩影响除去通过学习方式的间接影响外（间接效应分别为 0.135、0.192、0.169），学风对学习成绩也有极其显著的直接影响，直接效应分别为 0.081、0.119、0.138，在三者之中一般地方高校的直接效应最高，而"985 工程"高校则最低。

表 5-41　　　不同层次高校本科生的学风对学习成绩影响检验

类别	步骤	标准化回归方程	回归系数检验	总效应	中介效应 有/无	部分/完全	占总效应百分比(%)
985	第一步	$y = 0.216x$	$t = 8.165***$	0.216	有	部分	62.6
	第二步	$w = 0.353x$	$t = 13.891***$				
	第三步	$y = 0.383w + 0.081x$	$t = 14.545***$ $t = 3.078**$				

续表

类别	步骤	标准化回归方程	回归系数检验	总效应	中介效应 有/无	中介效应 部分/完全	占总效应百分比(%)
211	第一步	$y = 0.311x$	$t = 11.933^{***}$	0.311	有	部分	61.9
	第二步	$w = 0.495x$	$t = 20.756^{***}$				
	第三步	$y = 0.389w + 0.119x$	$t = 13.867^{***}$ $t = 4.233^{***}$				
地方	第一步	$y = 0.307x$	$t = 11.903^{***}$	0.307	有	部分	55.2
	第二步	$w = 0.473x$	$t = 19.813^{***}$				
	第三步	$y = 0.358w + 0.138x$	$t = 12.950^{***}$ $t = 4.978^{***}$				

注：*** 表示 $p < 0.001$，** 表示 $p < 0.01$；x 表示学风，w 表示学习方式，y 表示学习成绩。

（3）在不同地区的高校中，采用中介效应检验程序，分别检验学风对学习成绩的影响。结果显示（见表5-42），在东、中、西部地区高校中，学风对学习成绩都有极其显著的影响，学风对学习成绩的总效应分别为0.239、0.214、0.267，在三者之中西部地区高校的总效应最高，而中部地区高校则最低；在东、中、西部地区高校中，学习方式的中介效应都显著，并且都是部分中介效应，学风对学习成绩的影响都只是部分地通过学习方式起作用，中介效应占总效应的比例分别为6.4%、6.4%、7.7%，在三者之中西部地区高校的比例最高，而东、中部地区高校则较低；在东、中、西部地区高校中，学风对学习成绩影响除去通过学习方式的间接影响外（间接效应分别为0.016、0.013、0.021），学风对学习成绩也有极其显著的直接影响，直接效应分别为0.223、0.201、0.246，在三者之中西部地区高校的直接效应最高，而中部地区高校则最低。

表 5-42　　不同地区高校本科生的学风对学习成绩影响检验

类别	步骤	标准化回归方程	回归系数检验	总效应	中介效应 有/无	中介效应 部分/完全	中介效应 占总效应百分比(%)
东部	第一步	$y = 0.239x$	$t = 9.106^{***}$	0.239	有	部分	6.4
	第二步	$w = 0.130x$	$t = 4.847^{***}$				
	第三步	$y = 0.118w + 0.223x$	$t = 4.515^{***}$ $t = 8.508^{***}$				
中部	第一步	$y = 0.214x$	$t = 8.021^{***}$	0.214	有	部分	6.4
	第二步	$w = 0.087x$	$t = 3.174^{**}$				
	第三步	$y = 0.158w + 0.201x$	$t = 5.964^{***}$ $t = 7.578^{***}$				
西部	第一步	$y = 0.267x$	$t = 13.368^{***}$	0.267	有	部分	7.7
	第二步	$w = 0.126x$	$t = 5.784^{***}$				
	第三步	$y = 0.163w + 0.246x$	$t = 4.270^{***}$ $t = 5.997^{***}$				

注：*** 表示 $p < 0.001$，** 表示 $p < 0.01$；x 表示学风，w 表示学习方式，y 表示学习成绩。

（4）在不同学年中，采用中介效应检验程序，分别检验学风对学习成绩的影响。结果显示（见表 5-43），在大一、大二、大三、大四的四个学年中，学风对学习成绩都有极其显著的影响，学风对学习成绩的总效应分别为 0.199、0.280、0.256、0.340，呈现从大一到大二上升到大三下降然后到大四上升；在大一、大二、大三、大四的四个学年中，学习方式的中介效应都显著，并且都是部分中介效应，学风对学习成绩的影响都只是部分地通过学习方式起作用，中介效应占总效应的比例分别为 33.7%、58.5%、55.2%、62.5%，在四个学年当中，大四所占比例最高，大一则最低；在大一、大二、大三、大四的四个学年中，学风对学习成绩影响除去通过学习方式的间接影响外（间接效应分别为 0.068、0.164、0.141、0.213），学风对学习成绩也有极其显著的直接影响，直接效应分别为 0.131、0.116、0.115、0.127，呈现从大一到大三逐渐下降再直到大四上升。

表 5-43　　不同学年本科生的学风对学习成绩影响检验

类别	步骤	标准化回归方程	回归系数检验	总效应	中介效应 有/无	中介效应 部分/完全	占总效应百分比(%)
大一	第一步	$y = 0.199x$	$t = 6.510^{***}$	0.199	有	部分	33.7
	第二步	$w = 0.388x$	$t = 11.852^{**}$				
	第三步	$y = 0.173w + 0.131x$	$t = 5.733^{***}$ $t = 4.077^{***}$				
大二	第一步	$y = 0.280x$	$t = 9.330^{***}$	0.280	有	部分	58.5
	第二步	$w = 0.437x$	$t = 15.552^{***}$				
	第三步	$y = 0.375w + 0.116x$	$t = 11.974^{***}$ $t = 3.717^{***}$				
大三	第一步	$y = 0.256x$	$t = 8.542^{***}$	0.256	有	部分	55.2
	第二步	$w = 0.400x$	$t = 14.089^{***}$				
	第三步	$y = 0.353w + 0.115x$	$t = 11.429^{***}$ $t = 3.723^{***}$				
大四	第一步	$y = 0.340x$	$t = 11.131^{***}$	0.340	有	部分	62.5
	第二步	$w = 0.530x$	$t = 19.251^{***}$				
	第三步	$y = 0.401w + 0.127x$	$t = 11.931^{***}$ $t = 3.795^{***}$				

注：*** 表示 $p < 0.001$，** 表示 $p < 0.005$；x 表示学风，w 表示学习方式，y 表示学习成绩。

（5）在不同科类中，采用中介效应检验程序，分别检验学风对学习成绩的影响。结果显示（见表 5-44），在文史哲、法学、理工、经济、管理五个科类中，学风对学习成绩都有极其显著的影响，学风对学习成绩的总效应分别为 0.104、0.255、0.353、0.323、0.240，按总效应从低到高呈现由文史哲类—管理类—法学类—经济类—理工类逐渐上升；在文史哲、法学、理工、经济、管理五个科类中，学习方式的中介效应都显著，并且都是部分中介效应，学风对学习成绩的影响都只是部分地通过学习方式起作用，中介效应占总效应的比例分别为 32.7%、57.2%、65.8%、50.4%、67.8%，按所占比例从低到高呈现由文史哲类—经济类—法学类—理工类—管理类逐渐上升；在文史哲、法学、理工、经济、管理五个科类中，学风对学习成绩影响除去通过学习方式的间接影响外（间接效应分别为 0.033、0.146、0.233、0.163、0.163），学风对学习成绩也有极其显著的直接影响,直接效应分别为 0.071、0.109、0.120、0.160、0.077,按直接效应从低到高呈现由文史哲类—管理类—法学类—理工类—经济类逐渐上升。

表 5-44　　不同科类本科生的学风对学习成绩影响检验

类别	步骤	标准化回归方程	回归系数检验	总效应	中介效应 有/无	中介效应 部分/完全	占总效应百分比(%)
文史	第一步	$y = 0.104x$	$t = 2.969^{***}$	0.104	有	部分	32.7
	第二步	$w = 0.147x$	$t = 4.196^{***}$				
	第三步	$y = 0.231w + 0.071x$	$t = 8.361^{***}$ $t = 1.981^{*}$				
法学	第一步	$y = 0.255x$	$t = 7.540^{***}$	0.255	有	部分	57.2
	第二步	$w = 0.376x$	$t = 11.623^{***}$				
	第三步	$y = 0.388w + 0.109x$	$t = 11.439^{***}$ $t = 3.215^{*}$				
理工	第一步	$y = 0.353x$	$t = 10.957^{***}$	0.353	有	部分	65.8
	第二步	$w = 0.545x$	$t = 18.925^{***}$				
	第三步	$y = 0.426w + 0.120x$	$t = 11.999^{***}$ $t = 3.386^{***}$				
经济	第一步	$y = 0.323x$	$t = 4.467^{***}$	0.323	有	部分	50.4
	第二步	$w = 0.451x$	$t = 14.172^{***}$				
	第三步	$y = 0.361w + 0.160x$	$t = 10.138^{***}$ $t = 4.489^{***}$				
管理	第一步	$y = 0.240x$	$t = 6.937^{***}$	0.240	有	部分	67.8
	第二步	$w = 0.418x$	$t = 12.927^{***}$				
	第三步	$y = 0.389w + 0.077x$	$t = 12.303^{***}$ $t = 2.032^{*}$				

注:*** 表示 $p < 0.001$,** 表示 $p < 0.005$;x 表示学风,w 表示学习方式,y 表示学习成绩。

(6) 中介效应小结

总体:学风对学习成绩有极其显著的影响($p < 0.001$),是部分地通过学习方式起作用(即学习方式起部分中介作用),对学习成绩也有极其显著的直接影响($p < 0.001$)。

不同层次的高校:在三个层次的高校中,学风对学习成绩都有极其显著的影响（$p<0.001$），都是部分地通过学习方式起作用（即学习方式都起部分中介作用），对学习成绩也都有极其显著的直接影响（$p<0.001$）。学风对学习成绩的总效应都大于 0.21 且小于 0.32，直接效应都大于 0.08 且小于 0.14，中介效应占总效应的比例都大于 55%且小于 63%，学风通过学习方式影响学习成绩的中介效应占总效应的比例较大，超过一半，但大小略有差异。

不同地区的高校：在三个地区的高校中，学风对学习成绩都有极其显著的影响（$p<0.001$），都是部分地通过学习方式起作用（即学习方式都起部分中介作用），对学习成绩也都有极其显著的直接影响（$p<0.001$）。学风对学习成绩的总效应都大于 0.21 且小于 0.27，直接效应都大于 0.20 且小于 0.25，中介效应占总效应的比例都大于 6.3%且小于 7.8%，学风通过学习方式影响学习成绩的中介效应占总效应的比例极小，且三者之间差异非常小。

不同学年：在本科生的四个学年中，学风对学习成绩都有极其显著的影响（$p<0.001$），都是部分地通过学习方式起作用（即学习方式都起部分中介作用），对学习成绩也都有极其显著的直接影响（$p<0.001$）。学风对学习成绩的总效应都大于 0.19 且小于 0.35，直接效应都大于 0.11 且小于 0.14，中介效应占总效应的比例都大于 33%且小于 63%，其中大一的比例只占 33.7%，与其他三个学年相差较大，而大二、大三、大四三个学年比例均在 55%以上，但三者之间大小略有差异。

不同科类：在五个科类中，学风对学习成绩都有极其显著的影响（$p<0.001$），都是部分地通过学习方式起作用（即学习方式都起部分中介作用），对学习成绩也都有极其显著的直接影响（$p<0.001$）。学风对学习成绩的总效应都大于 0.10 且小于 0.36，直接效应都大于 0.07 且小于 0.17，中介效应占总效应的比例都大于 32%且小于 68%，学风通过学习方式影响学习成绩的中介效应占总效应的比例在 1/3 以上，其中文史哲类中介效应占总效应的比例只是 32.7%，其他四个科类都在 50%以上，相差较大，但在除文史哲类外的其他四个不同科类中大小略有差异。

3. 学习评价

第一，方差分析

不同层次的高校："985工程"高校、"211工程"高校、一般地方高校在学习评价上的均值分别为3.177、3.245、3.204，从均值上看，在学习评价上，"985工程"高校最低、"211"工程高校最高，方差分析结果显示，"985工程"高校、"211工程"高校、一般地方高校在学习评价上有显著的差异，$F(2, 4048) = 3.761$，$p < 0.05$。

LSD事后检验结果显示，在学习评价上，"211工程"高校很显著高于"985工程"高校（$p < 0.01$），其他高校没有显著差异。

不同地区的高校：东、中、西部地区高校在学习评价上的均值分别为3.162、3.193、3.271，从均值上看，在学习评价上从东部地区高校到中部地区高校再到西部地区高校逐渐升高。方差分析结果显示，东、中、西部地区高校在学习评价上有极其显著的差异，$F(2, 4048) = 10.067$，$p < 0.001$。

LSD事后检验结果显示，在学习评价上，西部地区高校极其显著高于东部地区高校（$p < 0.001$），西部地区高校很显著高于中部地区高校（$p < 0.01$），东部地区高校与中部地区高校没有显著差异。

不同学年：大一、大二、大三、大四在学习评价上的均值分别为3.275、3.163、3.117、3.286，从均值上看，学习评价从大一到大三下降然后到大四上升。方差分析结果显示，大一、大二、大三、大四在学习评价上有极其显著的差异，$F(3, 4047) = 16.847$，$p < 0.001$。

LSD事后检验结果显示，在学习评价上，大一极其显著高于大二、大三（$p < 0.001$），大四极其显著高于大二、大三（$p < 0.001$），其他学年没有显著差异。

不同科类：文史哲类、法学类、理工类、经济类、管理类在学习评价上的均值分别为3.195、3.214、3.291、3.154、3.181，从均值上看，在学习评价上从文史哲类—管理类—经济类—法学类—理工类逐渐上升。方差分析结果显示，文史哲类、法学类、理工类、经济类、管理类在学习评价上有显著的差异，$F(4, 4046) = 5.226$，$p < 0.001$。

LSD 事后检验结果显示,在学习评价上,理工类极其显著高于经济类($p<0.001$),理工类很显著高于文史哲类、管理类($p<0.01$),理工类显著高于法学类($p<0.05$),其他科类没有显著差异。

第二,中介效应检验

采用中介效应检验程序,检验学习评价对学习成绩的影响。

(1)在本科生中,采用中介效应检验程序,检验学习评价对学习成绩的影响。结果显示(见表5-45),对本科生而言,学习评价对学习成绩有极其显著的影响,学习评价对学习成绩的总效应为0.315;学习方式的中介效应显著,并且是部分中介效应,学习评价对学习成绩的影响只是部分的通过学习方式起作用,中介效应占总效应的比例为47.4%;学习评价对学习成绩影响除去通过学习方式的间接影响外(间接效应为0.150),学习评价对学习成绩也有极其显著的直接影响,直接效应为0.165。

表 5-45　　　　本科生的学习评价对学习成绩影响检验

类别	步骤	标准化回归方程	回归系数检验	总效应	中介效应 有/无	中介效应 部分/完全	占总效应百分比(%)
总体	第一步	$y=0.315x$	$t=21.085^{***}$	0.315	有	部分	47.4
	第二步	$w=0.415x$	$t=28.994^{***}$				
	第三步	$y=0.360w+0.165x$	$t=23.366^{***}$ $t=10.749^{***}$				

注:*** 表示 $p<0.001$;x 表示学习评价,w 表示学习方式,y 表示学习成绩。

(2)在不同层次的高校中,采用中介效应检验程序,分别检验学习评价对学习成绩的影响。结果显示(见表5-46),在"985工程"高校、"211工程"高校、一般地方高校中,学习评价对学习成绩都有极其显著的影响,学习评价对学习成绩的总效应分别为0.303、0.327、0.313,在三者之中"211工程"高校的总效应最高,而"985工程"高校则最低;在"985工程"高校、"211工程"高校、一般地方高校中,学习方式的中介效应都显著,并且都是部分中介效应,学习评价对学习成绩的影响都只是部分地通过学习方式起作用,中介效应占总效应的比例分别为40.0%、47.8%、53.4%，在三者之中一般地方高校的比例最高，而"985工程"高校则最低；在"985工程"高校、"211工程"高校、一般地方高校中，学习评价对学习成绩影响除去通过学习方式的间接影响外（间接效应分别为0.121、0.156、0.167），学习评价对学习成绩也有极其显著的直接影响，直接效应分别为0.182、0.171、0.146，在三者之中"985工程"高校的直接效应最高，而一般地方高校则最低。

表5-46 不同层次高校本科生的学习评价对学习成绩影响检验

类别	步骤	标准化回归方程	回归系数检验	总效应	中介效应 有/无	中介效应 部分/完全	占总效应百分比(%)
985	第一步	$y = 0.303x$	$t = 11.714^{***}$	0.303	有	部分	40.0
	第二步	$w = 0.347x$	$t = 13.617^{***}$				
	第三步	$y = 0.349w + 0.182x$	$t = 13.460^{***}$ $t = 7.026^{***}$				
211	第一步	$y = 0.327x$	$t = 12.628^{***}$	0.327	有	部分	47.8
	第二步	$w = 0.415x$	$t = 16.617^{***}$				
	第三步	$y = 0.377w + 0.171x$	$t = 14.185^{***}$ $t = 6.445^{***}$				
地方	第一步	$y = 0.313x$	$t = 12.143^{***}$	0.313	有	部分	53.4
	第二步	$w = 0.471x$	$t = 19.706^{***}$				
	第三步	$y = 0.355w + 0.146x$	$t = 12.854^{***}$ $t = 5.278^{***}$				

注：*** 表示 $p < 0.001$；x 表示学习评价，w 表示学习方式，y 表示学习成绩。

（3）在不同地区的高校中，采用中介效应检验程序，分别检验学习评价对学习成绩的影响。结果显示（见表5-47），在东、中、西部地区高校中，学习评价对学习成绩都有极其显著的影响，学习评价对学习成绩的总效应分别为0.286、0.294、0.344，在三者之中西部地区高校的总效应最高，而东部地区高校则最低；在东、中、西部地区高校中，学习方式的中介效应都显著，并且都是部分中介效应，学习评价对学习成绩的影响都只是部分地通过学习方式起作用，中介效应占总效应的比例分别为7.1%、8.5%、4.8%，在三者之中中部地区高校的比例最高,而西部地区高校则最低;在东、中、西部地区高校中,学习评价对学习成绩影响除去通过学习方式的间接影响外(间接效应分别为 0.020、0.025、0.017),学习评价对学习成绩也有极其显著的直接影响,直接效应分别为 0.266、0.269、0.327,在三者中西部地区高校的直接效应最高,而东部地区高校则最低。

表 5-47　不同地区高校本科生的学习评价对学习成绩影响检验

类别	步骤	标准化回归方程	回归系数检验	总效应	中介效应 有/无	中介效应 部分/完全	占总效应百分比(%)
东部	第一步	$y=0.286x$	$t=11.069^{***}$	0.286	有	部分	7.1
	第二步	$w=0.265x$	$t=10.183^{***}$				
	第三步	$y=0.077w+0.266x$	$t=2.880^{**}$ $t=9.938^{***}$				
中部	第一步	$y=0.294x$	$t=11.232^{***}$	0.294	有	部分	8.5
	第二步	$w=0.211x$	$t=7.873^{***}$				
	第三步	$y=0.119w+0.269x$	$t=4.469^{***}$ $t=10.116^{***}$				
西部	第一步	$y=0.344x$	$t=13.385^{***}$	0.344	有	部分	4.8
	第二步	$w=0.123x$	$t=3.792^{***}$				
	第三步	$y=0.134w+0.327x$	$t=1.986^{*}$ $t=11.597^{***}$				

注:*** 表示 $p<0.001$,** 表示 $p<0.01$,* 表示 $p<0.05$;x 表示学习评价,w 表示学习方式,y 表示学习成绩。

(4)在不同学年中,采用中介效应检验程序,分别检验学习评价对学习成绩的影响。结果显示(见表 5-48),在大一、大二、大三、大四的四个学年中,学习评价对学习成绩都有极其显著的影响,学习评价对学习成绩的总效应分别为 0.240、0.317、0.345、0.325,呈现从大一到大三逐步上升然后到大四下降;在大一、大二、大三、大四的四个学年中,学习方式的中介效应都显著,并且都是部分中介效应,学习评价对学习成绩的影响都只是部分地通过学习方式起作用,中介效应占总效应的比例分别为 15.9%、47.3%、40.1%、57.6%,在四个学年当中,大四所占比例最高,大一则最低;在大一、大二、大三、大四的四个学年中,学习评价对学习成绩影响除去通过学习方式的间接影响外（间接效应分别为 0.038、0.150、0.139、0.187），学习评价对学习成绩也有极其显著的直接影响，直接效应分别为 0.202、0.167、0.206、0.138，呈现从大一到大二下降到大三上升再到大四下降。

表 5-48　不同学年本科生的学习评价对学习成绩影响检验

类别	步骤	标准化回归方程	回归系数检验	总效应	中介效应 有/无	中介效应 部分/完全	占总效应百分比(%)
大一	第一步	$y = 0.240x$	$t = 7.962^{***}$	0.240	有	部分	15.9
	第二步	$w = 0.293x$	$t = 9.865^{***}$				
	第三步	$y = 0.130w + 0.202x$	$t = 4.136^{***}$ $t = 6.457^{***}$				
大二	第一步	$y = 0.317x$	$t = 10.667^{***}$	0.317	有	部分	47.3
	第二步	$w = 0.422x$	$t = 14.880^{***}$				
	第三步	$y = 0.355w + 0.167x$	$t = 11.531^{***}$ $t = 5.410^{***}$				
大三	第一步	$y = 0.345x$	$t = 11.840^{***}$	0.345	有	部分	40.1
	第二步	$w = 0.454x$	$t = 16.414^{***}$				
	第三步	$y = 0.305w + 0.206x$	$t = 9.749^{***}$ $t = 6.594^{***}$				
大四	第一步	$y = 0.325x$	$t = 10.601^{***}$	0.325	有	部分	57.6
	第二步	$w = 0.463x$	$t = 16.098^{***}$				
	第三步	$y = 0.404w + 0.138x$	$t = 12.608^{***}$ $t = 4.309^{***}$				

注：*** 表示 $p < 0.001$；x 表示学习评价，w 表示学习方式，y 表示学习成绩。

（5）在不同科类中，采用中介效应检验程序，分别检验学习评价对学习成绩的影响。结果显示（见表 5-49），在文史哲、法学、理工、经济、管理五个科类中，学习评价对学习成绩都有极其显著的影响，学习评价对学习成绩的总效应分别为 0.252、0.323、0.373、0.305、0.296，按总效应从低到高呈现由文史哲类—管理类—经济类—法学类—理工类逐渐上升；在文史哲、法学、理工、经济、管理五个科类中，学习方式的中介效应都显著，并且都是部分中介效应，学习评价对学习成绩的影响都只是部分地通过学习方式起作用，中介效应占总效应的比例分别为 34.5%、42.9%、50.2%、54.7%、51.4%，按所占比例从低到高呈现由文史哲类—法学类—理工类—管理类—经济类逐渐上升；在文史哲、法学、理工、经济、管理五个科类中，学习评价对学习成绩影响除去通过学习方式的间接影响外（间接效应分别为 0.087、0.138、0.187、0.167、0.152），学习评价对学习成绩也有极其显著的直接影响，直接效应分别为 0.165、0.185、0.186、0.138、0.144，按直接效应从低到高呈现由经济类—管理类—文史哲类—法学类—理工类逐步上升。

表 5-49　不同科类本科生的学习评价对学习成绩影响检验

类别	步骤	标准化回归方程	回归系数检验	总效应	中介效应 有/无	部分/完全	占总效应百分比(%)
文史	第一步	$y = 0.252x$	$t = 7.381^{***}$	0.252	有	部分	34.5
	第二步	$w = 0.362x$	$t = 10.974^{***}$				
	第三步	$y = 0.240w + 0.165x$	$t = 6.737^{***}$ $t = 4.634^{***}$				
法学	第一步	$y = 0.323x$	$t = 9.781^{***}$	0.323	有	部分	42.9
	第二步	$w = 0.388x$	$t = 12.042^{***}$				
	第三步	$y = 0.357w + 0.185x$	$t = 10.602^{***}$ $t = 5.497^{***}$				
理工	第一步	$y = 0.373x$	$t = 11.688^{***}$	0.373	有	部分	50.2
	第二步	$w = 0.461x$	$t = 15.127^{***}$				
	第三步	$y = 0.406w + 0.186x$	$t = 12.241^{***}$ $t = 5.597^{***}$				
经济	第一步	$y = 0.305x$	$t = 8.979^{***}$	0.305	有	部分	54.7
	第二步	$w = 0.450x$	$t = 14.144^{***}$				
	第三步	$y = 0.371w + 0.138x$	$t = 10.388^{***}$ $t = 3.866^{***}$				
管理	第一步	$y = 0.296x$	$t = 8.704^{***}$	0.296	有	部分	51.4
	第二步	$w = 0.381x$	$t = 11.586^{***}$				
	第三步	$y = 0.399w + 0.144x$	$t = 11.768^{***}$ $t = 4.232^{***}$				

注：*** 表示 $p < 0.001$；x 表示学习评价，w 表示学习方式，y 表示学习成绩。

(6) 中介效应分析小结

总体：学习评价对学习成绩有极其显著的影响（$p<0.001$），是部分地通过学习方式起作用（即学习方式起部分中介作用），对学习成绩也有极其显著的直接影响（$p<0.001$）。

不同层次的高校：在三个层次的高校中，学习评价对学习成绩都有极其显著的影响（$p<0.001$），都是部分地通过学习方式起作用（即学习方式都起部分中介作用），对学习成绩也都有极其显著的直接影响（$p<0.001$）。学习评价对学习成绩的总效应都大于0.30且小于0.33，直接效应都大于0.14且小于0.19，中介效应占总效应的比例都大于39%且小于54%，学习评价通过学习方式影响学习成绩的中介效应占总效应的比例较大，都超过了1/3，但大小略有差异。

不同地区的高校：在三个地区的高校中，学习评价对学习成绩都有极其显著的影响（$p<0.001$），都是部分地通过学习方式起作用（即学习方式都起部分中介作用），对学习成绩也都有极其显著的直接影响（$p<0.001$）。学习评价对学习成绩的总效应都大于0.28且小于0.35，直接效应都大于0.26且小于0.33，中介效应占总效应的比例都大于4.7%且小于8.6%，学习评价通过学习方式影响学习成绩的中介效应占总效应的比例较小，且三者之间差异较小。

不同学年：在本科生的四个学年中，学习评价对学习成绩都有极其显著的影响（$p<0.001$），都是部分地通过学习方式起作用（即学习方式都起部分中介作用），对学习成绩也都有极其显著的直接影响（$p<0.001$）。学习评价对学习成绩的总效应都大于0.23且小于0.35，直接效应都大于0.13且小于0.21，中介效应占总效应的比例都大于15%且小于58%，其中大一的比例只占15.9%，与其他三个学年相差较大，而大二、大三、大四三个学年比例均在40%以上，但三者之间大小略有差异。

不同科类：在五个科类中，学习评价对学习成绩都有极其显著的影响（$p<0.001$），都是部分地通过学习方式起作用（即学习方式都起部分中介作用），对学习成绩也都有极其显著的直接影响（$p<0.001$）。学习评价对学习成绩的总效应都大于0.25且小于0.38，直接效应都大于0.13且小于0.19，中介效应占总效应的比例都大于

34%且小于55%,学习评价通过学习方式影响学习成绩的中介效应占总效应的比例在1/3以上,大小略有差异。

(四)本科生学习过程中的进程(学习方式)

用10个项目考察学生的深层学习方式,通过方差分析可以得出:

不同层次的高校:"985工程"高校、"211工程"高校、一般地方高校学生在学习方式上的均值分别为3.047、3.030、2.995,从均值上看,学习方式从"985工程"高校到"211工程"高校再到一般地方高校逐渐降低,方差分析结果显示,"985工程"高校、"211工程"高校、一般地方高校学生在学习方式上有显著的差异,$F(2, 4048) = 4.305$,$p < 0.05$。

LSD事后检验结果显示,在学习方式上,"985工程"高校很显著高于一般地方高校($p < 0.01$),其他高校没有显著差异。

不同地区的高校:东、中、西部地区高校学生在学习方式上的均值分别为3.162、3.193、3.271,从均值上看,在学习方式上从东部地区高校到中部地区再到西部地区高校逐渐升高。方差分析结果显示,东、中、西部地区高校学生在学习方式上有极其显著的差异,$F(2, 4048) = 41.538$,$p < 0.001$。

LSD事后检验结果显示,在学习方式上,西部地区高校极其显著高于东、中部地区高校($p < 0.001$),东部地区高校与中部地区高校没有显著差异。

不同学年:大一、大二、大三、大四学生在学习方式上的均值分别为2.930、3.035、3.005、3.134,从均值上看,学习方式从大一到大二上升然后到大三下降再到大四上升。方差分析结果显示,大一、大二、大三、大四学生在学习方式上有极其显著的差异,$F(3, 4047) = 33.272$,$p < 0.001$。

LSD事后检验结果显示,在学习方式上,大一极其显著高于大二、大三($p < 0.001$),大四极其显著高于大二、大三($p < 0.001$),其他学年没有显著差异。

不同科类:文史哲类、法学类、理工类、经济类、管理类学生在学习方式上的均值分别为3.034、3.009、3.110、2.960、3.002,从均值上看，在学习方式上从经济类—管理类—法学类—文史哲类—理工类逐渐上升。方差分析结果显示，文史哲类、法学类、理工类、经济类、管理类学生在学习方式上有极其显著的差异，$F(4, 4046) = 11.841$，$p < 0.001$。

LSD事后检验结果显示，在学习方式上，理工类极其显著高于文史哲类、法学类、经济类、管理类（$p < 0.001$），文史哲类很显著高于经济类、理工类（$p < 0.01$），法学类显著高于经济类（$p < 0.05$），其他科类没有显著差异。

（五）本科生学习的学习成果

本科生在高校进行的学习，主要以获得一定程度的知识、技能为其学习的成果。在本研究中，主要以本科生的学习成绩来代表学习成果。

用两个项目考察学生的学习成果，通过方差分析可以得出：

不同层次的高校："985工程"高校、"211工程"高校、一般地方高校学生在学习成绩上的均值分别为3.114、3.056、3.009，从均值上看，学习成绩从"985工程"高校到"211"工程高校再到一般地方高校逐步降低，方差分析结果显示，"985工程"高校、"211工程"高校、一般地方高校学生在学习成绩上有显著的差异，$F(2, 4048) = 4.537$，$p < 0.05$。

LSD事后检验结果显示，在学习成绩上，"985工程"高校很显著高于一般地方高校（$p < 0.01$），其他高校没有显著差异。

不同地区的高校：东部地区高校、中部地区高校、西部地区高校学生在学习成绩的均值分别为2.962、3.018、3.201，从均值上看，学习成绩从东部地区高校到中部地区再到西部地区高校逐步升高。方差分析结果显示，东部地区高校、中部地区高校、西部地区高校学生在学习成绩上有极其显著的差异，$F(2, 4048) = 25.854$，$p < 0.001$。

LSD事后检验结果显示，在学习成绩上，西部地区高校极其显著高于东、中部地区高校（$p < 0.001$），东部地区高校与中部地区高校没有显著差异。

不同学年：大一、大二、大三、大四学生在学习成绩上的均值分别为3.022、2.942、3.007、3.284，从均值上看，学习成绩水平大一到大二下降，然后上升到大四。方差分析结果显示，大一、大二、大三、大四学生在学习成绩上有极其显著的差异，$F(3, 4047) = 27.220$，$p < 0.001$。

LSD事后检验结果显示，在学习成绩上，大四极其显著高于大一、大二、大三（$p < 0.001$），大一很显著高于大二（$p < 0.01$），其他学年没有显著差异。

不同科类：文史哲类、法学类、理工类、经济类、管理类学生在学习成绩上的均值分别为3.037、3.004、3.166、3.027、3.057，从均值上看，学习成绩随着法学类—经济类—文史哲类—管理类—理工类逐步上升。方差分析结果显示，文史哲类、法学类、理工类、经济类、管理类学生在学习成绩上有很显著的差异，$F(4, 4046) = 4.080$，$p < 0.01$。

LSD事后检验结果显示，在学习成绩上，理工类很显著高于文史哲类、经济类（$p < 0.01$），理工类极其显著高于法学类（$p < 0.001$），其他科类没有显著差异。

第三节 本科生学习过程的各影响因素效应分析

通过前面分析，本研究对本科生问卷调查的各个因素进行了中介效应分析，发现了在总体、不同层次高校、不同地区高校、不同学年、不同科类中，影响本科生学习过程的各因素以及其中介效应情况。在此，本研究将在总体、不同层次高校、不同地区高校、不同学年、不同科类中影响本科生学习过程的各因素的效应及重要性排序提取出来并重点分析。

一 总体及不同类别本科生的影响学习过程的因素的总、直接效应分析

通过对总体及不同类别中对影响本科生学习过程的因素的总效

应、直接效应分析,可以明晰学生主体、教师主导、学习环境各因素在总体及不同类别中的本科生学习过程的重要性及其作用。其中总效应不仅包括学习主体因素、教师主导因素以及学习环境因素通过学习方式影响学习成果的效应,同时也包括学习主体因素、教师主导因素以及学习环境直接影响学习成果的效应,而直接效应只包括学习主体因素、教师主导因素以及学习环境直接影响学习成果的效应。

(一)总体分析

就影响本科生学习成绩的 8 个因素的总效应和直接效应大小进行汇总,在此基础上对其大小进行排序(见表 5-50)。从总体上看,在总效应上,学习能力、先前知识、教学、学习评价居前四位,这四个因素对本科生的学习成绩的影响较大;师生关系、学风、学习观念、学习设施居后四位,这四个因素对本科生的学习成绩的影响较小;学习能力的影响最大,学习设施的影响最小;在直接效应上,学习能力、教学、先前知识、学习评价居前四位,这四个因素对本科生的学习成绩的直接影响较大;师生关系、学风、学习设施、学习观念居后四位,这四个因素对本科生的学习成绩的直接影响较小;学习能力对本科生的学习成绩的直接影响最大,学习观念对本科生的学习成绩的直接影响最小。因为中介效应的存在,8 个因素对本科生学习成绩影响和直接影响的顺序有所差异。

表 5-50　影响本科生学习成绩因素的总、直接效应大小及排序

类别	效应	大小排序	先前知识	学习能力	学习观念	学习设施	学风	学习评价	教学	师生关系
总体	总效应	大小	0.35	0.374	0.244	0.172	0.278	0.315	0.325	0.288
		排序	2	1	7	8	6	4	3	5
	直接效应	大小	0.239	0.268	0.081	0.091	0.111	0.165	0.24	0.144
		排序	3	1	8	7	6	4	2	5

(二)不同类别分析

1. 就影响不同层次高校本科生学习成绩的 8 个因素的总效应和直接效应大小进行汇总,在此基础上对其大小进行排序(见表 5-

51）

在"985工程"高校中，在总效应上，先前知识、教学、学习能力、学习评价居前四位，这四个因素对"985工程"高校本科生的学习成绩影响较大，师生关系、学习观念、学风、学习设施居后四位，这4个因素对"985工程"高校本科生的学习成绩的影响较小，与总体结果一致；先前知识对"985工程"高校本科生的学习成绩的影响最大，与总体结果不一致；学习设施对"985工程"高校本科生的学习成绩的影响最小，与总体结果一致。在直接效应上，先前知识、学习能力、教学、学习评价居前四位，这4个因素对"985工程"高校本科生的学习成绩的直接影响较大，师生关系、学习观念、学习设施、学风居后四位，这4个因素对"985工程"高校本科生的学习成绩的直接影响较小，与总体结果一致；先前知识对"985工程"高校本科生的学习成绩的直接影响最大，与总体结果不一致；学风对"985工程"高校本科生的学习成绩的直接影响最小，与总体结果不一致。因为中介效应的存在，8个因素对"985工程"高校本科生学习成绩影响和直接影响的顺序有所差异，与总体结果一致。

在"211工程"高校中，在总效应上，学习能力、先前知识、学习评价、教学居前四位，这4个因素对"211工程"高校本科生的学习成绩影响较大，师生关系、学风、学习观念、学习设施位居后四位，这4个因素对"211工程"高校本科生的学习成绩影响较小，与总体及"985工程"高校结果一致；学习能力对"211工程"高校本科生的学习成绩影响最大，与总体结果一致，但与"985工程"高校结果不一致；学习设施对"211工程"高校本科生的学习成绩影响最小，与总体及"985工程"高校结果一致。在直接效应上，学习能力、教学、先前知识、学习评价居前四位，这4个因素对"211工程"高校本科生的学习成绩的直接影响较大，师生关系、学风、学习观念、学习设施居后四位，这4个因素对"211工程"高校本科生的学习成绩的直接影响较小，与总体及"985工程"高校结果一致；学习能力对"211工程"高校本科生学习成绩的直接影响最大，与总体一致，但与"985工程"高校结果不一致；学习设施对"211工程"

高校本科生学习成绩的直接影响最小，与总体及"985工程"高校结果不一致。因为中介效应的存在，8个因素对"211工程"高校本科生学习成绩影响和直接影响的顺序有所差异，与总体、"985工程"高校结果一致。

在一般地方高校中，在总效应上，学习能力、先前知识、学习评价、教学居前四位，这4个因素对一般地方高校本科生的学习成绩影响较大，学风、师生关系、学习观念、学习设施居后四位，这4个因素对一般地方高校本科生的学习成绩影响较小，与总体及"985工程"高校、"211工程"高校结果一致；学习能力对一般地方高校本科生学习成绩的影响最大，与总体及"211工程"高校结果一致，但与"985工程"高校结果不一致；学习设施对一般地方高校本科生学习成绩的影响最小，与总体、"985工程"高校、"211工程"高校结果一致。在直接效应上，学习能力、先前知识、教学、学习评价居前四位，这4个因素对一般地方高校本科生的学习成绩的直接影响较大，与总体、"985工程"高校、"211工程"高校一致，师生关系、学风、学习设施、学习观念居后四位，这4个因素对一般地方高校本科生的学习成绩的直接影响较小，与总体、"985工程"高校、"211工程"高校结果一致；学习能力对一般地方高校本科生学习成绩的直接影响最大，与总体及"211工程"高校结果一致，但与"985工程"高校结果不一致，学习观念对一般地方高校本科生学习成绩的直接影响最小，与总体结果一致，但与"985工程"高校及"211工程"高校结果不一致。因为中介效应的存在，8个因素对一般地方高校本科生学习成绩影响和直接影响的顺序有所差异，与总体、"985工程"高校、"211工程"高校结果一致。

表 5-51　　影响不同层次高校本科生学习成绩因素的总、直接效应大小及排序

类别	效应	大小排序	先前知识	学习能力	学习观念	学习设施	学风	学习评价	教学	师生关系
985	总效应	大小	0.373	0.339	0.241	0.148	0.216	0.303	0.342	0.266
		排序	1	3	6	8	7	4	2	5
	直接效应	大小	0.280	0.250	0.085	0.083	0.081	0.182	0.242	0.147
		排序	1	2	6	7	8	4	3	5
211	总效应	大小	0.330	0.394	0.284	0.170	0.311	0.327	0.322	0.311
		排序	2	1	7	8	5	3	4	5
	直接效应	大小	0.202	0.275	0.107	0.092	0.119	0.171	0.271	0.144
		排序	3	1	7	8	6	4	2	5
地方	总效应	大小	0.348	0.368	0.210	0.203	0.307	0.313	0.312	0.279
		排序	2	1	7	8	5	3	4	6
	直接效应	大小	0.241	0.261	0.054	0.105	0.138	0.146	0.210	0.142
		排序	2	1	8	7	6	4	3	5

2. 就影响不同地区高校本科生学习成绩的 8 个因素的总效应和直接效应大小进行汇总，在此基础上对其大小进行排序（见表 5-52）

在东部地区高校中，在总效应上，先前知识、学习能力、教学、学习评价居前四位，这 4 个因素对东部地区高校本科生的学习成绩影响较大，师生关系、学风、学习观念、学习设施居后四位，这 4 个因素对东部地区高校本科生的学习成绩的影响较小，与总体结果一致；先前知识对东部地区高校本科生的学习成绩影响最大，与总体结果不一致，学习设施对东部地区高校本科生的学习成绩的影响最小，与总体结果一致。在直接效应上，先前知识、学习能力、学习评价、师生关系居前四位，这 4 个因素对东部地区高校本科生的学习成绩的直接影响较大，学风、教学、学习观念、学习设施居后四位，这 4 个因素对东部地区高校本科生的学习成绩的直接影响较小，与总体结果略有差异；先前知识对东部地区高校本科生的学习成绩的直接影响最大，与总体结果不一致；学习设施对东部地区高校本科生的学习成绩的直接影响最小，与总体结果不一致。因为中介效应的存在，8 个因素对

东部地区高校本科生的学习成绩影响和直接影响的顺序有所差异,与总体结果一致。

在中部地区高校中,在总效应上,教学、学习能力、先前知识、学习评价居前四位,这4个因素对中部地区高校本科生的学习成绩影响较大,师生关系、学习观念、学风、学习设施居后四位,这4个因素对中部地区高校本科生的学习成绩的影响较小,与总体及东部地区高校结果一致;教学对中部地区高校本科生的学习成绩影响最大,与总体及东部地区高校结果不一致;学习设施对中部地区高校本科生的学习成绩的影响最小,与总体及东部地区高校结果一致。在直接效应上,先前知识、学习能力、学习评价、教学居前四位,这4个因素对中部地区高校本科生的学习成绩的直接影响较大,师生关系、学风、学习设施、学习观念居后四位,这4个因素对中部地区高校本科生的学习成绩的直接影响较小,与总体结果一致,与东部地区高校结果略有差异;先前知识对中部地区高校本科生的学习成绩的直接影响最大,与东部地区高校结果一致,但与总体结果不一致;学习观念对中部地区高校本科生的学习成绩的直接影响最小,与总体结果一致,但与东部地区高校结果不一致。因为中介效应的存在,8个因素对中部地区高校本科生的学习成绩影响和直接影响的顺序有所差异,与总体、东部地区高校结果一致。

在西部地区高校中,在总效应上,教学、学习能力、学习评价、先前知识居前四位,这4个因素对西部地区高校本科生的学习成绩影响较大,师生关系、学风、学习观念、学习设施居后四位,这4个因素对西部地区高校本科生的学习成绩影响较小,与总体、东部地区高校、中部地区高校结果一致;教学对西部地区高校本科生的学习成绩的影响最大,与总体及东部地区高校结果不一致,与中部地区高校结果一致;学习设施对西部地区高校本科生的学习成绩的影响最小,与总体、东部地区高校、中部地区高校结果一致。在直接效应上,学习评价、学习能力、先前知识、教学居前四位,这4个因素对西部地区高校本科生的学习成绩直接影响较大,师生关系、学风、学习观念、学习设施居后四位,这4个因素对西部地区高校本科生的学习成绩的直接影响较小,与总体、东部地区高校、中部地区高校结果一致;学习评价对西部地区高校本科生的学习成绩的直接影响最大,与总体、东部地区高校、中部地区高校结果不一致;学习设施对西部地区高校本科生的学习成绩的直接影响最小,与总体、中部地区高校结果不一致,与东部地区高校结果一致。因为中介效应的存在,8个因素对西部地区高校本科生的学习成绩影响和直接影响的顺序有所差异,与总体、东部地区高校、中部地区高校结果一致。

表5-52　　　影响不同地区高校本科生学习成绩因素的总、直接效应大小及排序

类别	效应	大小排序	先前知识	学习能力	学习观念	学习设施	学风	学习评价	教学	师生关系
东部	总效应	大小	0.401	0.350	0.221	0.124	0.239	0.286	0.294	0.279
		排序	1	2	7	8	6	4	3	5
	直接效应	大小	0.380	0.321	0.155	0.094	0.223	0.266	0.207	0.259
		排序	1	2	7	8	5	3	6	4
中部	总效应	大小	0.311	0.311	0.234	0.176	0.214	0.294	0.335	0.241
		排序	2	2	6	8	7	4	1	5
	直接效应	大小	0.284	0.283	0.134	0.151	0.201	0.269	0.230	0.210
		排序	1	2	8	7	6	3	4	5
西部	总效应	大小	0.329	0.353	0.209	0.165	0.267	0.344	0.355	0.319
		排序	4	2	7	8	6	3	1	5
	直接效应	大小	0.321	0.323	0.141	0.140	0.246	0.327	0.291	0.284
		排序	3	2	7	8	6	1	4	5

3. 就影响不同学年本科生的学习成绩的8个因素的总效应和直接效应大小进行汇总,在此基础上对其大小进行排序(见表5-53)

在大一,在总效应上,先前知识、学习能力、教学、学习评价居前四位,这4个因素对大一本科生的学习成绩影响较大,师生关系、学习观念、学风、学习设施居后四位,这4个因素对大一本科生的学习成绩影响较小,与总体结果一致;先前知识对大一本科生的学习成绩影响最大,与总体结果不一致;学习设施对大一本科生

的学习成绩的影响最小，与总体结果一致。在直接效应上，先前知识、学习能力、教学、学习评价居前四位，这4个因素对大一本科生的学习成绩的直接影响较大，师生关系、学风、学习观念学习设施居后四位，这4个因素对大一本科生的学习成绩的直接影响较小，与总体结果一致，先前知识对大一本科生的学习成绩的直接影响最大，与总体不一致；学习设施对大一本科生的学习成绩的直接影响最小，与总体结果不一致。因为中介效应的存在，8个因素对大一本科生学习成绩影响和直接影响的顺序有所差异，与总体结果一致。

在大二，在总效应上，学习能力、教学、学习评价、先前知识居前四位，这4个因素对大二本科生的学习成绩的影响较大，师生关系、学风、学习观念、学习设施居后四位，这4个因素对大二本科生的学习成绩的影响较小，与总体及大一结果一致；学习能力对大二本科生的学习成绩的影响最大，与总体一致，但与大一不一致；学习设施对大二本科生的学习成绩的影响最小，与总体及大一结果一致。在直接效应上，学习能力、教学、先前知识、学习评价位前四位，这4个因素对大二本科生的学习成绩的直接影响较大，师生关系、学风、学习观念、学习设施居后四位，对大二本科生的学习成绩的直接影响较小，与总体及大一结果一致；学习能力对大二本科生的学习成绩的直接影响最大，与总体结果一致，但与大一结果不一致；学习设施对大二本科生的学习成绩的直接影响最小，与总体结果不一致，与大一结果一致。因为中介效应的存在，8个因素对大二本科生的学习成绩影响和直接影响的顺序有所差异，与总体、大一结果一致。

在大三，在总效应上，教学，学习评价、学习能力、师生关系居前四位，这4个因素对大三本科生的学习成绩的影响较大，先前知识、学风、学习观念、学习设施居后四位，这4个因素对大三本科生的学习成绩的影响较小，与总体、大一、大二结果略有差异；教学对大三本科生的学习成绩的影响最大，与总体、大一、大二结果不一致；学习设施对大三本科生的学习成绩的影响最小，与总体、大一、大二结果一致。在直接效应上，教学、学习能力、先前知识、学习评价居前四位，这4个因素对大三本科生的学习成绩的直接影响较大，师生关系、学习设施、学风、学习观念居后四位，这4个因素对大三本科生的学习成绩的直接影响较小，与总体、大一、大二结果一致；教学对大三本科生的学习成绩的直接影响最大，与总体、大一、大二结果不一致；学习观念对大三本科生的学习成绩的直接影响最小，与总体一致，与大一、大二结果不一致。因为中介效应的存在，8个因素对大三本科生的学习成绩影响和直接影响的顺序有所差异，与总体、大一、大二结果一致。

在大四，在总效应上，学习能力、先前知识、学风、教学居前四位，这4个因素对大四本科生的学习成绩的影响较大，学习评价、学习观念、师生关系、学习设施居后四位，这4个因素对大四本科生的学习成绩的影响较小，与总体、大一、大二、大三结果略有差异；学习能力对大四本科生的学习成绩的影响最大，与总体、大二结果一致，与大一、大三结果不一致；学习设施对大四本科生的学习成绩的影响最小，与总体、大一、大二、大三结果一致。在直接效应上，先前知识、学习能力、教学、学习评价居前四位，这4个因素对大四本科生的学习成绩的直接影响较大，师生关系、学风、学习观念、学习设施居后四位，这4个因素对大四本科生的学习成绩的直接影响较小，与总体、大一、大二、大三结果一致；先前知识和学习能力对大四本科生的学习成绩的直接影响最大，与总体、大二结果略有差异，与大一、大三结果不一致；学习设施对大四本科生的学习成绩的直接影响最小，与总体、大三结果不一致，与大一、大二结果一致。因为中介效应的存在，8个因素对大四本科生的学习成绩影响和直接影响的顺序有所差异，与总体、大一、大二、大三结果一致。

表 5-53　　影响不同学年本科生学习成绩因素的总、直接效应大小及排序

类别	效应	大小排序	先前知识	学习能力	学习观念	学习设施	学风	学习评价	教学	师生关系
大一	总效应	大小	0.369	0.368	0.202	0.148	0.199	0.240	0.317	0.238
		排序	1	2	6	8	7	4	3	5
	直接效应	大小	0.344	0.299	0.100	0.098	0.131	0.202	0.240	0.202
		排序	1	2	7	8	6	4	3	5
大二	总效应	大小	0.314	0.368	0.223	0.145	0.280	0.317	0.324	0.286
		排序	4	1	7	8	6	3	2	5
	直接效应	大小	0.195	0.255	0.061	0.059	0.116	0.167	0.241	0.141
		排序	3	1	7	8	6	4	1	5
大三	总效应	大小	0.310	0.339	0.215	0.194	0.256	0.345	0.390	0.312
		排序	5	3	7	8	6	2	1	4
	直接效应	大小	0.212	0.251	0.092	0.116	0.115	0.206	0.283	0.187
		排序	3	2	8	6	7	4	1	5
大四	总效应	大小	0.393	0.398	0.314	0.207	0.340	0.325	0.325	0.298
		排序	2	1	6	8	3	4	4	7
	直接效应	大小	0.267	0.267	0.118	0.091	0.127	0.138	0.238	0.121
		排序	1	2	7	8	6	4	3	5

4. 就影响不同科类本科生的学习成绩的 8 个因素的总效应和直接效应大小进行汇总，在此基础上对其大小进行排序（见表 5-54）

在文史哲类中，在总效应上，教学、学习能力、学习评价、先前知识居前四位，这 4 个因素对文史哲类本科生的学习成绩的影响较大，学习观念、师生关系、学风、学习设施居后四位，这 4 个因素对文史哲类本科生的学习成绩的影响较小，与总体结果一致；教学对文史哲类本科生的学习成绩的影响最大，与总体结果不一致；学风与学习设施对文史哲类本科生的学习成绩的影响最小，与总体略有差异；在直接效应上，学习评价、学习能力、先前知识、师生关系居前四位，这 4 个因素对文史哲类本科生的学习成绩的直接影响较大；教学、学习观念、学风、学习设施居后四位，这 4 个因素对文史哲类本

科生的学习成绩的直接影响较小，与总体结果略有差异；学习评价对文史哲类本科生的学习成绩的直接影响最大，与总体结果不一致；学习设施对文史哲类本科生学习成绩直接影响最小，与总体结果不一致。因为中介效应的存在，8个因素对文史哲类本科生的学习成绩影响和直接影响的顺序有所差异，与总体结果一致。

在法学类中，在总效应上，教学、学习能力、学习评价、师生关系居前四位，这4个因素对法学类本科生的学习成绩的影响较大，先前知识、学风、学习设施、学习观念居后四位，这4个因素对法学类本科生的学习成绩的影响较小，与总体、文史哲类结果略有差异；教学对法学类本科生的学习成绩的影响最大，与文史哲类结果一致，但与总体结果不一致；学习观念对法学类本科生的学习成绩的影响最小，与总体、文史哲类结果不一致。在直接效应上，学习评价、学习能力、先前知识、师生关系居前四位，这4个因素对法学类本科生的学习成绩的直接影响较大；教学、学风、学习设施、学习观念居后四位，这4个因素对法学类本科生的学习成绩的直接影响较小，与文史哲类结果一致，与总体结果略有差异；学习评价对法学类本科生的学习成绩的直接影响最大，与总体结果不一致，与文史哲类结果一致；学习观念对法学类本科生的学习成绩的直接影响最小，与总体结果一致，但与文史哲类结果不一致。因为中介效应的存在，8个因素对法学类本科生的学习成绩影响和直接影响的顺序有所差异，与总体、文史哲类结果一致。

在理工类中，在总效应上，学习能力、先前知识、学习评价、教学居前四位，这4个因素对理工类本科生的学习成绩的影响较大，师生关系、学风、学习观念、学习设施居后四位，这4个因素对理工类本科生的学习成绩的影响较小，与总体、文史哲类结果一致，与法学类略有差异；学习能力对理工类本科生的学习成绩的影响最大，与总体结果一致，与文史哲类、法学类结果不一致；学习设施对理工类本科生的学习成绩的影响最小，与总体结果一致，与文史哲类、法学类结果不一致。在直接效应上，学习能力、先前知识、学习评价、师生关系居前四位，这4个因素对理工类本科生的学习成绩的直接影响较大，教学、学习设施、学习观念、学风居后四位，这4个因素对理工类本科生的学习成绩的直接影响较小，与文史哲类、法学类结果一致，与总体结果略有差异；学习能力对理工类本科生的学习成绩的直接影响最大，与总体结果一致，与文史哲类、法学类结果不一致；学风对理工类本科生的学习成绩的直接影响最小，与总体结果、文史哲类、法学类结果不一致。因为中介效应的存在，8个因素对理工类本科生的学习成绩影响和直接影响的顺序有所差异，与总体、文史哲类、法学类结果一致。

在经济类中，在总效应上，学习能力、师生关系、先前知识、教学居前四位，这4个因素对经济类本科生的学习成绩的影响较大，学风、学习评价、学习观念、学习设施居后四位，这4个因素对经济类本科生的学习成绩的影响较小，与总体、文史哲、法学类、理工类结果略有差异；学习能力对经济类本科生的学习成绩的影响最大，与总体、理工类结果一致，但与文史哲类、法学类结果不一致；学习设施对经济类本科生的学习成绩的影响最小，与总体、理工类结果一致，但与文史哲类、法学类结果不一致。在直接效应上，学习能力、学习评价、先前知识、教学居前四位，这4个因素对经济类本科生的学习成绩的直接影响较大，学风、师生关系、学习观念、学习设施居前四位，这4个因素对经济类本科生的学习成绩的直接影响较小，与总体结果一致，但与文史哲类、法学类、理工类结果略有差异；学习能力对经济类本科生的学习成绩的直接影响最大，与总体、理工类结果一致，但与文史哲类、法学类结果不一致；学习设施对经济类本科生的学习成绩的直接影响最小，与文史哲类结果一致，但与总体、法学类、理工类结果不一致。因为中介效应的存在，8个因素对经济类本科生的学习成绩影响和直接影响的顺序有所差异，与总体、文史哲类、法学类、理工类结果一致。

在管理类中，在总效应上，学习能力、先前知识、教学、学习评价居前四位，这4个因素对管理类本科生的学习成绩的影响较大，师生关系、学风、学习观念、学习设施居后四位，这4个因素对管理类本科生的学习成绩的影响较小，与总体、文史哲类、理工类结果一致，但与法学类、经济类结果略有差异；学习能力对管理类本科生的学习成绩的影响最大，与总体、理工类、经济类结果一致，与文史哲类、法学类结果不一致；学习设施对管理类本科生的学习成绩的影响最小，与总体、理工类、经济类结果一致，但与文史哲类、法学类结果不一致。在直接效应上，学习能力、先前知识、学习评价、师生关系居前四位，这4个因素对管理类本科生的学习成绩的直接影响较大，教学、学风、学习设施、学习观念居后四位，这4个因素对管理类本科生的学习成绩的直接影响较小，与文史哲类、理工类、法学类结果一致，与总体、经济类结果略有差异；学习能力对管理类本科生的学习成绩的直接影响最大，与总体、理工类、经济类结果一致，但与文史哲类、法学类结果不一致；学习观念对管理类本科生的学习成绩的直接影响最小，与总体、法学类结果一致，但与文史哲类、理工类、经济类结果不一致。因为中介效应的存在，8个因素对管理类本科生的学习成绩影响和直接影响的顺序有所差异，与总体、文史哲类、法学类、理工类、经济类结果一致。

表5-54 影响不同科类本科生学习成绩因素的总、直接效应大小及排序

类别	效应类别	大小排序	先前知识	学习能力	学习观念	学习设施	学风	学习评价	教学	师生关系
文史	总效应	大小	0.251	0.267	0.188	0.104	0.104	0.252	0.322	0.175
		排序	4	2	5	7	7	3	1	6
	直接效应	大小	0.204	0.221	0.094	0.067	0.071	0.232	0.101	0.165
		排序	3	2	6	8	7	1	5	4
法学	总效应	大小	0.256	0.345	0.214	0.169	0.255	0.323	0.352	0.269
		排序	5	2	8	7	6	3	1	4
	直接效应	大小	0.256	0.262	0.078	0.107	0.109	0.266	0.151	0.185
		排序	3	2	8	7	6	1	5	4
理工	总效应	大小	0.399	0.453	0.320	0.254	0.353	0.373	0.362	0.359
		排序	2	1	7	8	6	3	4	5
	直接效应	大小	0.254	0.308	0.116	0.153	0.120	0.243	0.156	0.186
		排序	2	1	7	6	8	3	5	4

续表

类别	效应类别	大小排序	先前知识	学习能力	学习观念	学习设施	学风	学习评价	教学	师生关系
经济	总效应	大小	0.343	0.402	0.257	0.157	0.323	0.305	0.327	0.340
		排序	3	1	7	8	5	6	4	2
	直接效应	大小	0.232	0.276	0.073	0.064	0.160	0.240	0.180	0.138
		排序	3	1	7	8	5	2	4	6
管理	总效应	大小	0.371	0.388	0.220	0.159	0.240	0.296	0.329	0.285
		排序	2	1	7	8	6	4	3	5
	直接效应	大小	0.248	0.276	0.067	0.077	0.077	0.245	0.136	0.144
		排序	2	1	8	6	6	3	5	4

二 总体及不同类别本科生的影响学习过程的因素的效应分析

在上面的分析中，仅仅考虑了单个因素对学习成绩的影响，通过分析可以得出，构成学生主体、教师主导、学习环境的8个因素中的每个因素对学习成绩的总效应和直接效应都有显著影响，验证了本科生学习过程三阶段模型，并在此基础上，就各因素的影响程度高低进行了排序。如果在考虑对学习成绩的影响时，将构成学生主体、教师主导、学习环境的8个因素合并考虑，这8个因素对学习成绩的影响如何呢？是否都有显著影响？影响程度高低顺序是否有改变呢？为解决此问题，对总体及不同类别中的本科生在控制学习方式这个因素对学习成绩的影响的基础上，通过学习成绩对影响本科生学习过程的8个因素的回归分析，以明晰在合并考虑8个因素的基础上，8个因素对学习成绩的影响。

（一）总体分析

做本科生的学习成绩对本科生学习过程的8个因素的回归分析，方差膨胀因子（Variance Inflation Factor，VIF）的结果显示，回归方程不存在多重共线性问题，对影响学习成绩8个因素的标准化回归系数进行排序（见表5-55）。

8个因素及学习方式对学习成绩都有显著的影响；学习能力、先前知识、教学、学习评价居前四位,这4个因素对本科生的学习成绩的影响较大,师生关系、学风、学习设施、学习观念居后四位,这4个因素对本科生的学习成绩的影响较小,与仅考虑单个因素对本科生的学习成绩影响与直接影响结果一致;学习能力对本科生的学习成绩的影响最大,与仅考虑单个因素对本科生的学习成绩影响与直接影响的结果一致;学习观念对本科生的学习成绩的影响最小,与仅考虑单个因素对本科生的学习成绩的直接影响结果一致,但与仅考虑单个因素对本科生的学习成绩影响结果不一致。

表5-55 本科生影响学习成绩的各因素的标准化回归系数及排序

	大小	排序
先前知识	0.143***	2
学习能力	0.189***	1
学习观念	0.050*	8
学习设施	0.055*	7
学风	0.058*	6
学习评价	0.073**	4
教学	0.123***	3
师生关系	0.063*	5
控制变量:学习方式	0.201***	

注:*** 表示 $p<0.001$,** 表示 $p<0.01$,* 表示 $p<0.05$。

(二)不同类别分析

1. 分别做不同层次高校本科生的学习成绩对本科生学习过程的8个因素的回归分析,方差膨胀因子的结果显示,不同层次高校的回归方程不存在多重共线性问题,对不同层次高校影响学习成绩的8个因素的标准化回归系数分别进行排序(见表5-56)

在"985工程"高校中,8个因素及学习方式对学习成绩都有显著的影响,与总体结果一致;先前知识、学习能力、教学、学习评价居前四位,这4个因素对"985工程"高校本科生的学习成绩的影响较大,师生关系、学习设施、学风、学习观念居后四位,这4个因素对"985工程"高校本科生的学习成绩的影响较小,与总体结果一致，与仅考虑单个因素对"985工程"高校本科生的学习成绩影响与直接影响的结果一致；先前知识对"985工程"高校本科生的学习成绩的影响最大，与总体分析结果不一致，与仅考虑单个因素对"985工程"高校本科生的学习成绩影响与直接影响的结果一致；学习观念对"985工程"高校本科生的学习成绩影响最小，与总体分析结果一致，但与仅考虑单个因素对"985工程"高校本科生的学习成绩影响与直接影响的结果不一致。

在"211工程"高校中，8个因素及学习方式对学习成绩都有显著的影响，与总体、"985工程"高校结果一致；学习能力、先前知识、教学、学习评价居前四位，这4个因素对"211工程"高校本科生的学习成绩的影响较大，学风、学习观念、师生关系、学习设施居后四位，这4个因素对"211工程"高校本科生的学习成绩的影响较小，与总体及"985工程"高校结果一致，与仅考虑单个因素对"211工程"高校本科生的学习成绩影响与直接影响的结果一致；学习能力对"211工程"高校本科生的学习成绩的影响最大，与总体结果一致，与"985工程"高校结果不一致，与仅考虑单个因素对"211工程"高校本科生的学习成绩影响与直接影响的结果一致；学习设施对"211工程"高校本科生的学习成绩的影响最小，与总体及"985工程"高校结果不一致，与仅考虑单个因素对"211工程"高校本科生的学习成绩影响与直接影响的结果一致。

在一般地方高校中，8个因素及学习方式对学习成绩都有显著的影响，与总体、"985工程"高校、"211工程"高校结果一致；学习能力、先前知识、教学、学习评价居前四位，这4个因素对一般地方高校本科生的学习成绩的影响较大，学风、师生关系、学习设施、学习观念居后四位，这4个因素对一般地方高校本科生的学习成绩的影响较小，与总体、"985工程"高校、"211工程"高校结果一致，与仅考虑单个因素对一般地方高校本科生的学习成绩影响与直接影响的结果一致；学习能力对一般地方高校本科生学习成绩的影响最大，与总体、"211工程"高校结果一致，与"985工程"高校结果不一致，与仅考虑单个因素对一般地方高校本科生的学习成绩影响与直接影响的结果一致;学习观念对一般地方高校本科生学习成绩的影响最小,与总体、"985工程"高校结果一致,与"211工程"高校结果不一致,与仅考虑单个因素对一般地方高校本科生的学习成绩影响的结果不一致,与仅考虑单个因素对一般地方高校本科生的学习成绩直接影响的结果一致。

表5-56 不同层次高校本科生影响学习成绩的各因素的标准化回归系数及排序

	985		211		地方	
	大小	排序	大小	排序	大小	排序
先前知识	0.264***	1	0.100***	2	0.150***	2
学习能力	0.230***	2	0.207***	1	0.192***	1
学习观念	0.049*	8	0.054*	6	0.041*	8
学习设施	0.059*	6	0.051*	8	0.051*	7
学风	0.054*	7	0.067*	5	0.057**	5
学习评价	0.086***	4	0.069**	4	0.066**	4
教学	0.113***	3	0.084**	3	0.080**	3
师生关系	0.061*	5	0.053*	7	0.052*	6
控制变量学习方式	0.276***		0.283***		0.274***	

注:*** 表示 $p<0.001$,** 表示 $p<0.01$,* 表示 $p<0.05$。

2. 分别做不同地区高校本科生的学习成绩对本科生学习过程的8个因素的回归分析,方差膨胀因子的结果显示,不同地区高校的回归方程不存在多重共线性问题,对不同地区高校影响学习成绩的8个因素的标准化回归系数分别进行排序(见表5-57)

在东部地区高校中,8个因素及学习方式对学习成绩都有显著的影响,与总体结果一致;先前知识、学习能力、教学、学习评价居前四位,这4个因素对东部地区高校本科生的学习成绩的影响较大,学习观念、师生关系、学风、学习设施居后四位,这4个因素对东部地区高校本科生的学习成绩的影响较小,与总体结果一致,与仅考虑单个因素对东部地区高校本科生的学习成绩影响与直接影响的结果一致;先前知识对东部地区高校本科生的学习成绩的影响最大,与总体结果不一致，与仅考虑单个因素对东部地区高校本科生的学习成绩影响与直接影响的结果一致；学习设施对东部地区高校本科生的学习成绩的影响最小，与总体结果不一致，与仅考虑单个因素对东部地区高校本科生的学习成绩影响与直接影响的结果一致。

在中部地区高校中，8个因素及学习方式对学习成绩都有显著的影响，与总体、东部地区高校结果一致；先前知识、学习能力、学习评价、教学居前四位，这4个因素对中部地区高校本科生的学习成绩的影响较大，学习观念、师生关系、学风、学习设施居后四位，这4个因素对中部地区高校本科生的学习成绩的影响较小，与总体、东部地区高校结果一致，与仅考虑单个因素对中部地区高校本科生的学习成绩影响与直接影响的结果一致；先前知识对中部地区高校本科生的学习成绩的影响最大，与总体结果不一致，与东部地区高校结果一致，与仅考虑单个因素对中部地区高校本科生的学习成绩影响的结果不一致，与仅考虑单个因素对中部地区高校本科生的学习成绩直接影响的结果一致；学习设施对中部地区高校本科生的学习成绩的影响最大，与总体结果不一致，与东部地区高校结果一致，与仅考虑单个因素对中部地区高校本科生的学习成绩影响结果一致，与仅考虑单个因素对中部地区高校本科生的学习成绩直接影响的结果不一致。

在西部地区高校中，8个因素及学习方式对学习成绩都有显著的影响，与总体、东部地区高校、中部地区高校结果一致；学习能力、先前知识、教学、学习观念居前四位，这4个因素对西部地区高校本科生的学习成绩的影响较大，学习评价、学风、学习设施、师生关系居后四位，这4个因素对西部地区高校本科生的学习成绩的影响较小，与总体、东部地区高校、中部地区高校结果一致，与仅考虑单个因素对中部地区高校本科生的学习成绩影响与直接影响的结果一致；学习能力对西部地区高校本科生的学习成绩的影响最大，与总体结果一致，与东部地区高校、中部地区高校结果不一致，与仅考虑单个因素对西部地区高校本科生的学习成绩影响和直接影响结果不一致；师生关系对西部地区高校本科生的学习成绩的影响最小，与总体、东部地区高校、中部地区高校结果不一致，与仅考虑单个因素对西部地区高校本科生的学习成绩影响和直接影响结果不一致。

表 5 – 57　　　　不同地区高校本科生影响学习成绩的各
因素的标准化回归系数及排序

	东部		中部		西部	
	大小	排序	大小	排序	大小	排序
先前知识	0.215***	1	0.193***	1	0.142***	2
学习能力	0.203***	2	0.165***	2	0.242***	1
学习观念	0.089***	5	0.113***	5	0.124***	4
学习设施	0.063*	8	0.043*	8	0.063*	7
学风	0.066**	7	0.055*	7	0.068*	6
学习评价	0.083**	4	0.120***	3	0.119***	5
教学	0.091**	3	0.115***	4	0.152***	3
师生关系	0.067*	6	0.060*	6	0.056*	8
控制变量学习方式	0.081***		0.098**		0.076**	

注：*** 表示 $p<0.001$，** 表示 $p<0.01$，* 表示 $p<0.05$。

3. 分别做不同学年本科生的学习成绩对本科生学习过程的 8 个因素的回归分析，方差膨胀因子的结果显示，不同学年的回归方程不存在多重共线性问题，对不同学年影响学习成绩的 8 个因素的标准化回归系数分别进行排序（见表 5 – 58）

在大一，8 个因素及学习方式对学习成绩都有显著的影响，与总体结果一致；先前知识、学习能力、教学、学习观念居前四位，这 4 个因素对大一本科生的学习成绩的影响较大，学习评价、师生关系、学风、学习设施居后四位，这 4 个因素对大一本科生的学习成绩的影响较小，与总体结果略有差异，与仅考虑单个因素对大一本科生的学习成绩影响与直接影响的结果略有差异；先前知识对大一本科生的学习成绩的影响最大，与总体结果不一致，与仅考虑单个因素对大一本科生的学习成绩影响与直接影响的结果一致；学习设施对大一本科生的学习成绩的影响最小，与总体结果不一致，与仅考虑单个因素对大一本科生的学习成绩影响与直接影响的结果一致。

在大二，8 个因素及学习方式对学习成绩都有显著的影响，与总体、大一结果一致；学习能力、教学、先前知识、学习评价居前四位，这4个因素对大二本科生的学习成绩的影响较大，师生关系、学风、学习观念、学习设施居后四位，这4个因素对大二本科生的学习成绩的影响较小，与总体结果一致，与大一结果略有差异，与仅考虑单个因素对大二本科生的学习成绩影响与直接影响的结果一致；学习能力对大二本科生的学习成绩的影响最大，与总体结果一致，与大一结果不一致，与仅考虑单个因素对大二本科生的学习成绩影响与直接影响的结果一致；学习设施对大一本科生的学习成绩的影响最小，与总体结果不一致，与大一结果一致，与仅考虑单个因素对大二本科生的学习成绩影响与直接影响的结果一致。

在大三，8个因素及学习方式对学习成绩都有显著的影响，与总体、大一、大二结果一致；学习能力、先前知识、学习评价、教学居前四位，这4个因素对大三本科生的学习成绩的影响较大，学风、师生关系、学习观念、学习设施居后四位，这4个因素对大三本科生的学习成绩的影响较小，与总体、大二结果一致，与大一结果略有差异，与仅考虑单个因素对大三本科生的学习成绩影响结果略有差异，与仅考虑单个因素对大三本科生的学习成绩直接影响的结果一致；学习能力对大三本科生的学习成绩的影响最大，与总体、大二结果一致，与大一结果不一致，与仅考虑单个因素对大三本科生的学习成绩影响与直接影响的结果不一致；学习设施对大三本科生的学习成绩的影响最小，与总体不一致，与大一、大二结果一致，与仅考虑单个因素对大三本科生的学习成绩影响结果一致，与仅考虑单个因素对大三本科生的学习成绩直接影响的结果不一致。

在大四，8个因素及学习方式对学习成绩都有显著的影响，与总体、大一、大二、大三结果一致；先前知识、学习能力、教学、学习评价居前四位，这4个因素对大四本科生的学习成绩的影响较大，师生关系、学习观念、学习设施、学风居后四位，这4个因素对大四本科生的学习成绩的影响较小，与总体、大二、大三结果一致，与大一结果略有差异，与仅考虑单个因素对大四本科生的学习成绩影响结果略有差异，与仅考虑单个因素对大四本科生的学习成绩直接影响的结果一致；先前知识对大四本科生的学习成绩的影响最大，与总体、大二、大三结果不一致，与大一结果一致，与仅考虑单个因素对大四本科生的学习成绩影响结果不一致，与仅考虑单个因素对大四本科生的学习成绩直接影响的结果一致；学风对大四本科生的学习成绩的影响最小，与总体、大一、大二、大三结果不一致，与仅考虑单个因素对大四本科生的学习成绩影响和直接影响的结果不一致。

表 5-58　　不同学年本科生影响学习成绩的各因素的标准化回归系数及排序

	大一		大二		大三		大四	
	大小	排序	大小	排序	大小	排序	大小	排序
先前知识	0.226***	1	0.092***	3	0.125***	2	0.182***	1
学习能力	0.219***	2	0.206***	1	0.163***	1	0.178***	2
学习观念	0.060*	4	0.047*	7	0.061*	7	0.064*	6
学习设施	0.046*	8	0.041*	8	0.052*	8	0.054*	7
学风	0.051*	7	0.067*	6	0.069*	5	0.052*	8
教学	0.081**	3	0.096***	2	0.084**	4	0.084**	3
师生关系	0.053*	6	0.072*	5	0.063*	6	0.072*	5
学习评价	0.057*	5	0.084**	4	0.095***	3	0.078**	4
控制变量学习方式	0.072**		0.214***		0.221***		0.234***	

注：*** 表示 $p<0.001$，** 表示 $p<0.01$，* 表示 $p<0.05$。

4. 分别做不同科类本科生的学习成绩对本科生学习过程的 8 个因素的回归分析，方差膨胀因子的结果显示，不同科类的回归方程不存在多重共线性问题，对不同科类影响学习成绩的 8 个因素的标准化回归系数分别进行排序（见表 5-59）

在文史哲类，8 个因素及学习方式对学习成绩都有显著的影响，与总体结果一致；学习能力、先前知识、教学、学习评价居前四位，这 4 个因素对文史哲类本科生的学习成绩的影响较大，师生关系、学习观念、学习设施、学风居后四位，这 4 个因素对文史哲类本科生的学习成绩的影响较小，与总体结果一致，与仅考虑单个因素对文史哲类本科生的学习成绩的影响结果一致，与仅考虑单个因素对文史哲类本科生的学习成绩直接影响的结果略有差异；学习能力对文史哲类本科生的学习成绩的影响最大，与总体结果一致，与仅考虑单个因素对文史哲类本科生的学习成绩影响和直接影响的结果不一致；学风对文史哲类本科生的学习成绩的影响最小，与总体结果不一致，与仅考虑单个因素对文史哲类本科生的学习成绩影响的结果略有差异，与仅考虑单个因素对文史哲类本科生的学习成绩的直接影响的结果不一致。

在法学类，8个因素及学习方式对学习成绩都有显著的影响，与总体、文史哲类结果一致；学习能力、先前知识、教学、学习评价居前四位，这4个因素对法学类本科生的学习成绩的影响较大，师生关系、学风、学习设施、学习观念居后四位，这4个因素对法学类本科生的学习成绩的影响较小，与总体、文史哲类结果一致，与仅考虑单个因素对法学类本科生的学习成绩影响和直接影响的结果略有差异；学习能力对法学类本科生的学习成绩的影响最大，与总体、文史哲类结果一致，与仅考虑单个因素对法学类本科生的学习成绩影响和直接影响的结果不一致；学习观念对法学类本科生的学习成绩的影响最小，与总体结果一致，与文史哲类结果不一致，与仅考虑单个因素对法学类本科生的学习成绩影响和直接影响的结果一致。

在理工类，8个因素及学习方式对学习成绩都有显著的影响，与总体、文史哲类、法学类结果一致；学习能力、先前知识、教学、学习评价居前四位，这4个因素对理工类本科生的学习成绩的影响较大，师生关系、学习设施、学风、学习观念居后四位，这4个因素对理工类本科生的学习成绩的影响较小，与总体、文史哲类、法学类结果一致，与仅考虑单个因素对理工类本科生的学习成绩影响和直接影响的结果一致；学习能力对理工类本科生的学习成绩的影响最大，与总体、文史哲类、法学类结果一致，与仅考虑单个因素对理工类本科生的学习成绩影响和直接影响的结果一致；学习观念对理工类本科生的学习成绩的影响最小，与总体、法学类结果一致，与文史哲类结果不一致，与仅考虑单个因素对理工类本科生的学习成绩影响和直接影响的结果不一致。

在经济类，8个因素及学习方式对学习成绩都有显著的影响，与总体、文史哲类、法学类、理工类结果一致；学习能力、先前知识、学风、教学居前四位，这4个因素对经济类本科生的学习成绩的影响较大，师生关系、学习评价、学习观念、学习设施居后四位，这4个因素对经济类本科生的学习成绩的影响较小，与总体、文史哲类、法学类、理工类结果略有差异，与仅考虑单个因素对经济类本科生的学习成绩影响和直接影响的结果略有差异；学习能力对经济类本科生的学习成绩的影响最大，与总体、文史哲类、法学类、理工类结果一致，与仅考虑单个因素对经济类本科生的学习成绩影响和直接影响的结果一致；学习设施对经济类本科生的学习成绩的影响最小，与总体、文史哲类、法学类、理工类结果不一致，与仅考虑单个因素对经济类本科生的学习成绩影响和直接影响的结果一致。

在管理类，8个因素及学习方式对学习成绩都有显著的影响，与总体、文史哲类、法学类、理工类、经济类结果一致；学习能力、先前知识、教学、师生关系居前四位，这4个因素对管理类本科生的学习成绩的影响较大，学习评价、学风、学习设施、学习观念居后四位，这4个因素对管理类本科生的学习成绩的影响较小，与总体、文史哲类、法学类、理工类、经济类结果略有差异，与仅考虑单个因素对管理类本科生的学习成绩影响和直接影响的结果略有差异；学习能力对管理类本科生的学习成绩的影响最大，与总体、文史哲类、法学类、理工类、经济类结果一致，与仅考虑单个因素对管理类本科生的学习成绩影响和直接影响的结果一致；学习观念对管理类本科生的学习成绩的影响最小，与总体结果一致，与文史哲类、法学类、理工类、经济类结果不一致，与仅考虑单个因素对管理类本科生的学习成绩的影响结果不一致，与仅考虑单个因素对管理类本科生的学习成绩直接影响的结果一致。

表 5-59　不同科类本科生影响学习成绩的各因素的标准化回归系数及排序

	文史		法学		理工		经济		管理	
	大小	排序	大小	排序	大小	排序	大小	排序	大小	排序
先前知识	0.134***	2	0.166***	2	0.136***	2	0.131***	2	0.144***	2
学习能力	0.144***	1	0.170***	1	0.209***	1	0.212***	1	0.214***	1
学习观念	0.063*	6	0.051*	8	0.046*	8	0.058*	7	0.048*	8
学习设施	0.054*	7	0.057*	7	0.058*	6	0.046*	8	0.061*	7
学风	0.053*	8	0.061*	6	0.051*	7	0.104***	3	0.062*	6
教学	0.092***	3	0.085**	3	0.089**	3	0.093***	4	0.090***	3
师生关系	0.076**	5	0.064**	5	0.061**	5	0.072**	5	0.071**	4
学习评价	0.081**	4	0.079**	4	0.073**	4	0.061*	6	0.067**	5
控制变量学习方式	0.196***		0.243***		0.241***		0.223***		0.214***	

注：*** 表示 $p<0.001$，** 表示 $p<0.01$，* 表示 $p<0.05$。

小　结

本章主要是以调查方式对本科生学习过程及基本影响因素进行探讨。研究结果显示：首先，研究发现学生主体因素（先前知识、学习能力、学习观念）、教师主导因素（教学、师生关系）以及学习环境因素（学习设施、学习评价、学风）（预备阶段）会通过学习方式（进程阶段）间接影响和直接影响学习成果（结果阶段），进而验证了基于 Biggs 的学习过程"3P"模型基础上构建的我国普通高校本科生学习过程的模型，也表明本科生学习过程的相对独立性。其次，发现影响学习过程的 8 个因素在不同层次的高校、不同学年、不同科类中都存在着一定的规律性变化，但是在不同地区高校没有呈现规律性变化。进一步采用方差分析发现，除本科生的学习能力在不同地区高校及师生关系在不同层次的高校无显著差异外，本科生的先前知识、学习能力、学习观念及教学、师生关系、学习设施、学习评价、学风在不同类别中均有显著差异，这就表明了学习过程及其规律会因高校的层次、学年、科类不同而产生差异。再次，通过中介效应分析发现，本科生学习过程的8个因素（预备阶段）不仅直接影响学习成果，而且同时也通过学习方式间接影响学习成果（中介效应），表明学习方式（中介变量）对本科生的学习成果的影响作用非常重要。最后，单独考虑每个因素对学习成绩的影响时，在总效应上，8个因素影响由高到低分别是学习能力、先前知识、教学、学习评价、师生关系、学风、学习观念、学习设施；在直接效应上，8个因素影响由高到低分别是学习能力、教学、先前知识、学习评价、师生关系、学风、学习设施、学习观念；对学习方式的中介效应在总效应中所占比例由高到低分别是学习观念、学风、师生关系、学习评价、学习设施、先前知识、学习能力、教学，而对不同类别的本科生，次序则会有所差异。同时，在控制了学习方式这个中介变量的基础上，将构成学生主体、教师主导、学习环境的8个因素合并考虑对学习成绩的影响时，通过回归分析发现，其影响由高到低分别是学习能力、先前知识、教学、学习评价、师生关系、学风、学习设施、学习观念，而对不同类别的本科生，次序则会有所差异，表明了在学习过程中，本科生主体因素是影响学习过程的主要因素，而教师主导因素则次之，最后是学习环境因素，而这一规律会因高校的层次、地区、科类、学年不同而具体表现有所差异。

第六章 结论

本研究的第五章则采取了调查问卷对影响本科生学习过程的基本影响因素进行实证研究,并通过调查数据对这些基本影响因素进行了分析探讨。通过对本科生学习过程规律及其影响因素的实证研究,得到了上述的研究结论,那么对学生、高校、教育行政部门有什么指导意义呢?也就是说采取什么样的措施来提高高校的教育教学质量?根据前面理论分析与实证分析结论,本研究认为可以从以下三个方面采取措施。

一 对本科生学习方面的建议

(一) 提高自身的学习主体性

学习同人类其他活动一样,是一种积极主动性的活动。因此,以主体性的态度对待学习,是学习最终能够取得成功的必要条件之一,这也是对当代大学生的基本要求之一。所以大学生应该努力使自己成为真正的学习主体。[①]

在研究中发现,在影响本科生的学习因素中,无论是在单独考虑8个影响因素中的单个因素对学习成绩的作用中,其通过学习方式影响学习成果的效应以及直接影响学习成果的直接效应,或者是在考虑8个因素共同对学习成绩作用中,学生主体因素中的学习能力与先前知识都居前三位之中,这就表明了在影响本科生的学习过程的学生主体因素、教师主导因素以及学习环境因素三者之中,学生自身因素是影响学习效果最为关键的要素,而且还发现学习过程中的"进程"阶段即学习方式对本科生的学习来说非常重要,这些影响学习过程的

---

① 郝贵生:《大学学习学》,人民出版社2001年版,第59—60页。

因素不仅会直接影响学习成果，同时其他8个因素也会通过学习方式对学习成果产生间接影响，即其他8个因素均会通过学生的学习动机和学习策略对学习成果产生间接影响。而高校所提供的教师主导因素、学习环境因素虽然是完成学习成果必不可少的条件，但是它们相对于学生主体因素都是外界因素，需要通过学生这个主体才能发挥其作用。这些研究发现表明了学生应当而且必须是学习的主体。因此，本科生要明确自己是大学学习的主体，有意识地通过各种途径培养自己积极、主动的学习态度，激发自己学习的激情和求知的欲望，并在此基础上培养自己自主创新学习的能力，使自己进入社会以后能自主地学习。

（二）学会分析、运用学习过程规律服务自己的学习

任何事物都有自身的发展规律，而规律是事物本身所固有的、深藏于现象背后并决定或支配现象的方面。人在客观规律面前并不是完全消极被动的，人们在实践中，通过大量的外部现象，可以认识或发现客观规律，并用这种规律性认识指导实践。

通过路径分析发现本科生学习过程有着一定的规律性，即大学各阶段之间是存在联系与影响的，学年之间的影响力呈现随学年的升高与学年之间的间隔拉大而逐步减弱，相邻学年的影响力大于非相邻学年的影响力，第一学年在整个大学生涯中是最为重要的，等等，并且通过中介效应分析得出学生主体因素是影响学生学习的关键所在，教师主导因素与学习环境因素分列其后，而这些影响学生学习的因素都会部分通过学生的学习方式展现出来，进而影响学习成果，并且学习过程规律会因类别不同而发生相应变化。因此作为学生来说，想要在大学阶段通过良好的学习丰富知识增长才干，首先要学会用科学的观点、方法正确地分析、认识自己的学习过程的规律性，在此基础上要树立较高层次的学习价值观，这样才能端正自己的学习态度；有了正确的学习态度，进而才能激发自己深入、持久的学习动机，产生相应的学习行为，理解、掌握学习过程规律并结合自己的特点与实际，在大学学习中加以灵活运用，进而较快较好地实现自己的学习目标与理想，从而减少自己在学习中的盲目性与被动性，增强学习的主动性与

积极性。

二 对高校教学管理方面的建议

(一) 树立高校教学管理的现代理念

保证和提高高校教育教学质量必须以现代高等教育思想为指导，以变革教育思想、确立现代教育观念为先导和动力。这就要求高校管理主体对传统的教学管理理念、教学管理模式进行深刻反思进而加以变革，根据培养高素质新型人才的要求，充分吸收借鉴国内外教学管理改革的有益经验，探索与创新教育相适应的教学管理新途径。需要明确人才培养是高校的根本任务，这一根本任务决定了学习与教学始终是高校的中心工作。在高校教育中，学生是主体，教师是主导，所有的高校工作都必须围绕学生与教师而进行。

通过研究发现，在单独考虑学生主体因素、教师主导因素与学习环境因素所包含的8个影响因素中的每个因素对学习成绩作用时，学生主体因素的学习能力、先前知识在影响因素中居于前两位，在不通过"进程"阶段即学习方式直接影响学习成果的因素排名中也居于前三位，在考虑8个因素共同对学习成绩作用时在影响因素中同样居于前两位，表明学生主体因素在本科生学习过程的影响因素处于首位，而教师主导因素与学习环境因素分别居第二、三位，这就说明了在学习过程中，学生主体因素是决定学生学习的质量和效果的首要因素。高校要提高教育教学质量，就需要遵循学习过程的客观规律，改变传统教学工作管理理念，凸显"以生为本"，首先要充分发挥学生在教育中的主体作用，努力培养和增强学生的主体意识，将"以生为本"的现代教学工作管理理念融入日常管理工作中，全面提高高校管理水平，推进高等教育现代化发展，是实现学生发展、高校发展进而最终实现社会发展的关键所在。然后把工作实实在在地放到以育人为本的工作价值目标上来，从学生的内在需求和发展需要出发，帮助学生形成正确的需要层次和需要结构，引导学生把个人的成才目标与学校的教育目标统一起来，按照学生的学习过程规律制定相应的教学管理规范，真正根据学生的学习规律进行教学，进行学校各项管理工作。

(二) 加强对学习及教学的全过程质量管理与指导

当今,高等教育质量已经成为全社会普遍关注的焦点,国家对高等教育质量问题异常重视,在《国家中长期教育改革和发展规划纲要》中就明确提出"提高质量是高等教育发展的核心任务,是建设高等教育强国的基本要求",将提高高等教育质量与建设高等教育强国相联系,"全面实施高校本科教学质量与教学改革工程。严格教学管理。健全教学质量保障体系"。在高等教育质量中,核心就是人才培养质量。而大学生是在学习过程中不断丰富知识、提高能力以及锻炼品质的,因此学习过程的质量直接决定了人才培养质量。

通过研究可以看到,在不同层次的高校、不同科类、不同性别的本科生学习中都存在着本科生学习过程规律,即大学本科四年是一个环环相扣的不可分割的过程,各阶段之间存在联系与影响,前一阶段的学习质量直接影响着后一阶段的学习质量,每个阶段对大学培养目标的实现都是非常重要的,它的好坏直接影响到下一阶段的完成质量。这些学习过程规律是高校进行大学学习、教学工作的科学理论基础,高校需要彻底改变以"目标方式"的传统教学管理理念,根据学习过程规律开展相应的学习、教学工作全过程管理,充分重视本科生的学习与对其教学的每个阶段,并根据每个阶段的特点与要求实施相应与本科学习与教学相对应的动态的全过程质量管理与指导并提供所需的各种条件,进而保证和提高大学教育教学的目标与任务的高质量的实现,而不会因为任何一个学习阶段的松懈和管理不善影响到本科生的人才培养质量。

(三) 关注本科生学习阶段中的重点阶段

辩证唯物主义认为要解决问题就要抓住事物的主要矛盾和矛盾的主要方面。大学每个阶段对大学培养目标的实现都是非常重要的,它的好坏直接影响到下一阶段的完成质量,高校需要重视大学每个阶段的完成,但是对于其中一些关键的阶段应该给予特殊关注。

通过研究发现大一在整个大学学习生涯中起着至关重要的作用,不仅影响了大二、大三,甚至于对大四都有一定程度的影响,其学习状况的好坏在很大程度上影响了本科生整个大学期间的学习成果。这是因为其不仅是中学阶段学习活动的延伸，更是为大学专业学习打基础的阶段，而学习环境的变化、学习内容、教学方式的转变等都对本科生提出了较高的要求，本科生在这一阶段能否转变好，直接关系到以后各阶段的学习质量。因此，对于高校来说，要加强对大一学生的学习与教学的科学管理与指导，做好大学新生的教育教学工作，为其提供在学习目的、学习策略、学习态度等方面的学习指导，同时配备高水平的基础课教师和责任心强的辅导员、营造良好学习氛围、开设新生指导课，帮助大一新生尽快适应大学的学习与生活，为大学生以后的学习生活创下良好的开端。

同时研究也发现影响本科生学习过程的因素会随学年发生变化，"学习能力"、"学习观念"、"教学"、"学习设施"、"学风"以及过程阶段的"学习动机"以及相应的学习策略基本上呈现从大一到大二下降然后到大四逐渐上升，在进程阶段的学习动机以及相应的学习策略也基本上呈现相同的变化规律，从这里可以看出在大二阶段的学生、教师、学习环境等因素都呈现了下降态势，这也说明了本科生在大二阶段的学习会产生倒退现象。这就需要高校在大二阶段要加强对学生学习与生活的关注，教师要注重学生的心理辅导与专业引导，并从学习环境方面给予其所必需的条件，从主、客观方面都给予学生帮助，使其在这一阶段消除松懈心理，学好专业基础课，为其后的专业学习打下扎实的基础。

（四）构建符合高校科学定位的教育体系和专业课程设置

我国高等教育大众化必然伴随着高等教育的多样化、多层次化。一方面，科学技术的发展伴随着生产的多样化和社会生活的多样化，必然需要多种多样的人才；另一方面，要满足青年求学的要求和他们自身的能力的多样化，就要求高等学校必须多样化。因此，国家在《关于〈中国教育改革和发展纲要〉实施意见》明确指出："不同类型不同层次的高等学校应有不同的发展目标和重点，办出各自的特色。"

通过研究发现学生在不同层次的高校中、不同科类中的学习过程所具有的规律表现形式各具差异性，同时影响学习过程的因素也会因高校的层次、高校所在区域、科类、学年的不同而发生相应的变化。这是高校分类发展的结果，是由于人才培养目标、专业与课程设置等各方面不同而产生的差异，而这些学习过程规律以及影响学习过程因素变化的差异性也进一步为高校分类发展提供理论依据，即不同层次类型的高校应坚持正确的符合自身特点的质量观，从人才培养目标、专业与课程的设置等方面找准自己的位置，按照不同的类型和优势办出自己的特色与水平，构建符合高校科学定位的教育体系和专业课程设置，以研究型人才培养为主的高校要以提高学生综合素质为导向，重视知识的基础性、强调学生的心智训练，注重学生综合能力与素质，以专业型人才培养为主的高校要以严格扎实学科训练为导向，重视专业基础课的教学，强调学生专业素养的形成、专业能力的培养，以应用型人才培养为主的高校要以有效解决实际问题技能、适应就业需要为导向，强调学生的理论应用与实践操作能力的培养，同一类型、层次的高校同时也要在人才培养中体现自己与他校不同的特色与优势。只有这样才能分层分类地培养出国家与社会所急需的数以亿计的高素质劳动者、数以千万计的专门人才和一大批拔尖创新人才。

三 对高等教育评价方面的建议

（一）树立教育教学质量评价的现代理念

高校教育教学质量评价是高校教学质量管理的重要手段，而其科学、系统、行之有效，对于加强高校教学质量管理、提高教学质量具有重要意义。

在研究中发现，在影响本科生学习过程的基本因素中，在单独考虑8个影响因素中的每个因素对学习成绩的作用时，涉及学生自身的因素如学习能力、先前知识在影响学习成绩的因素中排名列前三位之内，而教师主导因素以及学习环境因素则分别位居其后。从这里可以看出影响学生学习质量的真正决定因素应是学生主体因素，而且通过中介效应分析发现，这些影响学习过程的因素都会部分通过"进程"阶段即学习方式（学生的学习动机与相应的学习策略）影响学生的学习成果，体现了学生主体因素在学习过程的关键作用。因此，要提高高校的教育教学质量，必须使之重归高校教学培养人才的本真意义，将对高校教育教学评价重心从教师工作状态向学生学习成效转变，从而引导高校教学模式由"以教为主"向"以学为主"转变，促进教师发展、改善学习环境的功能也应服务于学生的发展。在此基础上，向提高学生的学习质量转变，引导高校及教师从以前重视知识传授转变为重视培养学生的学习能力、观念，进而激发学生深层次的学习动机，采用相应的科学的学习策略，通过高校教育教学质量的提高实现学生学习"质"的提升。因此要实现对高校教学评价指导理念从评"教"向评"学"的转变，引导教学实现"质"的提升。

（二）制订不同类别的高校教育教学质量标准与规范

由于社会及学生主体的不同层次的需要，造成高等教育的多样化和多层次化，又必然会带来教育水平的多元化。进一步来说就是，不同层次、不同水平的高校在各自的教育教学上应该有不同的质量标准。这是因为质量是相对的，不同类型的学校，不同的学科、专业有不同的质量标准，质量是发展变化的，不是一成不变的。[①] 由此可见，高等教育质量不应只是一个标准。

从研究中可以看到，在不同层次、不同科类的高校的本科生的学习过程有着明显不同的规律性，同时在影响学习过程的因素上，也明显存在着因高校的层次、地区、学年、科类而不同的现象。因此，只有根据不同类别的本科生在学习中的不同规律性进行相应的教学，才能达到培养各具特色与专长的人才的目的，同时，本研究的发现也为高校教育教学质量实施分类评价提供了现实依据。与高等教育多样化质量观相适应，按照具有国际可比性的专业教育质量标准指导各校制订自己的专业规格，阐明各专业规格的性质、特点和内容，给出不同专业规格示例，明确对高等教育的要求和对毕业生的要求和不同级别的学历与学位分别应达到的具体水平，力求使每个学生可以明白某一个层次的学位或学历专业将学些什么，怎么学，学成以后可能获得什

---

① 杨德广：《提高高等学校质量的几点建议》，《光明日报》2003年9月4日第5版。

参考文献

一 著作

（一）中文部分

[1]《马克思恩格斯全集》(第1卷)，人民出版社1995年版。

[2][美]弗兰克·H.T.罗德斯：《创造未来——美国大学的作用》，清华大学出版社2007年版。

[3][美]唐纳德·肯尼迪：《学术责任》，阎凤桥等译，新华出版社2002年版。

[4][英]鲍曼：《后现代伦理学》，张成岗译，江苏人民教育出版社2003年版。

[5][西]弗莱夏：《分享语言—对话学习的理论与实践》，温建平译，华东师范大学出版社1995年版。

[6][美]莱斯利·斯特弗、杰里·盖尔主编：《教育中的建构主义》，高文译，华东师范大学出版社2002年版。

[7][美]巴格莱：《教育与新人》，人民教育出版社1996年版。

[8][美]约翰·S.布鲁贝克：《高等教育哲学》，郑继伟等译，浙江教育出版社1987年版。

[9][美]欧内斯特博耶：《美国大学教育——现状经验问题及对策》，复旦大学出版社1988年版。

[10][英]纽曼：《大学的理想》，徐辉、顾建新、何曙荣译，浙江教育出版社2001年版。

[11][日]佐藤正夫：《教学原理》，钟启泉译，教育科学出版社2001年版。

[12][德]卡尔·雅斯贝尔斯：《大学之理念》，邱立波译，上

么知识、具有怎样的能力和技能以及养成怎样的品质等。在此基础上根据不同的标准与规范实施多元化的高校教育教学质量评价观与标准，这样才能真正评价不同类型的高校、不同学科、不同专业等方面的教育教学的真实质量，进而找到不同类别的学习、教学的长处与不足，提出改进的建议，保证与提高各类高校的教育教学质量。

（三）实施对大学生的发展性评价

高校教育教学评价不仅要注重社会需要的满足，同时要注重学生的发展和生活的多样化需求，而且对学生评价不仅从学业成绩、学习结果进行评价，而且要从学生学习是一个不断得到全面发展的过程出发进行评价。因此，需要实施对学生的发展性评价，突出学生的发展功能，使学生自觉地能动地根据社会发展的需要与自身发展的优势，掌握自身发展的方向，实现个性发展与社会发展相互协调。发展性评价体系的构建要基于学生的过去，重视学生的现在，更着眼于学生的未来；要面向每位学生，面向每位学生的每个方面，为学生确定个体化的发展性目标，让每位学生都能感到自己在某一方面的优势，这样才能充分发挥学生的积极性和主动性，促进大学生全面和谐地发展。因此，需要通过多元评价促进大学生个性化发展，评价学生不仅限于学业成绩，同时需要涉及学生的态度、情感、兴趣和价值观等各个方面，在评价时除采取量化方法外，还要运用访谈、调查、观察等多样化评价方法，对以学生为核心的高校教育活动进行准确科学的评价，并在此基础上根据评价结果来发现问题、总结经验，从各方面帮助学生"成为他应该成为的那个人"。

除了以上针对本科生的学习过程规律及影响因素的分析为学生提高学习、高校改善教学管理、促进教育教学评价提供相关的对策与建议外，实际上我们还可以根据三种不同层次的高校、三个不同地区的高校、不同学年、不同科类的本科生的学习过程规律及影响因素分析为不同类别的学习、教学提供相应的对策与建议，但在此就不再阐述。

海世纪出版集团 2007 年版。

［13］［德］卡尔·雅斯贝尔斯：《什么是教育》，邹进译，生活·读书·新知三联书店 1991 年版。

［14］［美］麦金太尔、奥黑尔：《教师角色》，丁怡等译，中国轻工业出版社 2002 年版。

［15］［德］赫尔巴特：《普通教育学·教育学纲要》，李其龙译，浙江教育出版社 2002 年版。

［16］［巴西］保罗弗莱雷：《被压迫者教育学》，顾建新译，华东师范大学出版社 2001 年版。

［17］冯克诚：《教学理论·基本原理原则与文论选读》，中国环境出版社、学苑音像出版社 2006 年版。

［18］国际 21 世纪教育委员会向联合国教科文组织提交的报告：《教育—财富蕴藏其中》，联合国教科文组织总部中文科译，教育科学出版社 1996 年版。

［19］联合国教科文组织国际教育发展委员会：《学会生存——教育世界的今天和明天》，华东师范大学比较教育研究所译，教育科学出版社 1996 年版。

［20］管仲：《管子·霸权》，北京燕山出版社 1995 年版。

［21］潘懋元：《新编高等教育学》，北京师范大学出版社 1996 年版。

［22］钟启泉：《为了中华民族的复兴，为了每位学生的发展》，华东师范大学出版社 2001 年版。

［23］薛天祥：《高等教育学》，广西师范大学出版社 2001 年版。

［24］陈琦：《教育心理学》，高等教育出版社 2001 年版。

［25］钟志贤：《素质教育——中国基础教育的使命》，福建教育出版社 1998 年版。

［26］高文、徐斌艳、吴刚：《建构主义教育研究》，教育科学出版社 2008 年版。

［27］高文：《教学模式论》，上海教育出版社 2002 年版。

［28］肖川：《教育的理想与信念》，岳麓书社 2002 年版。

[29] 郭思乐:《教育走向生本》,人民教育出版社 2001 年版。

[30] 王坦:《合作学习论》,教育科学出版社 1994 年版。

[31] 冯增俊:《现代研究生教育研究》,广东高等教育出版社 1993 年版。

[32] 王逢贤:《学与教的原理》,高等教育出版社 2000 年版。

[33] 张斌贤:《西方教育思想史》,四川教育出版社 1994 年版。

[34] 赵祥麟:《杜威教育论著选》,华东师范大学出版社 1981 年版。

[35] 黄甫全:《现代课程与教学论学程》,人民教育出版社 2006 年版。

[36] 吴式颖:《外国教育史教程》,人民教育出版社 1999 年版。

[37] 侯杰泰、温忠麟、成子娟:《结构方程模型及其应用》,教育科学出版社 2004 年版。

[38] 戴海崎、张蜂、陈雪峰:《心理与教育测量》,暨南大学出版社 2003 年版。

[39] 邱皓政、林碧芳:《结构方程模型的原理与应用》,中国轻工业出版社 2009 年版。

[40] 温忠麟:《心理与教育统计》,广东高等教育出版社 2006 年版。

[41] 郝贵生:《大学学习学》,人民出版社 2001 年版。

[42] 陆根书、于德弘:《学习风格与大学生自主学习》,西安交通大学出版社 2003 年版。

[43] 张忠华等:《现代大学教学方法论》,黑龙江人民出版社 2009 年版。

(二) 英文部分

[1] Biggs, J. B. & Walkins, D. A., *Classroom Learning*, Singapore: Prentice Hall, 1995.

[2] Biggs, J. B., *Student Approaches to Learning and Studying*, Camberwell, Vic.: Australian Council for Educational Research, 1987.

[3] Brown, T. A., *Confirmatory Factor Analysis for Applied*

Research, New York: Guilford Press, 2006.

[4] Duffy, T. M., & Jonassen, D. H., *Constructivism: New Implications for Instruction Technology*, In T. M. Duffy & D. H. Jonassen (Eds.). Constructivism and Instruction Technology: A Conversation. Hillsdale, N. J.: Erlbaum, 1992.

[5] Entwistle, N. J., & Ramsden, P., *Understanding Student Learning*, London, Croom Helm, 1983.

[6] Lavin, D. E., *The Predicion of Academic Performance*, New York: Russell Sage Foundation, 1965.

[7] Little, T. D., Card, N. A., Preacher, K. J., & Mcconnell. E., *Modeling Longitudinal Data from Research on Adolescence*, In R. M. Lerner & L. D. Steinberg (Eds.), Handbook of adolescent psychology, Hoboken, N. J.: John Wiley & Sons, 2009.

[8] Marton, F., & Booth, S., *Learning and Awareness*, New Jersey: Laurence Erlbaur Associates, 1997.

[9] Marton, F., & Saljo, R., *Approaches to Learning*, In F. Marton, D. J. Hounsell, & N. J. Entwistle (Eds.), The Experience of Learning, Edinburgh: Scottish Academic Press, 1984.

[10] Glaserfeld. E. V., *Constructivism in Education*, Oxford: Pergamon Press, 1989.

[11] Ramsden, P., *Learning to Teach in Higher Education*, London, Routledge, 1992.

[12] Schunk, D., & Zimmerman, B. J., *Self-Regulation of Learning and Performance*, Lawrence Erlbaum Associates, 1994.

[13] Trigwell, K., Prosser, M., Ramsden, P. & Martin, E., *Improving Student Learning through A Focus on the Teaching Context*, In G. Gibbs (Ed.), Improving Student Learning, Oxford, Oxford Centre for Staff Development, 1998.

二 期刊

（一）中文部分

[1] 甄新武、杨春宏、饶桂生、吴长刚：《对大学生学习成绩规律的探索研究》，《河北师范大学学报》（教育科学版）2009年第12期。

[2] 王锡范、徐绍军：《大学生学习成绩滑坡原因分析及其预防措施》，《湖南商学院学报》2003年第5期。

[3] 杜蓓：《大学生的学习成绩与智力、人格特征的关系》，《北京农业职业学院学报》2010年第11期。

[4] 宋专茂、吴强、赵凤雪：《大学生学习成绩与16PF测定相关分析》，《中国心理卫生杂志》2002年第2期。

[5] 陈维真：《大学男女生英语成绩差异分析》，《浙江师范大学学报》（社会科学版）1995年第1期。

[6] 童帆：《大学生学业成绩的统计分析》，《统计新论》2005年第7期。

[7] 葛明贵、余益兵：《大学生学习适应性及其影响因素》，《安徽师范大学学报》（人文社会科学版）2005年第9期。

[8] 张志红、耿兰芳：《学习态度对大学生学习成绩影响的实证分析》，《中国大学教学》2009年第10期。

[9] 叶澜：《新世纪教师专业素质初探》，《教育研究与实验》1998年第1期。

[10] 褚祝杰、陈伟：《高校教师的综合素质与大学生成长的关联分析》，《文教资料》2005年第22期。

[11] 陆根书、韦娜：《大学教师教学观与大学生学习风格的相关研究》，《教学研究》2010年第1期。

[12] 赵伟：《我国高校师生关系存在的问题及影响因素》，《现代教育管理》2010年第5期。

[13] 潘飞南：《大学生学习环境管理策略探讨》，《江西教育学院学报》2003年第2期。

［14］俞雅芳：《论高校良性学习环境的构建》，《唐山职业技术学院学报》2010年第1期。

［15］宋琦、刘晓玲、范国盛：《师范类理科大学生学习方式研究》，《内蒙古师范大学学报》（教育科学版）2009年第9期。

［16］王普霞：《大学生学习方式差异研究及其对成绩的影响》，《中国健康心理学杂志》2007年第3期。

［17］陈厚丰：《浅论高等学校分类与定位的若干理论问题》，《中国高等教育研究》2003年第11期。

［18］陈武元、洪真裁：《关于中国高校分类与定位问题的思考》，《现代大学教育》2007年第2期。

［19］王言根：《对大学生学习过程的认识与思考》，《中国大学教学》2001年第3期。

［20］冯忠良：《结构——定向教学理论与实践》，《北京师范大学学报》（社会科学版）1992年第5期。

［21］莫雷：《知识的类型与学习过程——学习双机制理论的基本框架》，《课程·教材·教法》1998年第5期。

［22］高文：《建构主义学习的评价》，《外国教育资料》1998年第2期。

［23］徐斌艳：《极端建构主义意义下的数学教育》，《外国教育资料》2000年第3期。

［24］丁家永：《建构主义与教学心理学研究的新发展》，《南京师范大学学报》（社科版）2000年第5期。

［25］钟志贤：《我们离建构主义有多远》，《电化教育研究》1999年第5期。

［26］傅维利、王维荣：《关于行为主义与建构主义教学观及师生角色观的比较与评价》，《比较教育研究》2000年第6期。

［27］张建伟、陈琦：《从认知主义到建构主义》，《北京师范大学学报》（社会科学版）1996年第4期。

［28］刘德儒：《基于问题学习对教学改革的启示》，《教育研究》2002年第2期。

[29] 何克抗：《建构主义的教学模式、教学方法与教学设计》，《北京师范大学学报》（社会科学版）1997年第5期。

[30] 高文：《维果茨基心理发展理论与社会建构主义》，《外国教育资料》1999年第4期。

[31] 江丕权：《关于教与学——波利亚〈数学的发现〉与"探究式教学"》，《中国教育学刊》2003年第10期。

[32] 张宝昆：《人的因素对大学发展的影响》，《外国教育动态》1988年第1期。

[33] 庞维国：《论学生的自主学习》，《华东师范大学学报》（教育科学版）2001年第2期。

[34] 朱九思：《科教兴国的两个问题——〈美国研究型大学形成与发展〉序》，《高等教育研究》1999年第2期。

[35] 刘智运：《构建大学生研究性学习的新体系》，《教学研究》2006年第5期。

[36] 戚业国：《高校内部本科教学质量保障体系建设的理论框架》，《江苏高教》2009年第2期。

[37] 转引自 李秋萍等《人本原理在内科护理学教学中的应用》，《护理研究》2004年第4期。

[38] 林国耀、连榕：《大学生学习能力量表的编制》，《遵义师范学院学报》2009年第5期。

[39] 温忠麟、侯杰泰、Marsh：《结构方程模型检验：拟合指数与卡方准则》，《心理学报》2004年第2期。

[40] 温忠麟、张雷、侯杰泰、刘红云：《中介效应检验程序及其应用》，《心理学报》2004年第5期。

[41] 屠金路、金瑜、王庭照：《Bootstrap法在合成分数信度区间估计中的应用》，《心理科学》2005年第5期。

（二）英文部分

[1] Bentler, P. M., Alpha, Dimension-Free and Model-Based Internal Consistency Reliability, *Psychometrika*, Vol. 74, No. 1, 2009.

[2] Biggs, J. B., Individual and Group Differences in Study Proces-

ses, *British Journal of Educational Psychology*, Vol. 48, No. 3, 1978.

[3] Biggs, J. B., Kember, D., & Leung, D., The Revised Two-Factor Study Process Questionnaire: R-SPQ-2F, *British Journal of Educational Psychology*, Vol. 71, No. 1, 2001.

[4] Botella, J., Suero, M., & Gambara, H., Psychometric Inferences from A Meta-Analysis of Reliability and Internal Consistency Coefficients, *Psychological Methods*, Vol. 15, No. 4, 2010.

[5] Brunner, M., & Süb, H.-M., Analyzing the Reliability of Multidimensional Measures: An Example from Intelligence Research, *Educational and Psychological Measurement*, Vol. 65, No. 2, 2005.

[6] Chan, W., Bootstrap Standard Error and Confidence Intervals for the Difference between Two Squared Multiple Correlation Coefficients, *Educational and Psychological Measurement*, Vol. 69, No. 4, 2009.

[7] Collinson, E. A., Survey of Elementary Students'Learning Style Preferences and Academic Success, *Contemporary Education*, Vol. 71, No. 4, 2000.

[8] Dall'Alba, G., Foreshadowing Conceptions of Teaching, *Research and Development in Higher Education*, Vol. 13, 1991.

[9] Entwistle, N. J., Meyer, J. H. F. & Tait, H., Student Failure: Disintegrated Patterns of Study Strategies and Perceptions of Learning Environment, *Higher Education*, Vol. 21, No. 2, 1991.

[10] Fransson, A., On Qualitative Differences in Learning. IV-Effects of Motivation and Test Anxiety on Process and Outcome, *British Journal of Education Psychology*, Vol. 47, No. 3, 1977.

[11] Green, S. B., & Yang, Y., Commentary on Coefficient Alpha: A Cautionary Tale, *Psychometrika*, Vol. 74, No. 1, 2009.

[12] Guild, P., The Cultural/Learning Style Connection, *Educational Leadership*, Vol. 51, No. 8, 1994.

[13] Perry, N. E., Phillips, L., & Lynda. H., Mentoring Student Teachers to Support Self-Regulated Learning, *The Elementary*

School Journal, Vol. 106, No. 3, 2006.

[14] Justicia, F., Pichardo, M., Cano, F., Berbén, A. B. G., & De la Fuente, F., The Revised Two-Factor Study Process Questionnaire (R-SPQ-2F): Exploratory and Confirmatory Factor Analyses at Item Level, *European Journal of Psychology of Education*, Vol. 23, No. 3, 2008.

[15] Kember, D. A., A Reconceptualisation of the Research into University Academics' Conception of Teaching, *Learning and Instruction*, Vol. 7, No. 3, 1997.

[16] Marton, F., Dall'Alba, G., & Beaty, E., Conceptions of Learning, International Journal of *Educational Research*, Vol. 19, 1993.

[17] Meyer, J. H. F., Parsons, P., & Dune, T. T., Individual Study Orchestrations and Their Association with Learning Outcome, *Higher Education*, Vol. 20, No. 1, 1990.

[18] Prosser, M., Hazel, E., Trigwell, K., & Taylor, P., A Phenomenographic Study of Academic' Conceptions of Science Learning and Teaching, *Learning and Instruction*, Vol. 4, No. 3, 1994.

[19] Prosser, M., Hazel, E., Trigwell, K., & Lyons, F., Qualitative and Quantitative Indicators of Students' Understanding of Physics Concepts, *Research and Development in Higher Education*, Vol. 19, 1996.

[20] Prosser, M. Hazel, E., Trigwell, K., & Lyons, F., "Student" Experiences of Studying Physics Concepts: the Effects of Disintegrated Perceptions and Approaches, Paper presented at the 7th European Conference for Research on Learning and Instruction, August 1997, Athens.

[21] Raykov, T., A Method for Obtaining Standard Errors and Confidence Intervals of Composite Reliability for Congeneric Items, *Applied Psychological Measurement*, Vol. 22, No. 4, 1998.

[22] Raykov, T., & Shrout, P. E., Reliability of Scales with General Structure: Point and Interval Estimation Using A Structural Equation Modeling Approach, *Structural Equation Modeling*, Vol. 9, No. 2, 2002.

[23] Raykov, T., & Penev, S., Evaluation of Reliability Coefficients for Two-Level Models via Latent Variable Analysis, *Structural Equation Modeling*, Vol. 17, No. 4, 2010.

[24] Revelle, W., & Zinbarg, R., Coefficients Alpha, Beta, Omega and the Glb: Comments on Sijtsma, *Psychometrika*, Vol. 48, No. 3, 2009, 74.

[25] Romano, J. L., Kromrey, J. D., & Hibbard, S. T., A Monte Carlo Study of Eight Confidence Interval Methods for Coefficient Alpha, *Educational and Psychological Measurement*, Vol. 70, No. 3, 2010.

[26] Sijtsma, K., On the Use, the Misuse, and the Very Limited Usefulness of Cronbach's alpha, *Psychometrika*, Vol. 74, No. 1, 2009.

[27] Sijtsma, K., Reliability Beyond Theory and into Practice, *Psychometrika*, Vol. 74, No. 1, 2009.

[28] Svensson, L., On Qualitative Difference in Learning, *British journal of educational psychology*, Vol. 47, 1977.

[29] Trigwell, K., & Prosser, M., *Relating Learning Approaches, Perceptions of Context and Learning Outcomes*, Higher Education, Vol. 22, 1991.

[30] Vermunt, J. D. H. M., & Rijswijk, F. A. W. M., Analysis and Development of Students' Skill in Self-regulated Learning, *Higher Education*, Vol. 17, 1988.

[31] Vermunt, J. D., Metacognitive, Cognitive and Affective Aspects of Learning Styles and Strategies : A Phenomenographic Analysis, Higher Education, Vol. 31, No. 1, 1996.

[32] Winne, P., Experimenting to Bootstrap Self-Regulated Learning, *Journal of Educational Psychology*, Vol. 89, No. 3, 1997.

[33] Yang, Y. & Green, S. B., A Note on Structural Equation Modeling Estimates of Reliability, *Structural Equation Modeling*, Vol. 17, No. 1, 2010.

[34] Zinbarg, R. E., Yovel, I., Revelle, W., & McDonald,

R. P. , Estimating Generalizability to A Latent Variable Common to All of A Scale's Indicators: A Comparison of Estimators for W_h, *Applied Psychological Measurement*, Vol. 30, No. 2, 2006.

三 学位论文

［1］林秀莲：《我国研究型高校本科生学习过程规律研究》，硕士学位论文，厦门大学，2006年。

［2］周军铁：《大学生学习能力培养存在的问题与对策研究》，硕士学位论文，湖南农业大学，2007年。

［3］林国耀：《大学生学习能力的量表编制与现状测查研究》，硕士学位论文，福建师范大学，2006年。

［4］范起东：《四川省工科院校"90后"大学生学习观的调查研究》，硕士学位论文，西南交通大学，2007年。

［5］张希：《大学和谐校园与教师文化素养研究》，硕士学位论文，江西师范大学，2008年。

［6］蔡明俐：《大学生学习环境资源管理的研究》，硕士学位论文，华中科技大学，2006年。

［7］唐梅花：《理工科大学校园文化建设研究》，硕士学位论文，大连理工大学，2009年。

［8］李燕：《现代大学生学习方式研究——大学物理研究性学习探讨》，硕士学位论文，华中师范大学，2004年。

［9］张思佳：《内地在读港澳大学生学习方式研究》，硕士学位论文，暨南大学，2008年。

［10］李飞：《论后现代主义视野中的师生关系重构》，硕士学位论文，辽宁师范大学，2007年。

［11］周清明：《中国高校学分制研究》，博士学位论文，华中科技大学，2006年。

四 电子文献

［1］现代大学的办学理念（http：// www. sdau. edu. cn/rsxx/html/bxln.htm).

［2］朱正中：《建构主义学习与传统教育的比较》（http：//www.studa.net/Education/100721/16334879-2.html）。

［3］Brenda Mergel, Instructional Design & Learning Theory（http//www.usask.ca/education/coursework/802papers/mergel/Breada.htm）.

［4］John Nash, Major Learning Theories of the Twentieth Century（http：//www.bgu.ac.il/~aflaloc/tealea/LearTheo.html）.

［5］"Learning is a never-ending journey, not a destination", see Learning in 2002（1999）, Jay Cross & Internet Time Group（http：//www.Internettime.com/itimegroup/elearning/learning.html）.

五 报纸

杨德广：《提高高等学校质量的几点建议》，《光明日报》2003年9月4日第5版。

六 其他类型文献

《教育大辞典》，上海教育出版社1998年版。

后　　记

　　本书是全国教育规划教育重点课题"均等化视角下的省级义务教育政策绩效评估研究"（课题批准号：DFA130248）、江西省教育科学规划一般项目"均等化视角下的省级区域教育政策绩效评估研究"、江西省高校人文社科一般项目"高校人才培养模式创新视角下学生学习过程规律研究"（课题批准号：JY1320）的研究成果之一，也是基于我的博士论文修改而成的学术著作。

　　之所以选择"中国普通高校本科生学习过程规律研究"这一课题，最初是源于导师史秋衡教授的一个课题，受导师在此课题的独到见解的启发，便萌生了研究大学生学习过程的想法，并以此作为博士论文的选题。现在想来，以我当时浅薄的基础来挑战这一实证性极强的题目，实在是不自量力。幸而史老师对于我的选择给予了全力支持，在写作过程中更是无微不至地关心与指导，使我最终能顺利完成此课题的研究，在这一过程中，众多师长与学友的倾力帮助也是我得以完成博士论文的不可或缺的条件。博士毕业后，后续研究进一步拓展，本书最终才得以完成。

　　在本书即将付梓之际，心情无法平静，从开始进入课题到论文的顺利完成，有多少可敬的师长、同学、朋友给了我无言的帮助，在这里请接受我诚挚的感谢！本书从选题到完成，每一步都是在导师史秋衡教授的指导下完成的，倾注了导师大量的心血。在此，我再一次真诚地向史老师表示衷心感谢！史老师渊博的专业知识，严谨的治学态度，精益求精的工作作风，诲人不倦的高尚师德，严于律己、宽以待人的崇高风范，朴实无华、平易近人的人格魅力对我影响深远，不仅使我树立了远大的学术目标、掌握了基本的研究方法，还使我明白了许多待人接物与为人处世的道理。师母也同样给予我许多关心与帮助，在恩师门下有着家一般的感觉，非常温暖。非常庆幸能求学史老师门下，使我收获了一生都值得珍惜的东西。衷心感谢以潘懋元先生为首的厦门大学教育研究院的老师，2008级博士班的同学及同门的兄弟姐妹，正因为有你们的帮助，我才得以顺利完成博士论文。

本书的顺利出版离不开我的硕士导师眭依凡教授的关爱和教诲，眭老师丰富的学识、严谨的治学态度让我受益终生。他不仅是带领我走上学术之路的启蒙老师，在我后来的求学、研究、工作道路上更是给予我极大的帮助。恩师的启蒙之恩我将铭记一生！

感谢江西师范大学教育学院院长何齐宗教授的悉心指导和关心！在我读硕期间，他给予我悉心指导；工作后作为领导，对我关怀备至。对于本书的出版，他不仅亲自联系，给予了大力推荐，而且还提供了大量的帮助，借此机会表示衷心感谢。衷心感谢江西师范大学副院长王云兰教授、副院长万文涛教授，以及江西师范大学教育学院的领导和同事们，没有你们的关心和支持，我对博士论文的修改和后继研究难以完成。研究生周银杏为本书的进一步完善，在第五章撰写了21000多字。

此外，本书能顺利出版还得力于中国社会科学出版社的大力支持，宫京蕾老师为本书的出版付出了辛勤的劳动，宫老师的热情和敬业令我感动！在此一并向他们表示衷心的感谢！

杨　强

2013年12月31日